Erika Bestenreiner
Die Frauen aus dem Hause Coburg

PIPER

Zu diesem Buch

Erika Bestenreiner erzählt spannend und lebendig vom Schicksal der Frauen aus dem Hause Coburg, die beispiellos geschickt machtvolle Verbindungen mit Europas bedeutendsten Herrscherhäusern eingingen. Juliane von Sachsen-Coburg-Saalfeld, spätere Großfürstin Anna Feodorowna von Russland, leitete 1796 den fulminanten Aufstieg ihres Hauses ein. Bald schon saßen auf zahlreichen Thronen Europas Angehörige der Familie Coburg und waren eng mit den berühmtesten Adelshäusern verwandt. Kronprinzessin Stephanie von Österreich war ebenso eine Coburgerin wie Charlotte von Belgien, die spätere Kaiserin von Mexiko. Keine allerdings wusste ihren Machtbereich durch Heiratspolitik so geschickt zu vergrößern wie die Coburgerin Viktoria, die 1837 den Thron von England bestieg und deren Nachkommen bald in zahlreichen bedeutenden Adelshäusern Europas zu finden waren.

Erika Bestenreiner, geboren 1926 in Wien, studierte Germanistik und Romanistik und ist als freie Journalistin tätig. Als Autorin hat sie sich auf die Geschichte der europäischen Dynastien des 19. und 20. Jahrhunderts spezialisiert.

Erika Bestenreiner

Die Frauen
aus dem Hause Coburg

Aus dem fränkischen Herzogtum auf die Throne Europas

Mit 16 Seiten farbigem Bildteil

Piper München Zürich

Mehr über unsere Autoren und Bücher:
www.piper.de

Von Erika Bestenreiner liegen bei Piper vor:
Luise von Toscana
Sisi und ihre Geschwister
Franz Ferdinand und Sophie von Hohenberg
Charlotte von Mexiko
Die Frauen aus dem Hause Coburg

Ungekürzte Taschenbuchausgabe
Oktober 2010
© 2008 Piper Verlag GmbH, München
Umschlaggestaltung: semper smile, München
Umschlagabbildung: bpk
Autorenfoto: Andrea Seifert
Satz: Satz für Satz. Barbara Reischmann, Leutkirch
Papier: Munken Print von Arctic Paper Munkedals AB, Schweden
Druck und Bindung: CPI – Clausen & Bosse, Leck
Printed in Germany   ISBN 978-3-492-26384-9

Inhalt

INHALT

COBURGER

Franz Friedrich Anton
Herzog von Sachsen-Coburg-Saalfeld*

∞ Auguste Caroline Sophie
Gräfin Reuß zu Ebersdorf

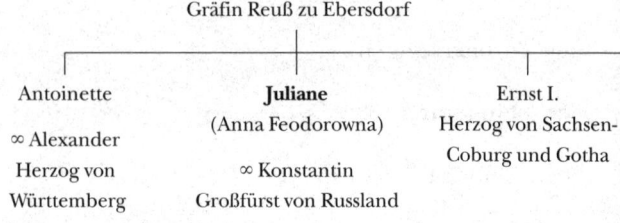

Antoinette	**Juliane**	Ernst I.
∞ Alexander	(Anna Feodorowna)	Herzog von Sachsen-Coburg und Gotha
Herzog von	∞ Konstantin	
Württemberg	Großfürst von Russland	

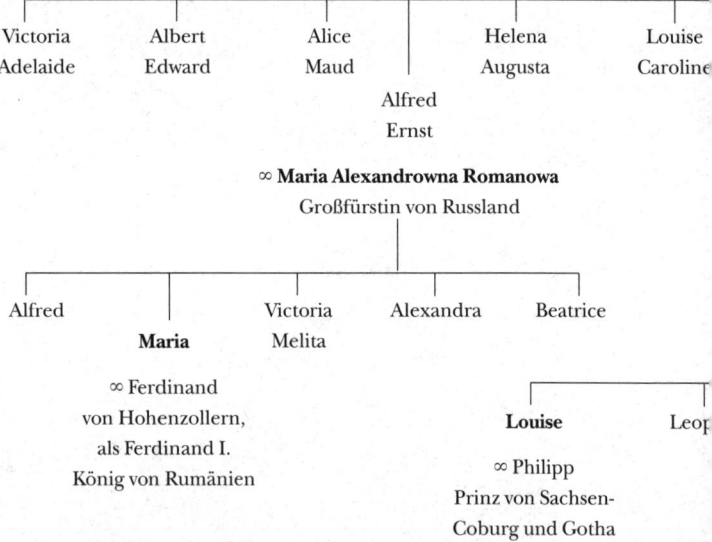

Victoria	Albert	Alice	Helena	Louise
Adelaide	Edward	Maud	Augusta	Caroline

Alfred
Ernst

∞ **Maria Alexandrowna Romanowa**
Großfürstin von Russland

Alfred		Victoria	Alexandra	Beatrice
	Maria	Melita		

∞ Ferdinand
von Hohenzollern,
als Ferdinand I.
König von Rumänien

Louise   Leop

∞ Philipp
Prinz von Sachsen-
Coburg und Gotha

---

* Der Landesteil Saalfeld des Herzogtums wurde 1826 gegen Gotha getauscht.
Ab da lautet der Name »Herzogtum Sachsen-Coburg und Gotha«.

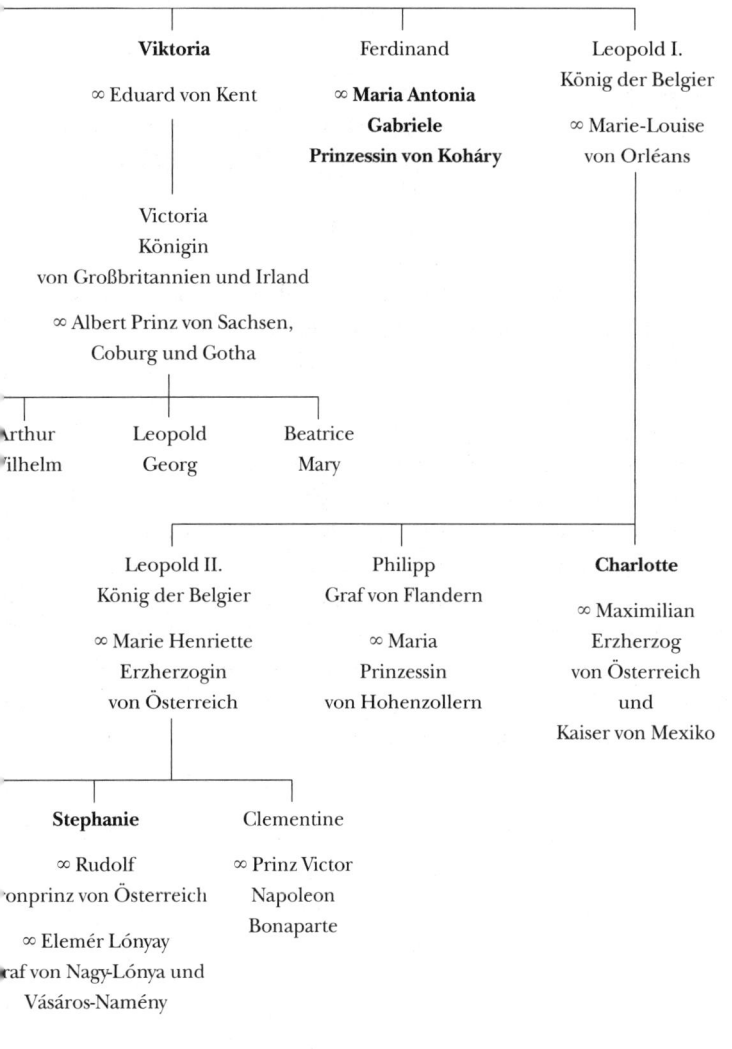

Viktoria

∞ Eduard von Kent

Ferdinand

∞ **Maria Antonia
Gabriele
Prinzessin von Koháry**

Leopold I.
König der Belgier

∞ Marie-Louise
von Orléans

Victoria
Königin
von Großbritannien und Irland

∞ Albert Prinz von Sachsen,
Coburg und Gotha

Arthur
Wilhelm

Leopold
Georg

Beatrice
Mary

Leopold II.
König der Belgier

∞ Marie Henriette
Erzherzogin
von Österreich

Philipp
Graf von Flandern

∞ Maria
Prinzessin
von Hohenzollern

Charlotte

∞ Maximilian
Erzherzog
von Österreich
und
Kaiser von Mexiko

Stephanie

∞ Rudolf
Kronprinz von Österreich

∞ Elemér Lónyay
Graf von Nagy-Lónya und
Vásáros-Namény

Clementine

∞ Prinz Victor
Napoleon
Bonaparte

Prolog

»Du, glückliches Österreich, heirate!«, hieß es einst, als der spätere Kaiser Maximilian, den man den »letzten Ritter« nannte, die Erbtochter von Burgund ehelichte, wozu damals auch das reiche Flandern zählte. Die Heirat seines Sohnes Philipp mit der Erbin von Spanien machte seinen Enkel Kaiser Karl V. schließlich zum Herrscher über jenes Reich, »in dem die Sonne nicht unterging.« Auch in den folgenden Jahrhunderten galt Heiratspolitik in allen Monarchien als wirksamstes Mittel zur Vergrößerung ihres Machtbereichs.

Das galt auch für die Familie Coburg, die ein nicht annähernd so großes Reich beherrschte wie die Habsburger oder die Hohenzollern. Als Herzöge ziemlich unbedeutender Fürstentümer spielten sie in der Reichspolitik kaum eine Rolle. Dennoch saßen ihre Angehörigen bald auf mehreren Thronen Europas und waren eng mit dessen berühmtesten Adelshäusern verwandt. Eine von ihnen hat sogar einer ganzen Ära ihren Namen gegeben: König Victoria von Großbritannien. Selbst schon zur Hälfte Coburgerin, hatte sie zum Gatten einen Prinzen aus dem Hause Coburg-Sachsen-Gotha. Seit damals gehört die britische Königsfamilie diesem Herrscherhaus an, hat allerdings im Ersten Weltkrieg aus politischen Gründen den Namen Windsor angenommen.

Aber nicht erst Königin Victoria verstand sich darauf, ihre Kinder und Enkel mit den Herrscherhäusern von halb Europa zu verheiraten, schon ihr Onkel Leopold, der erste König des neu gegründeten Staates Belgien, war ein Meister in jener Art von Politik. Was die Ehen seiner Kinder betraf, hatte er sein Augenmerk auf das Haus Habsburg gerichtet. Denn nicht nur sein Sohn und Erbe, ebenfalls Leopold mit Namen, wurde mit einer Habsburgerin verheiratet, auch seine Tochter Charlotte heiratete Erzherzog Ferdinand Maximilian, den Bruder des österreichischen Kaisers Franz Joseph. Die beiden erlangten später als kurzzeitige Herrscher von Mexiko tragische Berühmtheit.

Dann trat Leopold II. von Belgien in die Fußstapfen seines Vaters. Seine Tochter Louise wurde mit sechzehn Jahren kurzerhand an einen Coburger Verwandten verheiratet, brach jedoch bald aus der unglücklichen Verbindung aus und füllte in der Folge die Klatschspalten der europäischen Zeitungen. Leopolds II. jüngerer Tochter Stephanie dagegen war die Würde einer Kaiserin von Österreich und Königin von Ungarn zugedacht, denn ihr Gemahl, Kronprinz Rudolf, war der Erbe des Habsburgerreichs. Doch die Rechnung ging nicht auf. Rudolfs Selbstmord in Mayerling machte diesem hochfliegenden Plan ein tragisches Ende. Später weigerte sich die junge Witwe jedoch, erneut verkuppelt zu werden. Sie nahm lieber ihr Schicksal selbst in die Hand, riskierte den Bruch mit ihrem Vater und zog sich die Ungnade des Kaisers zu. Sie wählte ihren Gatten selbst, auch wenn er ihr nicht ganz ebenbürtig war. Sie gehörte zu den wenigen Prinzessinnen, die wenigstens in ihrer zweiten Ehe ihr Glück fanden.

Juliane (Julie) von Sachsen-Coburg-Saalfeld, später Großfürstin Anna Feodorowna von Russland, hatte durch ihre Heirat den Aufstieg ihres Hauses eingeleitet. Prinzessin Maria Antonia von Kohary, Alleinerbin eines großen Vermögens, trug das Ihre dazu bei. Die kurze Ehe des Prinzen Leopold mit Charlotte von Großbritannien half nicht nur, ihn zum König von Belgien zu machen, sondern erhöhte beträchtlich die Bedeutung seiner Familie.

Leopolds Tochter Charlotte, Erzherzogin von Österreich und später Kaiserin von Mexiko, sowie ihre Nichten Stephanie und die skandalumwitterte Louise, sie alle waren Frauen aus dem Hause Coburg. Auch Königin Maria von Rumänien kann man dazu zählen, denn ihr Vater, ein Sohn Königin Victorias, folgte seinem kinderlosen Onkel auf den Coburger Herzogsthron. Vom Schicksal all dieser Frauen handelt das vorliegende Buch.

Wie alles begann

Das Herzogshaus Sachsen-Coburg

Die Coburger Herzöge sind ein Stamm der Wettiner, ein Herrschergeschlecht, dessen Ursprünge sich bis in das 10. Jahrhundert zurückverfolgen lassen. Im Jahre 1034 wurde Urahn Thiemo zum Grafen von Wettin ernannt, einer im sächsisch-thüringischen Grenzraum an der Saale gelegenen Burg. 1123 wurden die Wettiner Markgrafen von Meißen, kurz darauf Landgrafen von Thüringen und 1365 Herren über das Coburger Land, 1423 schließlich auch Kurfürsten von Sachsen.

In der »großen wettinischen Landesteilung von 1485« teilten Kurfürst Ernst von Sachsen und sein Bruder Albrecht von Sachsen den Gesamtbesitz auf. Es entstanden die Ernestinische Linie unter Kurfürst Ernst von Sachsen mit dem Coburger Land, und die Albertinische Linie unter Herzog Albrecht von Sachsen.

Aus der Ernestinischen Linie wurde im Jahre 1572 durch eine Erbteilung das Herzogtum Sachsen-Coburg mit der Stadt Coburg als Residenz, endgültig allerdings erst seit 1735. Schon 1547 war die Kurwürde von den zunächst bevorzugten Ernestinern auf die nunmehr neue Hauptlinie der Albertiner übergegangen, aus der 1806 durch die Mitwirkung an den napoleonischen Kriegen das Königreich Sachsen entstand.

Die Ernestinische Linie blieb auf den südthüringischen Raum beschränkt. Es kam zu zahlreichen Erbteilungen, die aus dem ursprünglich großen Besitz unbedeutende Miniherzogtümer machten. Bisweilen verfügten sie nur über den Umfang eines größeren Gutsbesitzes. Es waren jene Gebiete, die man spöttisch »Duodezfürstentümer« nannte, Ursache der berüchtigten Kleinstaaterei in Deutschland.

Erst die Einführung der Primogenitur, der Nachfolgeordnung nach dem Erstgeburtsrecht im Jahre 1747, beendete endlich die Zersplitterungen und Streitigkeiten. Daraus erfolgte zwangsläufig eine Benachteiligung der nachgeborenen Söhne. Für sie blieb nur eine günstige Einheirat oder der Dienst in einem anderen Herrscherhaus.

Juliane von Sachsen-Coburg-Saalfeld, Großfürstin Anna Feodorowna

*Feldmarschall Prinz Friedrich Josias
von Sachsen-Coburg-Saalfeld*

Geboren im Jahre 1737 als jüngster Sohn der Sachsen-Coburgschen Herzogsfamilie, war er nicht berechtigt zur Erbfolge. Er wählte die militärische Laufbahn und trat Anfang 1756 im Alter von neunzehn Jahren als Rittmeister in das kaiserlich-österreichische Kürassier-Regiment Nr. 33 ein.

Er nahm am Siebenjährigen Krieg gegen Preußen teil und zeichnete sich dabei besonders aus. Armeeberichte rühmten seine Tapferkeit. In der Schlacht bei Hochkirch wurde er verwundet und stieg nach Kriegsende rasch die Karriereleiter empor. 1766 wurde er Generalmajor, 1773 Feldmarschall-Leutnant. Nach Jahren als Generalkommandant in Pressburg, dem heutigen Bratislava, wurde er 1786 zum General der Kavallerie befördert und zum kommandierenden General von Galizien und der Bukowina ernannt.

Besonders erfolgreich kämpfte Prinz Josias im Osmanischen Krieg, der Ende 1787 ausbrach. Es gelang ihm, nach Moldawien einzudringen und in erbitterten Gefechten das osmanische Heer des Pascha Ibrahim Nazir entscheidend zu besiegen. Die Festung Chotin ergab sich nach viermonatiger Belagerung dem österreichischen General, dem eine große Kriegsbeute zufiel. Kaiser Joseph II. ermächtigte ihn in einem Handschreiben, nach eigenem Ermessen vorzugehen, worauf er am 21. Juli 1789 das bei Focsani in Rumänien stehende Heer unter

Mohammed Pascha vernichtend schlug und einen glanzvollen Sieg errang. Kaiser Joseph II. honorierte diesen am 16. August mit der Verleihung des Großkreuzes des Maria-Theresia-Ordens mit Brillanten. »Dieses Ehrenzeichen, meine Brüder, ist euch zu verdanken«, sagte Prinz Josias jedoch vor der versammelten Armee.[1]

Gemeinsam mit dem russischen Feldmarschall Alexander Suworow schlug Prinz Josias am 2. September am Rimnik ein osmanisches Heer unter Jussef Pascha, am folgenden Tag errangen der Prinz von Coburg und Suworow bei Martinesti ihren größten Sieg. Der Prinz stieß mit 17 000 österreichischen und Suworows 7000 russischen Soldaten auf eine osmanische Macht von über 100 000 Soldaten und schlug sie vernichtend. Unter dem Jubel der Bevölkerung eroberte er die Walachei und nahm im November Bukarest ein. Leider vereitelte der unerwartete Tod Kaiser Josephs II. alle Hoffnungen, die man in Wien auf diese Siege setzte. Trotz der Niederlagen rüstete die Türkei erneut zum Krieg. Doch infolge von Unruhen in Ungarn und den Niederlanden konnten weder die Siege des Prinzen von Coburg noch die von General Laudon zum Vorteil genutzt werden. Der Friede von Sistowa bestätigte nur den Status quo.

Von 1791 bis 1793 Gouverneur von Ungarn, wurde Prinz Friedrich Josias im Frühjahr 1793 zum »Reichsgeneralfeldmarschall des Heiligen Römischen Reichs Deutscher Nation« erhoben. Er war der Letzte, der diesen Titel trug. Von Kaiser Franz II. zum Oberbefehlshaber der Hauptarmee in den österreichischen Niederlanden ernannt, errang er gemeinsam mit dem britisch-hannoveranischen Heer noch einige Siege, unterlag jedoch schließlich der Kampfbegeisterung des französischen Volksheeres und wurde im August 1794 seines Postens enthoben.

Prinz Friedrich Josias verblieb noch einige Zeit in der österreichischen Armee, zog sich aber bald in seine Geburtsstadt Coburg zurück, wo er am 26. Februar 1815 starb. Doch seine großen Siege, vor allem die gegen die Türken, sollten noch auf ganz andere Weise nachwirken und den Ruhm seines Hauses bedeutend erhöhen.

Eine aufsehenerregende Heirat

Glücklicher als für Österreich endete der Türkenkrieg für Russland, das im Frieden von Jassy bedeutende Landgewinne im Süden des Reichs erzielen konnte. Zarin Katharina II., die später »die Große« genannt wurde, gedachte dankbar der Siege, die nicht nur ihrem Oberbefehlshaber Suworow, sondern auch dem österreichischen General Friedrich Josias von Coburg zu danken waren. Sie begann, sich für dessen Familie zu interessieren.

Katharina war selbst deutscher Herkunft. Geboren in Stettin als Tochter des Fürsten Christian August von Anhalt-Zerbst, Herrscher über eines jener winzigen und wenig ertragreichen Fürstentümer, wurde die damals fünfzehnjährige Sophie Friederike Auguste mit ihrer Mutter auf Wunsch von Zarin Elisabeth nach Russland eingeladen. Die Zarin entstammte einer Verbindung Peters des Großen mit einer litauischen Bauernmagd, die später zur Zarin erhoben wurde. Sophie erschien Elisabeth als geeignete Heiratskandidatin für ihren Neffen, Karl Peter von Holstein-Gottorp, den sie, da selbst kinderlos, zu ihrem Thronfolger ernannt hatte.

Die noch recht kindliche Prinzessin fand bei der Zarin Gefallen. Sie selbst wurde nicht gefragt. Das war nicht üblich. Wie das Gesetz es wollte, musste die Braut zum orthodoxen Glauben übertreten, aus Sophie wurde Jekatarina Alexejewna. Bald darauf wurde die Hochzeit gefeiert.

Für die nicht eben begüterte deutsche Kleinstaatenprinzessin war es in dynastischer Hinsicht eine Traumpartie, menschlich ein Fiasko. Karl Peter von Holstein-Gottorp war nicht nur unansehnlich, sondern, was viel schlimmer war, charakterlich recht dubios und dazu, wie es heißt, »praktisch impotent«. Er feierte mit Dienstboten Trinkgelage, im ehelichen Schlafgemach lagerte eine Hundemeute.[2] Als es daher mit dem erwarteten Nachwuchs nicht klappte, sorgte die Zarin für entsprechenden Ersatz. Graf Saltykow tat nur zu gern, was man von ihm erwartete: Prompt wurde ein Kind gezeugt, und bald kam ein Junge auf die Welt. Es ist Karl Peter zugute zu halten, dass er den kleinen Paul als sein Kind anerkannte. Die auf Saltykow folgenden Liebhaber suchte sich Katharina später selbst aus.

Als Zarin Elisabeth im Jahre 1762 starb, folgte ihr Neffe Karl Peter als Peter III. auf den Thron. Er regierte nur ein halbes Jahr. Dann wurde er von einer Verschwörung von Gardeoffizieren unter Führung der Brüder Orlow gestürzt und unter nie ganz geklärten Umständen ermordet. Wenn man bedenkt, dass Graf Grigori Orlow Katharinas Liebhaber war, liegt die Lösung recht nah. Katharina wurde unmittelbar darauf zur Zarin ausgerufen.

Auch für ihren Sohn Paul wählte Katharina II. eine deutsche Ehefrau. Von seiner zweiten Gattin Maria Fjodorowna, geborener Prinzessin Sophie von Württemberg, stammten vier Söhne und sechs Töchter. Die Ehekandidatinnen wurde alle nach demselben Prinzip ausgewählt. Sie waren sehr jung, zwischen vierzehn und sechzehn Jahren, ein Alter, in dem sie gelehrig und formbar waren. Vor allem mussten sie Russinnen werden. Das bedeutete Trennung von ihrer deutschen Begleitung, Erlernen der russischen Sprache und Aneignung von Kultur und Religion ihres neuen Vaterlandes. Meist gelang das perfekt.

Als auch Katharinas Enkel in das heiratsfähige Alter gekommen waren, wurde die Suche nach geeigneten Bräuten dringlich. Der Älteste, Alexander, hatte bereits als Sechzehnjähriger die Wahl zwischen zwei Prinzessinnen von Baden gehabt. Er entschied sich für Luise, die nach russischer Hofsitte nun Jelisaweta Aleksejewna genannt wurde. Nun war Alexanders jüngerer Bruder Konstantin an der Reihe.

Zarin Katharina lud also die künftige Herzogin von Coburg, Gattin des Erbprinzen Franz Friedrich Anton von Sachsen-Coburg-Saalfeld, mit ihren drei Töchtern Sophie, Antoinette und Julie nach St. Petersburg ein. Die Herzogin dachte an das Glück, das es für eine von ihnen bedeuten würde, an einen der glänzendsten Höfe Europas zu kommen – ein Höhenflug ohnegleichen, von dem sie als Mutter gar nicht zu träumen gewagt hatte.

Nach einer wochenlangen Kutschenfahrt durch das herbstliche Deutschland und das schon beinahe winterliche Russland erreichten die Reisenden am 16. Oktober 1795 endlich den kaiserlichen Palast von Strelna, wo sie die letzte Nacht ihrer anstrengenden Reise verbrachten. Am nächsten Morgen brachte sie ein sechsspänniger Wagen entlang der breit dahinströmenden Newa, vorbei an den prächtigen Adelspalästen und den goldenen und smaragdgrünen Kuppeln der Kirchen zum Winterpalais. Nun wurde den Coburgern doch bange zumute.

Die Zarin empfing sie mit gemessener Würde und erteilte sofort einen für die Gäste beschämenden Befehl: Sie ordnete nämlich an, sie für die offizielle Vorstellung neu einzukleiden und entsprechend zu frisieren. Ihre Präsentation sollte bei einem Konzert in der Eremitage stattfinden.

Die Hofgesellschaft, die sich neugierig in den Sälen drängte, war enttäuscht. Zu ängstlich und verwirrt kamen ihnen Mutter und Töchter vor. Auch Großfürstin Elisabeth, Alexanders Gattin, die sich sehr auf die deutschen Verwandten gefreut hatte, war nicht sehr begeistert. Nur die Jüngste, Julie, gefiel ihr. »Sie hat kastanienbraunes Haar und braune, sehr lebhafte Augen, dazu ein blühendes Aussehen, einen hübschen Mund und einen leichten Zug von Entschiedenheit und Willen, der ihr ausgezeichnet steht«, schrieb sie ihrer Mutter.[3] Wie Elisabeth dann bemerkte, » zeige sie nicht einmal Scheu im Umgang mit dem Großfürsten Konstantin«.[4]

Eine Reihe glänzender Feste begann: Schauspiele und Konzerte, Empfänge und Bälle, Feuerwerke und Schlittenfahrten wechselten einander ab. Die Hauptperson, der siebzehnjährige Konstantin, war zwar von keiner der angebotenen Bräute besonders angetan, aber Zarin Katharina bedrängte ihn so lange, bis er sich schließlich entschied. Seine Wahl fiel auf Julie, deren Witz und Schalkhaftigkeit ihm am meisten zusagte.

Das Ehegelöbnis, das in Russland der Verlobung vorangeht, wurde am 25. Oktober 1795 in der Kapelle des Winterpalais zelebriert. Die Herzogin von Coburg war überglücklich. »Seit gestern ist unsere Julie Braut! Welch unvergessliches Erlebnis! Wie bewegt, wie herzlich er war, der gute Junge! … Es gibt unleugbar auf der ganzen Welt keinen zweiten jungen Mann von so viel Geist und so hohen moralischen Qualitäten … Gestern Nachmittag ließ sich Konstantin bei mir melden …: ›Madame, ich komme, Sie um die Hand Ihrer Tochter zu bitten.‹ … Ich hatte eine schöne Rede vorbereitet, stattdessen fing ich zu weinen an. Konstantin tat desgleichen … Hierauf hieß man Juliette eintreten. Auch sie war blass und weinte, während er, keines Wortes mächtig, ihre Hand küsste. Ich habe das Kind nie so hübsch gesehen. ›Nicht wahr‹, sagte dann Konstantin, ›eines Tages werden Sie mich gewiss lieb haben? … Ich werde alles tun, um mich Ihrer würdig zu erweisen‹«,[5] schrieb die Herzogin in ihr Tagebuch.

Großfürstin Elisabeth äußerte etwas nüchterner: »Konstantin ist sehr verliebt und sehr zufrieden.«[6]

Julie war wie geblendet von den rauschenden Festen, vom Glanz der Uniformen, der fremdartigen Nationaltrachten der polnischen Magnaten und tatarischen Khans sowie von den edelsteinübersäten Brokatgewändern der russischen Aristokratinnen. Sie war überzeugt, das große Los gezogen zu haben.

Doch der erste Wermutstropfen ließ nicht lange auf sich warten, denn schon am 6. November 1795 stand der Reisewagen vor dem Tor. Die Zarin hatte der Herzogin zu verstehen gegeben, dass es Zeit für sie und ihre beiden Töchter sei, heimzureisen. Niemand aus Julies Familie sollte also der Aufnahme der zukünftigen Großfürstin in die orthodoxe Kirche und ihrer darauffolgenden Hochzeit beiwohnen.

Der Abschied von Mutter und Schwestern fiel Julie außerordentlich schwer. Nur Elisabeth, der es zwei Jahre zuvor nicht anders ergangen war, vermochte sie zu trösten. Eine herzliche Freundschaft begann, die auch einer späteren Trennung standhielt.

Für Julie hieß es nun zu lernen: Tanzstunde, Unterricht im Zeichnen, Musik, Russisch und vor allem Unterweisung in der neuen Religion. Denn vier Monaten später kam der feierliche Tag, an dem sie zum russisch-orthodoxen Glauben übertrat. Das bedeutete, nicht nur ihrem protestantischen Glauben, sondern auch ihrem ganzen bisherigen Leben abzuschwören. An diesem 28. Januar 1796 wurde aus Julie Anna Feodorowna.

Zweimal stellte der Priester die entscheidenden Fragen an sie, zweimal antwortete Julie mit einem leisen »Ja«. Zur Bekräftigung musste sie Kruzifix und Evangelium küssen. Die Zarin hielt sie umschlugen, während der Priester sie segnete. Ob Anna Feodorowna daran dachte, dass sie einer Familie entstammte, die den Reformator Luther einst auf der Wartburg in Schutz genommen und die für die Reformation in Deutschland einen Großteil ihres Besitzes und Vermögens hingegeben hatte?

Am 3. Februar 1796 wurden in der Kapelle des Winterpalais die Ringe gewechselt, zwölf Tage danach, am 15. Februar, fand die Hochzeit statt. Fünf Kanonenschüsse kündigten das Ereignis an, als Anna Feodorowna um acht Uhr früh zur Kaiserin fuhr, wo sie vor dem versammelten Hofstaat in ein prunkvolles Galahofkleid mit langer, hermelingefütterter Schleppe gekleidet wurde. Um ihre Schultern legte man einen roten, ebenfalls hermelingefütterten Samtmantel. Ihr Haar schmückte eine Krone mit kostbaren Juwelen.

Drei Eskadrons der kaiserlichen Garde hielten an den Wänden der Treppe Wache, unter Trompetengeschmetter und Trommelwirbel setzte sich der Hochzeitszug in Bewegung:

Zeremonienmeister, Hofkavaliere, die Hofmarschälle, schließlich der Kommandant der »Chevaliers-Garde« mit blankem Säbel. Dann, in weitem Abstand, allein und unnahbar, die Kaiserin, deren Schleppe von sieben Höflingen getragen wurde. Adjutanten und Generäle folgten sowie die Großfürsten und Großfürstinnen. Dann endlich das Brautpaar – Konstantin und Anna Feodorowna –, darauf in genauer Rangfolge die Hofdamen und übrigen Würdenträger.

Die Trauungszeremonie erfolgte nach altem orthodoxem Ritus. Zuerst setzte der Priester Konstantin die Krone auf das Haupt. »Gekrönt sei der Diener des Herrn, Konstantin Pawlowitsch, für die Magd des Herrn, Anna Feodorowna, im Namen des Vaters, des Sohnes und des Heiligen Geistes. Amen.« Dann wurde die Braut auf dieselbe Weise gekrönt. Hierauf segnete der Priester das Paar.[7]

Beim anschließenden Galadiner war der Tisch für die Neuvermählten unter einem Baldachin unweit des kaiserlichen Throns gedeckt. Das Tafelgeschirr war aus Gold, das Porzellan aus China, die Kristallkelche kamen aus England. Die ganze Stadt war märchenhaft erleuchtet. Um sieben Uhr abends begann der große Ball, er dauerte bis in die Nacht. Dann geleitete man Anna Feodorowna ins Marmorpalais, das Hochzeitsgeschenk der Zarin. Gräfin von Lieven stand dem zeremoniellen »Coucher« vor, nachdem der Thronfolger und seine Gemahlin der jungen Frau auf einem goldenen Teller Brot und Salz gereicht hatten. Damit war das Zeremoniell beendet. Anna wartete nun auf ihren Gemahl.

Sie musste lange warten. Obwohl sie keine Ahnung hatte, wodurch diese Verzögerung entstanden war, begann sie allmählich zu ahnen, dass das Leben an der Seite dieses jungen Mannes nicht ganz einfach werden würde. Denn als Konstantin endlich erschien, nahm er von seiner Frau überhaupt keine Notiz! Kurz gesagt, die Hochzeitsnacht fiel aus, denn schon um fünf Uhr früh stand er auf und verschwand.

Was war geschehen? Auf dem Weg zu Anna hatte er bemerkt, dass ein Gardist einen Befehl nur unvollkommen ausgeführt hatte. Darüber war Konstantin so in Zorn geraten, dass er den Soldaten vor den Augen seines entsetzten Gefolges verprügelte. Und am frühen Morgen hatte er nachsehen müssen, ob die Zarin ihr Versprechen gehalten hatte, ihm sein geliebtes Regiment zurückzugeben, das sie ihm wegen seines ungebührlichen Benehmens entzogen hatte. Frühmorgens seine Soldaten zu drillen, das war ihm also weit wichtiger gewesen als dieses fremde Wesen, das jetzt seine Frau war!

So verlief jene Nacht, die sich Julie von Coburg alias Großfürstin Anna Feodorowna als von Glück erfüllt und Glück verheißend für das ganze Leben erträumt hatte. Aber was wusste sie schon von diesem Jungen, mit dem man sie verheiratet hatte, wie man eben Mädchen ihres Standes zu verheiraten pflegte? Wie hätte sie auch ahnen sollen, dass er »grausam und faul und zum Überdruss noch stolz auf diese Eigenschaften ist; ein Mensch, der sich seiner Brutalität rühmt«?[8] Wer hätte ihr sagen können, dass er einmal in hemmungslosem Jähzorn sogar seinen Hofmeister roh angefallen hatte und dass sie vor seiner Brutalität, seinen Demütigungen und seinem Sadismus nicht verschont bleiben würde!

Zar Paul I.

Die Herrscherin war die einzige Autorität, die auch ihrem Enkel Respekt abnötigte. Als ihr sein abscheuliches Benehmen zu Ohren kam, ordnete sie die Übersiedlung des jungen Paares in das Winterpalais an, wo der junge Mann schärfer überwacht werden konnte. Doch dazu hatte Zarin Katharina die Große nicht mehr viel Gelegenheit: Sie starb am 17. November 1796 infolge eines Schlaganfalls.

Unmittelbar darauf fand die Vereidigung des Hofes auf ihren Nachfolger, Paul I., statt. Er hatte seine Mutter gehasst, und man sah ihm an, wie froh er über ihren Tod war. Dagegen vergötterte er seinen Vater und warf seiner Mutter vor, dessen Tod nicht verhindert, sondern ihn sogar mitverschuldet zu haben.

Ein hartes Regiment begann. Geschwächt, wie Anna Feodorowna durch die brutale Behandlung ihrs Gatten schon war, musste sie nach einer kaum überstandenen Lungenentzündung noch den stundenlangen Zeremonien der Krönungsfeierlichkeiten in Moskau beiwohnen. Denn Zar Paul war ein strenger Herr und Familienchef. Sein gewalttätiges Wesen machte auch vor seinen Schwiegertöchtern nicht halt. Mehr noch litt seine ganze Umgebung darunter, der Hof ebenso wie das Volk. Kleinigkeiten genügten, um seinen Zorn und seinen Argwohn zu erregen.

»Ach, Mama, es tut entsetzlich weh, tagtäglich Ungerechtigkeit und Brutalität mit ansehen zu müssen und zuzusehen, wie Menschen ins Unglück gestoßen werden. Wie viele hat er schon auf dem Gewissen! Und vor einem solchen Menschen soll man sich heuchlerisch beugen und ihm Achtung entgegenbringen?«, schrieb Großfürstin Elisabeth an ihre Mutter nach Baden.[9]

Trotz allen Ungemachs war Anna Feodorowna in diesen traurigen Jahren zu einer auffallenden Schönheit geworden. Sie erregte nicht nur allgemeine Bewunderung, sondern erstaunlicherweise auch die Eifersucht Konstantins. Er machte ihr Szenen, betrog sie jedoch nach Strich und Faden. Die wüsten Orgien, die er in lockerer Gesellschaft feierte, hatten zur Folge war, dass er schließlich Anna mit einer Geschlechtskrankheit ansteckte. Erst nach langem Drängen konnte ihre Oberhofmeisterin, Frau von Roenne, es bei der Kaiserin durchsetzen, dass ein Arzt zurate gezogen wurde. Dieser verordnete umgehend eine Badekur in Karlsbad in Böhmen.

Es grenzte fast an ein Wunder, dass die Reise von höchster

Stelle bewilligt wurde. Anna, zutiefst beschämt über die Ursache ihrer Krankheit, war fest entschlossen, nicht mehr nach Russland zurückzukehren. Nur Großfürst Alexander, der eine Schwäche für Anna hatte, und dessen Gattin wussten von diesem Plan.

Doch der misstrauische Zar hatte überall seine Spione. Nach sieben Monaten beorderte er seine Schwiegertochter zurück. Vergebens suchte Anna Rückhalt in ihrer Familie. Aber auch diese befahl ihr die Rückkehr. Zarin Katharina hatte die Heirat mit Großfürst Konstantin mit üppigen Geschenken honoriert. Mit dem ansehnlichen Betrag von 160 000 Goldrubeln war das hoch verschuldete Herzogtum saniert worden und hatte neue Kreditwürdigkeit erlangt. Und es hatte an Glanz und Ansehen gewonnen. Die Coburger wünschten daher keinen Streit mit den mächtigen Romanows. Anna blieb nichts anderes übrig, als zu gehorchen. Pünktlich zu den Hochzeitsfeierlichkeiten der Großfürstin Helena mit dem Großherzog von Mecklenburg-Schwerin war sie wieder in Petersburg.

Auch Konstantin, der unter Marschall Suworow an den Feldzügen gegen die französischen Armeen in Italien teilgenommen und dabei mit Wonne unbotmäßige Soldaten hart bestraft hatte, war wieder zurückgekehrt. Anna versuchte ihr Bestes, um mit ihm gut auszukommen, doch sie resignierte, als sie erkannte, dass sich nichts geändert hatte. Im Gegenteil. Konstantin versammelte, wie es heißt, »zu jeder Tages- und Nachtzeit eine bunt zusammengewürfelte, vulgäre Gesellschaft, erlaubte sich einen intimen und frivolen Ton und belustigte sich in einer Weise, der der Würde einer kaiserlichen Hoheit spottete«.[10]

Die Folge war, dass seine Frau zum zweiten Mal schwer erkrankte. Dem Zaren war das völlig gleichgültig. Er war mit dem Bau einer neuen Residenz beschäftigt und stattete sie mit aller Pracht aus. Die Vollendung sollte mit einem großen Fest gefeiert werden.

Es sollte sein letztes Fest werden.

Sein krankhaft despotisches Auftreten, seine brutale Willkür und Strenge in der Armee und die Planlosigkeit seiner Außenpolitik – er war offen an Napoleons Seite getreten – machten ihn allgemein verhasst und führten zu einer Offiziersverschwörung. Zar Paul wurde am 24. März 1801 in seinem Schlafgemach erdrosselt. Sein Sohn und Erbe Alexander soll davon gewusst haben. Angeblich hat er sein Leben lang unter diesem Wissen gelitten.

Der Tod Pauls brachte Anna Feodorowna endlich die Freiheit. Mit der Billigung des neuen Zaren Alexander I. nahm sie eine Erkrankung ihrer Mutter zum Anlass, um Russland Ende Juli 1801 zu verlassen. Diesmal war es ein Abschied für immer.

Wieder in Coburg

In ihrer Begleitung befand sich auch ein gut aussehender junger Husarenoffizier namens Lignew, in den Anna sich leidenschaftlich verliebte. Kein Wunder übrigens nach jenen qualvollen Jahren mit Konstantin, der sie nie geliebt hatte.

Aber was tun in ihrem Elternhaus, wo sie keinen Augenblick ungestört war, schon gar nicht mit Lignew? Sie half sich mit Reisen, auf denen sie sich mit ihm traf, doch das heimliche Glück war kurz und letztlich ernüchternd. Wollte sie Lignew wirklich heiraten? Jedenfalls bestürmte sie ihre Schwägerin Elisabeth mit Bitten, ihre Scheidung zu betreiben. Doch diese antwortete ausweichend, sprach nur von den großen Schwierigkeiten, die dabei zu überwinden wären. Schließlich war es Lignew selbst, der sie bat, ihm die Heimkehr nach Russland zu erlauben. Nach drei Jahren war er der Heimlichkeiten überdrüssig geworden.

Ohne von dem Verhältnis seiner Gattin zu wissen, strebte auch Konstantin die Scheidung der Ehe an. Er hatte sich ebenfalls verliebt und wollte wieder heiraten. Doch seine Mutter verweigerte die Einwilligung.

»Wenn Ihre Ehe einmal getrennt ist und der Name der Großfürstin im Gottesdienst nicht mehr genannt wird, weiß in kurzer Zeit alle Welt bis zum hintersten Bauern im entferntesten
Gouvernement, dass im Kaiserhaus eine Scheidung vollzogen
wurde«, schrieb sie ihrem Sohn. »Diese Tatsache wird ihre
Achtung vor der unantastbaren Heiligkeit der Ehe, ja sogar den
Glauben selbst zerstören, umso mehr als man für diese Scheidung keine wirklich stichhaltigen Gründe geltend machen
kann. Das Volk könnte meinen, dass der Glaube der kaiserlichen
Familie nicht so tief und echt ist wie der seine, und das würde
genügen, um die Seele des Volkes nicht nur vom Glauben an
Gott, sondern auch an seinen Herrscher abzuwenden ... Die
ohnehin schon verdorbenen Sitten würden noch viel zucht-
loser durch das Beispiel jenes, der ... nächst dem Kaiser den
ersten Platz im Reich einnimmt.«[11] Das Prestige der Familie Romanow stand für die Kaiserinwitwe höher als der verständliche
Wunsch des Sohnes.

Wanderjahre

Nach einem längeren Aufenthalt in Berlin, wo Anna großen
gesellschaftlichen Erfolg errang, kehrte sie zunächst in ihre
Heimatstadt zurück. Doch sie spürte die Animosität, die ihr
dort entgegenschlug. Vor allem ihre Familie empfand das
Scheitern von Annas Ehe als Schande, hinzu kam ihr Verhältnis
mit Lignew, das nicht ganz unbemerkt geblieben war. Außerdem hatte sie finanzielle Sorgen. Als Großfürstin von Russland
musste sie repräsentieren, ein großes Haus führen, eine große
Dienerschaft haben. Da Sparsamkeit nicht zu ihren besonderen Tugenden zählte, reichte ihre Apanage nie. In ihrer Verzweiflung über ihre missliche Lage suchte sie erneut Verständnis bei einem Mann – ihrem Oberhofmeister Seigneux. Ein
neues Liebesverhältnis entspann sich, aus dem ein Kind her-

vorging. Ende 1808 reiste sie daher in die Schweiz, wo ihr Sohn Eduard in aller Heimlichkeit geboren wurde.

Am 28. Juni 1808 hatte ihre Mutter in ihr Tagebuch geschrieben: »Julies Schicksal verfolgt mich; noch nie schien mir das Kind so unglücklich, verlassen und im Herzen so verwundet wie gerade jetzt … Wie sehr verurteile ich ihre Reise in die Schweiz und noch vieles andere, das ich nicht nennen darf …, das mich aber entsetzlich bedrückt.«[12]

Auch die neue Liebe brachte ihr kein Glück. Auf einer erneuten Reise in die Schweiz traf sie im Jahre 1810 in Lausanne die Exkaiserin von Frankreich, Josephine, die darüber ihrer Tochter Hortense von der »charmanten, graziösen und liebenswürdigen Persönlichkeit« berichtete, »von einem Wuchs, wie man ihn anmutiger nicht denken kann, aber deutlichen Spuren von Leid in ihrem Antlitz«.[13]

Das war keineswegs erstaunlich, denn Seigneux behandelte sie beinahe wie eine Sklavin. Da schritt einer ihrer Brüder ein, setzte dem unwürdigen Verhältnis, in das Anna geraten war, ein Ende und stellte ihr einen Mann zur Seite, der von nun an eine große Rolle in ihrem Leben spielen sollte.

Rudolf Abraham Schiferli stammte aus Bern. Er hatte zuerst Theologie, dann Medizin studiert, hatte den Arztberuf ausgeübt und war sogar Professor der Chirurgie geworden. Die Verbindung zu Schiferli schien über den Großherzog von Mecklenburg-Schwerin zustande gekommen zu sein, einen Schwager von Anna Feodorowna. Zunächst »Ehrenkavalier«, ersetzte Schiferli sehr bald Seigneux als Oberhofmeister. Und dabei blieb es nicht, denn ein Jahr später brachte Anna in Coburg erneut ein Kind zur Welt. Der Vater des kleinen Mädchens war offensichtlich Schiferli. Dass dieser verheiratet war und zwei Kinder hatte, störte die Großfürstin anscheinend nicht.

Allmählich wurde die Schweiz zu Anna Feodorownas Lebensraum und Schiferli zu ihrem unersetzlichem Berater. Herzog Ernst von Sachsen-Coburg honorierte das, indem er Schiferli in den Freiherrenstand erhob. Die Geldmisere behob der neue Oberhofmeister durch den Verkauf von einem Teil von Annas Juwelen, die in Genf die stolze Summe von 368 144 Pfund erzielten. Das Herzogtum befand sich in einem traurigen Zustand. Napoleons Truppen hatten es verwüstet und schließlich besetzt. Anna Feodorowna versuchte zu helfen. Sie bat ihren Schwager, Zar Alexander I., um Vermittlung beim französischen Herrscher. Tatsächlich erreichte der Zar, dass Annas Bruder, Herzog Ernst, sein Land wiederbekam.

Bei einem Treffen Annas mit Alexander im Jahr 1813 erteilte dieser ihr auch die Erlaubnis, ihren ständigen Wohnsitz in die Schweiz zu verlegen. Damit erfüllte er wohl auch einen Wunsch Schiferlis, der gern wieder in seiner Heimat leben wollte.

Ein neues Leben in Elfenau

Schon vor Jahren, als Großfürstin Anna Feodorowna zum ersten Mal nach Bern gefahren war, war sie von der Stadt mit ihren Laubengängen und stilvollen Bauten entzückt. In der Nähe von Bern fand sie schließlich auch das Haus, das jahrzehntelang ihr Heim werden sollte: ein altes Landhaus, das ursprünglich ein bäuerliches Anwesen war und erst später zu einem Herrenhaus erweitert wurde. Es thronte auf der Kuppe eines Hügels, an dessen Fuß die Aare floss. Anna hatte Haus und Grundstück, damals »Brunnaderngut« genannt, von dem Berner Ratsherrn Gottlieb von Jenner vermutlich am 7. Oktober 1814 erworben.

Ursprünglich ein Klostergut, war es im Zuge der Reformation privatisiert worden. Die Allee, die den Zugang zum Herrenhaus säumte, gab dem Landsitz ein herrschaftliches Gepräge. Selbstverständlich konnte sich das Haus weder mit dem elterlichen Schloss, geschweige denn mit den Prunkbauten in Petersburg messen. Die neue Eigentümerin verstand es aber sehr gut, einerseits seine klaren Linien beizubehalten, dem Haus aber auch äußerlich durch ein neues Portal im Empirestil einen ansprechenden Aspekt zu verleihen. Ebenfalls in diesem Stil war der Brunnen gehalten, der den Mittelpunkt zu einer Art von kleinem »Ehrenhof« bildete, der durch den Bau verschiedener Nebengebäude entstanden war.

Größere Veränderungen entstanden im Inneren, vor allem ein großer Speisesaal, von dem zwei Glastüren in den Garten führten. Seine Wände waren mit rosa marmoriertem Stuck verkleidet, von der Decke hingen zwei große Kristalllüster. Geräumige Schränke enthielten kostbares Porzellan und französisches und böhmisches Kristall. Dem großen Salon im Zwischengeschoß hatte Anna mit seidenen Tapeten, wertvollen Teppichen und kostbaren Bronzen ein fürstliches Gepräge verliehen. Ein Gartenarchitekt hatte den Garten in ein Schmuckstück verwandelt. Die Wirtschaftsgebäude mit Glashäusern und einer Orangerie passten in ihrem Stil perfekt in die Landschaft. Zar Alexander dürfte in der Bemessung von Annas Apanage recht großzügig gewesen sein, denn außer dem Oberhofmeister gab es natürlich auch Hofdamen und eine beträchtliche Anzahl von Dienstboten. Der Besitz trug nun den Namen »Elfenau« und erhielt durch die großartigen Empfänge, die seine Herrin veranstaltete, einen wahrhaft fürstlichen Glanz.

Rasch lebte sich Anna Feodorowna in die Gesellschaft Berns ein, besuchte Theateraufführungen, Konzerte und Ausstellungen, besonders gern ging sie in das »Hotel de Musique«, ein elegantes Palais im Stil des Spätrokoko, dessen Theatervorstellungen mit immer wechselnden Schauspielertruppen sie besonders schätzte.

Bald war sie bekannt für ihre Wohltätigkeit. Wie Alville beschreibt, »traf man die Großfürstin oft in den stattlich vornehmen Patrizierhäusern der Stadt. Erschien sie bei einem Empfang, so fuhr es wie ein kleines Sprühfeuer durch die Salons. Ihre pikante Lebendigkeit und ihr Schalk erwärmten die steife

Würde des Magistrats, brachen die kühle Reserve der Militärs, belebten überhaupt die ganze stolze, traditionsbeschwerte Gesellschaft, die sich gegenseitig bis in die unschuldigsten Vergnügungen scharf und kritisch überwachte. Nicht alle freilich erlagen ihrem prickelnd lebendigen Geist, ihrem bestrickenden Charme und der weichen Anmut ihres Wesens. Man flüsterte sich ihre Abenteuer zu, erfand neue, vermehrte beträchtlich die Anzahl ihrer illegitimen Kinder. Doch fand man nichts so erstrebenswert, wie ihr vorgestellt zu werden.«[14]

Großfürstin Anna Feodorowna muss wahrlich eine faszinierende Persönlichkeit gewesen sein. Aber auch eine Frau, die gern viel Geld ausgab! Denn nicht selten flatterten Rechnungen auf den Tisch des Oberhofmeisters, die dieser beim besten Willen nicht mit den Einnahmen Ihrer Kaiserlichen Hoheit in Einklang zu bringen wusste. Und Dr. Schiferli konnte dann trotz aller Zuneigung für seine Herrin nicht umhin, recht schonungslos seine Missbilligung über deren Sorglosigkeit zu äußern. Anna Feodorowna quittierte solche Schelte mit deutlichem Ärger. Nach einer besonders heftigen Auseinandersetzung erwog sie sogar ernsthaft, Schiferli mit einer Pension aus ihren Diensten zu entlassen.

Annas Bruder Leopold, der spätere König von Belgien, der gemeinsam mit Schiferli ihre Finanzen betreute, musste seine ganze Überredungskunst aufwenden, um sie von diesem Vorhaben abzubringen. Leopold schätzte Schiferli sehr und war davon überzeugt, dass niemand anderes Annas Angelegenheiten so gut verwaltete wie er. »Meine Schwester hat das größte Vertrauen und die wahrhafteste Hochachtung für Sie, und ich bin überzeugt, dass nichts so leicht diese Meinung jemals wird verändern können. Sie hat mir wiederholt und unaufgefordert davon gesprochen, von welchem Nutzen für ihre Geschäfte Sie sich ihrer angenommen haben. Lassen Sie sich also nicht durch kleine Wolken glauben machen, dass dies Vertrauen verringert oder geschwächt worden wäre ... Ein wenig Widerspruchsgeist war von jeher in meiner lieben Schwester Charakter, und ich erinnere mich an Zeiten, wo sie mich gewiss sehr liebte und mir sehr vertraute, dass sie immer etwas geneigt war, das Gegenteil von dem zu tun, was man ihr riet.«[15]

Schließlich gelang es Prinz Leopold, beide Kontrahenten davon zu überzeugen, von einem voreiligen Schritt Abstand zu nehmen. Sie versöhnten sich, und ihre Freundschaft sollte über zwanzig Jahre bis zum Tod Schiferlis bestehen bleiben.

Nicht nur Leopold, auch seine Familie schätzte den Oberhofmeister und bezeugte es durch aufrichtige Zuneigung. »Bleiben Sie mein Freund, bester Schiferli«, schrieb die Herzoginmutter 1817, »und seien Sie recht überzeugt, dass ich einen unendlichen Wert auf die Freundschaft eines Mannes setze, dessen Charakter ich so hoch schätze.«[16]

Schiferli kümmerte sich um alles. Kamen Gäste ins Haus, was oft der Fall war, so musste nicht nur für ihre Bewirtung gesorgt werden, sondern auch für ihre Unterkunft – zumeist in der Nachbarschaft in privaten Wohnhäusern, da es damals noch an Hotels mangelte. Auch Ausflüge in die Umgebung mussten organisiert werden. Einmal verbrachte Anna mit einigen Freunden bezaubernde Tage in Interlaken, das allmählich als Ferienort für Molkekuren bekannt zu werden begann. Die Gesellschaft mietete sich in einem Gasthaus ein, unternahm Bootsfahrten am Thunersee, einen Ausflug zu den nahe gelegenen Grießbachfällen und sogar einen zur Wengernalp. In einem kleinen Gasthof in Lauterbrunnen wurde übernachtet, von da ging es per Esel in die Berge hinauf, um den Blick auf die Jungfrau und andere Gipfel genießen zu können.

Wie für viele Menschen ihres Standes war Anna der Wert des Geldes kaum bewusst. Als beispielsweise einmal in fünf Wochen die für damalige Begriffe gewaltige Summe von 4127 Pfund ausgegeben wurde, sagte Anna voller Bewunderung ihrem Oberhofmeister: »Das ist ja nichts, gar nichts! Sie sind ein Genie an Sparsamkeit.«[17]

Schon früh erforderte Annas etwas labile Gesundheit öfters Badekuren in Baden-Baden oder Aix-les Bains, wohin Schiferli sie mit entsprechender Dienerschaft und zahlreichem Gepäck begleitete. Die Bediensteten mochten ihn nicht besonders: »Denn dort herrschte er mit einer Gewissenhaftigkeit, deren unerbittliche Strenge durchaus militärischen Charakter hatte.«[18]

Es besteht kein Zweifel daran, dass Schiferli Annas Geliebter war. Aber allmählich verwandelte sich ihre Liebe in eine aufrichtige Freundschaft. Ob Schiferlis Frau trotz aller Zurückhaltung und Diskretion mit jener Beziehung immer einverstanden war, bleibe dahingestellt.

Ein überraschender Besuch

Man schrieb das Jahr 1814. Napoleon war in der Völkerschlacht bei Leipzig besiegt worden und befand sich im Exil auf der Insel Elba. Die Alliierten, darunter auch Zar Alexander I., waren glanzvoll in Paris eingezogen. Niemand verschwendete einen Gedanken daran, dass Napoleon noch einmal auf der Bildfläche erscheinen und Europa damit erneut in einen Krieg verwickeln würde. Im Gegenteil, man machte sich schon Gedanken über eine Neuordnung Europas.

Freudige Geschäftigkeit herrschte eines Tages in Elfenau. Zwar waren dort Besuche, auch solche von hohem Rang, nichts Außergewöhnliches, aber was nun bevorstand, schien doch einmalig zu sein: Kein Geringerer als Zar Alexander hatte seinen Besuch angekündigt! Fieberhafte Vorbereitungen begannen. Sooft Anna von ferne das Geräusch eines Wagen vernahm, begann ihr Herz schneller zu schlagen.

Plötzlich die Hufschläge galoppierender Pferde, Peitschenknallen. Ungestüm wurde die Tür aufgerissen, und auf der Schwelle erschien Konstantin – nicht Alexander! Es dauerte ein paar Sekunden, ehe Anna Feodorowna sich von ihrem

Schrecken erholt hatte. Was suchte er hier? Was wollte er bloß?, fragte sie sich bange.

Sie sollte die Antwort bald bekommen: Er komme im Auftrag seines Bruders, des Zaren, erklärte Konstantin. Denn Alexander wünsche eine Versöhnung des Paares. Anna war wie vom Donner gerührt. Doch rasch hatte sie sich wieder gefasst. Ihre Antwort klang klar und entschlossen. Nichts und niemand könne sie zwingen, die eheliche Gemeinschaft mit ihm wieder aufzunehmen.

Wütend verließ Konstantin unter dem Vorwand, einen Spaziergang machen zu wollen, den Salon. Er rief sein Gefolge und stürmte zur Aare hinunter.

Prinz Leopold, der gerade zu Besuch weilte, versuchte, seine Schwester zu beruhigen. Sie solle an ihre gesellschaftliche Stellung denken. Es sei doch anzunehmen, dass Konstantin inzwischen umgänglicher geworden sei. Doch daran vermochte Anna nicht zu glauben.

Indessen hatte der Großfürst seine Wut an den Herren seines Gefolges ausgelassen. Er jagte sie, ungeachtet des winterlichen Wetters, in voller Montur in die eiskalte Aare und sah mit sadistischer Befriedigung zu, wie sie dort mit der Strömung kämpften und nur mühsam das rettende Ufer gewannen. Dann wandte er sich zurück zum Haus.

Auf dem Weg dorthin kam ihm Prinz Leopold entgegen und bat ihn um ein Gespräch. Dabei erfuhr er, dass Konstantin wieder heiraten wollte. Es gab jedoch Schwierigkeiten. Zwar war seine Auserwählte eine Prinzessin Czerwertinska, ihr Rang genügte jedoch nicht den strengen Gesetzen des Zarenhofs. Da eine morganatische Ehe für diesen nicht infrage kam, sollte Konstantin sich wieder mit seiner Gattin versöhnen. Konstantin erklärte sich damit einverstanden, stellte aber die Bedingung, dass Anna Feodorowna seine Geliebte akzeptiere.

Auch Leopold hätte es im Interesse der Familie Coburg vorgezogen, wenn seine Schwester auf diesen Vorschlag eingegangen wäre. Doch Annas Entschluss stand fest: keine Rückkehr nach Petersburg und kein wie immer geartetes, gemeinsames Leben mit Konstantin.

Die Auseinandersetzungen spitzten sich zu, bis Konstantin endlich nach zwei Tagen unverrichteter Dinge Elfenau verließ. Alle atmeten auf, nur die Großfürstin blieb in gedrückter Stimmung zurück. Wieder einmal wurde ihr bewusst, wie verworren ihre Lage war: Sie war verheiratet, und doch war sie es nicht. An eine Scheidung war nicht zu denken. Sie war liiert mit einem verheirateten Mann. Zudem hatte sie zwei uneheliche Kinder. Mehr denn je sehnte sie sich nach einem geordneten Leben.

Prinz Leopold sucht Zuflucht in Elfenau

Im Jahre 1818 war es jedoch Leopold, dessen scheinbar so glänzende Zukunft plötzlich in Scherben lag und der Zuflucht und Trost bei seiner Schwester Anna suchte.

Leopold, geboren 1790, war das jüngste der acht Kinder des Herzogs Franz von Sachsen-Coburg-Saalfeld. So hieß das Herzogtum bis zum Jahre 1826. Damals wurde der Landesteil Saalfeld gegen das größere und lukrativere Gebiet Gotha des kürzlich verwaisten Herzogtums Sachsen-Gotha-Altenburg ausgetauscht. Seit diesem Zeitpunkt lautete der Name des Herzogtums daher bis zu seinem Ende im Jahre 1918: Sachsen-Coburg und Gotha.

Schon bald nach Annas Einheirat in das Haus Romanow ließ Zarin Katharina II. deren jüngsten Bruder, den damals erst fünfjährigen Prinzen Leopold, in die Kadettenliste des russischen Gardekürassierregiments eintragen. Mit drei Jahren bereits Oberst, wurde der Knabe mit zwölf Jahren von Zar Alexander I. zum General befördert. Das war nichts Ungewöhnliches in jenen Kreisen, in diesem Fall eben der engen Verwandtschaft mit Anna Feodorowna zu verdanken. Leopold sah nicht nur gut aus, sondern verfügte auch über Klugheit und Charme und wusste sich gewandt auf höfischem und diplomatischem Parkett zu bewegen. Ein Leben lang lagen ihm Bedeutung und Aufstieg seines Hauses besonders am Herzen.

Leopold, der im Gefolge des Zaren Alexander nach London gekommen war, lernte dort die Erbin des britischen Throns kennen und machte ihr den Hof. Weil sie aber eine äußerst begehrte Partie war, wollte ihr Vater eigentlich nichts von einem Schwiegersohn wissen, der einem unbedeutenden deutschen Herzogtum entstammte und dort nicht einmal erbberechtigt war. Aber Charlotte war verliebt und setzte sich durch. Der russische Zarenhof soll am Einverständnis ihres Vaters nicht ganz unbeteiligt gewesen sein.

Am 2. Mai 1816 wurde die Hochzeit gefeiert. Das britische Parlament genehmigte dem Paar eine großzügige Apanage von 60 000 Pfund und der Braut ein zusätzliches Nadelgeld. Nun war Leopold der Gemahl der britischen Thronerbin, englischer Staatsbürger, General, Herzog von Kendall und Eigentümer des Landsitzes Claremont bei London. Innerhalb kurzer Zeit gewann er großen Einfluss in England. Doch der Traum währte nur kurz. Im November 1817 brachte Charlotte einen toten Knaben zur Welt und starb an den Folgen dieser Geburt. Der Leibarzt beging Selbstmord.

Dieser Schicksalsschlag machte Leopold zwar nicht zum armen Mann. Er behielt seine Würden und seinen Besitz und das Parlament setzte ihm eine Rente von 50 000 Pfund jährlich aus. Aber das vermochte ihn nicht zu trösten. Er hatte Charlotte aufrichtig geliebt. Trotz seiner zweiten Heirat trauerte er ein Leben lang um sie.

Schiferli oblag es auf Bitten der Herzoginwitwe von Coburg, Anna Feodorowna jene traurige Tatsache mitzuteilen, die nicht ohne Einfluss auf die Familie war. Nun hatte der zutiefst niedergeschlagene Leopold seinen Besuch in Elfenau angekündigt.

Die Großfürstin tat alles Mögliche, um ihn zu trösten, und wenn sie verhindert war, fiel Schiferli die Aufgabe zu, Leopold ein wenig zu zerstreuen.

Die Scheidung

Ein Jahr später traf die Großfürstin anlässlich einer Reise nach Deutschland in Stuttgart Zar Alexander. Von ihm erfuhr sie, dass Konstantin sich erneut verliebt habe, diesmal in die polnische Gräfin Grudzenskaja. Daher forderte er ungestüm die Erlaubnis zur Scheidung seiner schon lange nicht mehr bestehenden Ehe.

Eigentlich hätte man annehmen müssen, dass Anna Feodorowna recht froh sein müsse, diese Bürde endlich loszuwerden. Doch seltsamerweise empfand sie die Nachricht als neuen Schicksalsschlag: »Sie fürchtet, und ich glaube mit Recht, dass dieser neue Skandal die allgemeine Aufmerksamkeit auch auf ihre Person lenken könnte«, schrieb Zarin Elisabeth an ihre Mutter in Baden. »Sie fürchtet, der Verachtung, ja der Beleidigung ausgesetzt zu werden – kurz, sie ist vollkommen verwirrt und mutlos. Arme Anna! Sie macht sich Sorgen über die Auswirkungen, die eine mögliche Scheidung auf ihre Mutter, auf das Haus Coburg überhaupt haben könnten.«[19] Und in einem späteren Brief hieß es: »Wenn ich an die Veröffentlichung der Scheidungsakte denke, überkommt mich ein derartiges Gefühl der Scham, dass ich mich am liebsten irgendwo verstecken möchte … So sehr mich auch Annas persönliches Schicksal schmerzt …, das Bedauernswerte dabei ist meiner Meinung nach der Eindruck, den dieser Vorfall beim Volk hervorrufen wird. Eine gesetzliche Scheidung ist etwas sehr Seltenes in Russland, und die wenigen Beispiele, die mir bekannt sind, haben immer einen Schatten auf die betreffenden Familien geworfen. Und nun ist es die kaiserliche Familie, die mehr als jede andere vorbildlich sein sollte, die sich auf so unerhörte Weise bloßstellen wird …. wo strengste Gläubigkeit angemessen war, greift man zu einem Mittel, das allgemein als religionswidrig betrachtet wird.«[20]

Auch Prinz Leopold gefiel eine mögliche Scheidung seiner Schwester nicht. Geschäftstüchtig meinte er jedoch, man müsse aus dem Umstand, dass Konstantin darauf dringe, wenigstens die Erhöhung von Annas Apanage fordern.

Ehre und Reputation standen für beide Familien im Vordergrund. Ebenso selbstverständlich wie Jugendliche in zartem Alter verheiratet wurden, die einander noch nie gesehen hatten, lehnte man den Gedanken an eine Ehescheidung ab. Die Menschen, die es betraf, waren in ihren Augen zwar bedauernswert, ihre Wünsche jedoch bedeutungslos. Ob eine Ehe glücklich oder unglücklich geriet, war ein Schicksal, das man hinzunehmen hatte. Auch im Bürgertum galt eine Ehescheidung als Makel. Die Religion gebot es so.

Es dauerte lange, bis Toleranz und Selbstbestimmungsrecht sich allmählich durchsetzten. Noch in den Fünfzigerjahren des 20. Jahrhunderts verbot das britische Königshaus einer Prinzessin die Heirat, die sie sich wünschte – nicht etwa, weil der Mann ihrer Wahl ein Bürgerlicher war, sondern weil er, sogar schuldlos, wie es damals hieß, geschieden war! Es betraf Prinzessin Margaret, die Schwester der britischen Königin Elisabeth II.

Im Fall von Anna Feodorowna und Großfürst Konstantin sollte es doch noch zu einer Lösung kommen, und zwar von einer Seite, die niemand vermutete. Die Mutter Konstantins, Kaiserinwitwe Maria Feodorowna, die sich immer besonders vehement gegen eine Scheidung ausgesprochen hatte, gab plötzlich ihre Zustimmung. Der Grund für diesen plötzlichen Sinneswandel dürfte in ihrer Vorliebe für ihren dritten Sohn Nikolaus zu suchen sein. Da Alexanders Ehe offensichtlich Kinder versagt blieben, war Konstantin der nächste Anwärter auf den Thron. Da seine beabsichtigte Ehe aber nur morganatisch sein konnte und ihre Nachkommen daher nicht erbberechtigt sein würden, fiele die Krone automatisch Nikolaus zu.

In einer Proklamation teilte der Zar seinem Volk seinen Entschluss mit: »Unser vielgeliebter Prinz und Großfürst hat sich an Ihre Majestät die Kaiserinmutter ... und an Uns gewandt mit der Bitte, Seine ehelichen Verhältnisse einer Prüfung zu unterziehen, im Hinblick auf die lange und dauernde Abwesenheit seiner Gemahlin, der Großfürstin Anna Feodorowna. Sie hat ihn bereits im Jahre 1801 in vollkommen zerrüttetem Gesundheitszustand verlassen, um ins Ausland zu gehen und ist seither nicht wieder zurückgekommen. Aus diesem Grund wünscht der Großfürst die Auflösung der Ehe. Wir haben unter Zustimmung Unserer sehr verehrten Mutter diese Bitte gewährt und sie dem Heiligen Synod unterbreitet, der ... übereingekommen ist, die Ehe als ungültig zu erklären ... mit der Ermächtigung, dass der Großfürst sich wieder verheiraten kann, wann immer er es wünscht ... Aufgrund dieser Erwägungen haben auch Wir beschlossen, in der kaiserlichen Familie nicht weiter eine Ehe zu dulden, welche de facto schon seit neunzehn Jahren nicht mehr existiert und nicht im Geringsten zu der Hoffnung auf eine Wiedervereinigung berechtigt. Wir geben damit kund, dass diese Ehe gelöst ist.«[21]

Dennoch sollte dafür gesorgt werden, dass das Volk von der Scheidung möglichst nichts erfuhr. Es ist also mit Sicherheit anzunehmen, dass auch weiterhin in den Kirchen zum Gebet für Anna Feodorowna als einer Angehörigen der kaiserlichen Familie aufgerufen wurde. Im Jahre 1820 hatte Anna also endgültig ihre Freiheit gewonnen. Es fiel ihr jedoch sichtlich schwer, danach in Gesellschaft zu erscheinen. Offensichtlich befürchtete sie, erneut zum Gesprächsthema zu werden.

Auch ihre Familie war über diesen Schlussstrich nicht glücklich. Eine Trennung, auch wenn sie vor beinahe zwei Jahrzehnten erfolgt war, konnte immer noch zu einer Wiederaufnahme der Ehe führen. Eine Scheidung dagegen war etwas Endgültiges, sie bezeugte, dass die Ehe gescheitert war. Und das war nicht gerade vorteilhaft für das Ansehen der Familie.

Annas Sorgen waren jedoch unbegründet. Vor allem ihre Schwägerin Elisabeth zeigte anlässlich eines Besuchs bei ihrer Mutter in Baden ihrem russischen Gefolge, wie herzlich sie Anna nach wie vor zugetan war, und König Maximilian I. von Bayern empfing sie und ihre Schwester Antoinette von Württemberg ungeachtet der Scheidung mit besonderen Ehren.

Traurige Tage

1825 erlitt Anna einen herben Verlust. Zar Alexander I. starb am 1. Dezember plötzlich in Taganrog auf der Krim im Alter von nur 47 Jahren. So manche im Volk wollten das aber nicht glauben und nahmen an, der Zar sei eine Art Heiliger geworden, der als Einsiedler unter dem Namen Fjodor Kusmisch noch jahrelang in Sibirien gelebt habe.

Anna war zutiefst erschüttert. Sie und ihr Schwager hatten einander sehr geschätzt, man munkelte sogar, dass sie einst eine Liebelei miteinander gehabt hätten – was Alexander durchaus zuzutrauen gewesen wäre, denn er war kein treuer Ehemann, hatte mehrere Mätressen und aus jenen Verbindungen sogar Kinder.

Einige Tage sah es so aus, als ob Konstantin die Nachfolge Alexanders antrete. Aber Konstantin, der Statthalter in Polen und inzwischen wieder verheiratet war, fühlte sich dort sehr wohl und hatte keinerlei Ambitionen auf den Thron. Einige Regimenter hatten ihn jedoch zunächst zum Zaren ausgerufen. Doch der neue Zar hieß Nikolaus I.

Alexanders Gattin Elisabeth, die Anna zeit ihres Lebens so sehr unterstützt hatte, folgte ihm ein halbes Jahr später in den Tod. Unter ihrem Verlust litt Anna besonders schwer.

Große Sorge hatte sie auch um ihre Apanage. Nikolaus I. war

noch ein Kind, als sie Russland verlassen hatte. Sie kannte ihn also kaum, und es bestand die Gefahr, dass bösartige Gerüchte ihn negativ beeinflusst haben könnten. Über die Interventionen, die zu ihren Gunsten beim Zaren getätigt wurden, ist nicht viel bekannt. Aber die Tatsache, dass sie einige Jahre später bei Genf einen Besitz erwarb, spricht eigentlich dafür, dass ihre Einkünfte gesichert waren.

Im Jahr 1831 starb Annas Mutter, die Herzoginwitwe von Coburg, im selben Jahr auch Großfürst Konstantin an Cholera. Zar Nikolaus I. berichtete seiner Schwägerin darüber in einem Brief.»Ihre Kaiserliche Hoheit werden zweifellos nicht ohne tiefe Bewegung die Nachricht vom Verlust, den ich erlitten habe, erfahren, und Ihre edle Seele wird nicht ungerührt bleiben angesichts eines Schmerzes, den ich erlitten habe, den alle diejenigen mit mir teilen, die ich unter meine Freunde zu zählen pflege. In dieser Überzeugung teile ich Eurer Kaiserlichen Hoheit den Tod meines Bruders, des Großfürsten Konstantin mit. Er ist am 15. Juni verschieden ... Wenn ich mich unter diesen schmerzlichen Umständen an Ihre Kaiserliche Hoheit wende, so geschieht es in der Hoffnung, mich Ihrer steten freundschaftlichen Gefühle, die ich so glücklich war, bei Ihnen wahrzunehmen, auch weiterhin zu versichern. Ich bitte Ihre Kaiserliche Hoheit, mir diese Gefühle zu erhalten und meines unwandelbaren Wohlwollens versichert zu sein, das zu wiederholen und zu erneuern mit eine Freude und Ehre ist. Nikolaus.«

Der Verlust ihres geschiedenen Gatten, von dem sie so viel Ungemach erfahren hatte, wird wohl für Anna Feodorowna nicht allzu schmerzlich gewesen sein. Obwohl der Brief des Zaren zweifellos viele Floskeln enthielt, so war es dennoch erfreulich für sie, dass er ihr trotz allem wohlwollend gegenüberstand. Ihre ganze Lebensführung hing davon ab.

Viel ärger traf sie der Tod ihres langjährigen Freundes Schiferli. Schon in den letzten Jahren hatte sich sein Gesundheitszustand durch eine Typhuserkrankung sehr verschlechtert. Als Anna das bemerkte, ordnete sie die Übersiedlung der ganzen Familie nach Elfenau an. Dort starb er am 3. Juni 1837. Kurz darauf verschied auch ihre Tochter, Hilda Dapples, nach kurzer Ehe plötzlich in Lausanne.

All diese Ereignisse sowie der Klatsch, der immer wieder über sie in Umlauf war, mögen dazu beigetragen haben, dass ihr Elfenau, der Schauplatz so vieler Erinnerungen, zusehends verleidet wurde. Sie beschloss, sich nach einem neuen Wohnsitz umzusehen.

Genf

Sie fand ihn im »Chalet de la Boissière«, einem Landsitz in der Nähe von Genf. Das Schlösschen und der Landbesitz waren zwar bei Weitem nicht so großartig wie Elfenau, aber es genügte der Großfürstin, die ohnehin nicht mehr die Absicht hatte, große Gesellschaften zu geben.

Um unerkannt zu bleiben, nahm sie den Namen einer Gräfin von Ronau an und gab sich als Witwe protestantischen Glaubens aus. Der Besitz wurde von einem Strohmann, Pierre-Paul Vaucher, allerdings mit Annas Geld, gekauft. Es war Fremden nämlich nicht erlaubt, ohne Einwilligung der Regierung Grundbesitz zu erwerben. Offiziell war daher Vaucher der Eigentümer von La Boissière. Und er blieb es auch über Annas Tod hinaus. Anna machte ihn zu ihrem »Ehrenkavalier« und nahm schließlich seine große Familie bei sich auf. Vaucher war bereits zum zweiten Mal verheiratet und hatte sechs Kinder. Anna ließ ihn durch ihren Bruder zum Hofrat und sogar in den Adelstand erheben.

Er war keine glückliche Wahl. Da Vaucher in Genf nicht besonders angesehen war, wirkte sich das auch auf Anna auf. Die Idee, inkognito aufzutreten, erwies sich zudem als Illusion.

Sehr bald war ihre Identität gelüftet, auch Klatsch und Tratsch machten die Runde. Leicht war es nicht, in die puritanische Gesellschaft der calvinistisch geprägten Stadt Eingang zu finden, wo Annas Vergangenheit, ihre Leichtfertigkeit, ihr Hang zum Luxus und ihre Vorliebe für das Theater den Menschen suspekt waren. Dennoch gelang es ihr, sich mit ihrem warmherzigen Wesen und ihrer steten Hilfsbereitschaft Zutritt zu verschaffen. Obwohl sich ihr Gesundheitszustand zunehmend verschlechterte, hatte sie sich ihre Lebendigkeit und geistige Frische bis ins Alter bewahrt. Nach wie vor liebte sie das Theater, in dem sie bisweilen vier- bis fünfmal in der Woche anzutreffen war.

Tod in Elfenau

Anna Feodorowna verbrachte siebzehn Jahre auf ihrem Landsitz bei Genf. Doch im Juli 1860 zog sie nach Elfenau zurück. Es war, als fühle sie ihren Tod voraus und wolle dorthin zurückkehren, wo sie die schönste Zeit ihres Lebens verbracht hatte.

Schon lange vorher hatte sie zwei Testamente bei ihrem Notar hinterlegt. Ihr erstes setzte ihren Schwager, Graf Emmanuel von Mensdorff-Pouilly, zum Gesamterben ein. Es umfasste ihren Besitz Elfenau und ihren Wohnsitz beim Schlosspark in Coburg. Auch Mensdorff-Pouilly war nur ein Strohmann. Der eigentliche Erbe war Annas Sohn Eduard, der den Namen von Löwenfels trug.

Ein zweites Testament, aufgesetzt in La Boissière, ergänzte das erste. Es bestimmte Vaucher zu dessen Erben. Darin eingeschlossen war nicht nur das Inventar des Hauses, sondern auch sämtlicher Besitz, den Anna im Kanton Genf und in Savoyen erworben hatte – Vaucher stand also ein glänzendes Erbe zu.

Großfürstin Anna Feodorowna von Russland starb 79-jährig am 16. August 1860. Sie wurde im Rosengarten von Elfenau beigesetzt. Als dieser später in eine öffentliche Anlage umgewandelt wurde, überführte man ihre sterblichen Überreste auf den Schlosshaldenfriedhof. Eine schlichte Inschrift in französischer Sprache auf der Marmorplatte erinnert an sie: Nur ihr Name, JULIE-ANNE, ohne jeglichen Titel, ist darauf vermerkt. Sie wäre Kaiserin von Russland geworden, hätte Konstantin sich anders verhalten. Seiner zweiten Gattin, Prinzessin von Lowicz, waren ein prunkvolleres Begräbnis und ein Grabmal in der Kirche der Zarenresidenz Zarskoje Selo zuteil geworden.

Am 16. August 1860 war im *Journal de Genève* zu lesen: »Der Heimgang der Großfürstin wird für Genf ein empfindlicher Verlust sein; nicht nur für jene, welche sie der Ehre ihrer Gesellschaft teilhaftig werden ließ, sondern auch für die, welche sich mit den wohltätigen Werken unserer Stadt befassen. Wir sagen nichts Neues, wenn wir an dieser Stelle erklären, dass Ihre Kaiserliche Hoheit bei uns vor allem bekannt war durch ihre unerschöpfliche Güte und Mildtätigkeit, die keinem wirklich Unglücklichen je ihre Hilfe versagt hätte. Immer wenn ein schweres Geschick eine Familie heimsuchte, war es die Großfürstin, an die man sich zuerst wandte, und die Geistlichen wussten, wie weit im Notfall ihre Freigebigkeit gehen konnte, und mit welcher Selbstverständlichkeit sie gab und half.«

Auch Genf hatte Großfürstin Anna Feodorowna also anerkannt.

Maria Antonia Gabriele von Kohary, Prinzessin von Sachsen-Coburg-Kohary

Noch eine lukrative Ehe

Wie sein Onkel Prinz Friedrich Josias machte auch Prinz Ferdinand (1785–1851), ein Bruder der Großfürstin, Karriere als österreichischer Offizier. Seit 1803 Rittmeister in der österreichischen Armee, erreichte er den Rang eines Generals. Er konvertierte zum Katholizismus und ließ sich in Wien nieder.

Am 2. Januar 1816 heiratete er Prinzessin Maria Antonia Gabriele von Kohary und wurde zum Begründer der katholischen Linie Sachsen-Coburg-Kohary. Der Brautvater war zwar erst ein Jahr zuvor in den Fürstenstand erhoben worden, die Braut also nicht ganz standesgemäß, aber ihr Reichtum und die Tatsache, dass sie die einzige Erbin ihres Vaters war, ließ die Familie Coburg darüber hinwegsehen. Jedenfalls brachte Maria Antonia ungeheuren Reichtum in die Familie, galt ihr Vater doch als einer der vermögendsten Magnaten Ungarns.

Sein Besitz lag hauptsächlich in der heutigen Slowakei, die bekanntlich bis zum Friedensschluss nach dem Ersten Weltkrieg zu Ungarn gehörte, und umfasste etliche Schlösser, Güter und Bergwerke. Dazu gehörten mehrere Dörfer, deren Bewohner zwar keine Leibeigene mehr waren, aber dennoch der Erbuntertänigkeit unterlagen. Das bedeutete eine weitgehende Abhängigkeit von ihrem adligen Grundherrn, dem sie auch zeitweise dienstpflichtig waren. Erst im Lauf der zweiten Hälfte des 19. Jahrhunderts wurde diese Verpflichtung aufgehoben, die Bindung an die Scholle blieb aber mangels anderer Arbeitsmöglichkeiten und schlechter Verkehrsverhältnisse noch lange bestehen.

Beim Tod des Fürsten Kohary ging dessen Besitz an seine einzige Tochter über, die erloschenen Manneslehen als kaiserliche Schenkung an ihren Gatten Prinz Ferdinand. Die Ehe brachte der Familie nicht nur Reichtum, sondern auch den Zutritt zum Kaiserhaus – ein Privileg, das in den Zeiten der Monarchie, wo der Rang eines Hauses eine überragende Rolle spielte, jene Bevorzugten über alle Übrigen emporhob. Es bedeutete nicht nur einen ungeheuren Prestigegewinn für den neuen Zweig des Hauses, sondern zugleich für das Stammhaus Sachsen-Coburg und Gotha.

Das neun Tage und Nächte dauernde Hochzeitsfest glich, wie zu lesen ist, »einem Märchen aus 1001 Nacht: 790 Zigeuner spielten einer ungezählten Gästeschar zum Tanz auf, für die rund 1000 Schweine und 10 000 Hühner geschlachtet wurden«.[23] Die Sachsen-Coburg-Koharys residierten in einem Palais in der Seilerstätte im Ersten Bezirk. Es ist unter dem Namen »Palais Coburg« seit einigen Jahren eines der Luxushotels von Wien.

Vier Kinder wurden dem Paar geboren, dessen Familie nun zu den ersten Adelshäusern Österreichs zählte: Viktoria, Ferdinand, August und Leopold, von deren ehelichen Verbindungen später noch berichtet wird.

Viktoria Prinzessin von Sachsen-Coburg, Herzogin von Kent

Prinz Leopold und das britische Königshaus

Hatte die Heirat von Prinzessin Julie von Sachsen-Coburg mit dem Großfürsten Konstantin von Russland das Ansehen ihres Hauses immens gefördert, so erwies sich ihr Bruder Leopold als wahres Genie in Sachen Heiratspolitik.

Von seiner eigenen Ehe mit der britischen Thronerbin Charlotte und ihrem tragischen Ende wurde bereits berichtet. Doch auch in der Folge blieb Leopold nicht untätig. Der Aufenthalt in Elfenau und die liebevolle Zuwendung seiner Schwester Julie hatten ihm gutgetan und ihm geholfen, seinen Schmerz zu lindern. Er war nach England zurückgekehrt, wo die Nachfolge zum Problem wurde. König Georg IV. hatte zwar noch sechs Brüder, doch sie waren alle kinderlos. Die Lage wurde allmählich so prekär, dass das Parlament sogar bereit war, eine Jahresapanage von 25 000 Pfund für den zu bezahlen, der für einen Erben der Krone sorgen würde.

Da trat Leopold in Aktion. Er dachte an seine Schwester Viktoria. Sie war mit dem Fürsten von Leiningen verheiratet gewesen und hatte auch Kinder, war aber schon wieder verwitwet. Leopold sah eine Chance. Seines Erachtens war seine Schwester trotz ihrer Witwenschaft noch jung genug, um eine neue Ehe einzugehen, und zwar mit dem Herzog Edward von Kent! Dessen morganatische Ehe erschien Leopold nicht als unüberwindliches Hindernis. Schwerer wog, dass sich Edwards Begeisterung in Grenzen hielt. Auch die zukünftige Braut Viktoria zeigte keine große Lust, einen fünfzigjährigen Mann zu heiraten, der zwanzig Jahre älter war als sie selbst.

Doch Leopold war ein Meister der Überredungskunst. Auch materiell lohnte es sich für das ungleiche Paar. Wie die *Österreichisch-Kaiserliche Privilegierte Wiener Zeitung* vom 2. Juni 1818 schreibt, wurde dem Herzog von Kent vom britischen Unterhaus eine Zulage von 6000 Pfund Sterling bewilligt und der durchlauchtigsten Braut Seiner königlichen Hoheit, der Fürstin von Leiningen, ein Wittum von gleicher Summe zugesichert.

Nach Auflösung von Edwards morganatischer Ehe fand am 29. Mai 1818 die Hochzeit statt. Viktoria stellte nur die Bedingung, dass Edward mit ihr und ihren Kindern aus erster Ehe hauptsächlich im Schloss der Leininger bei Amorbach im Odenwald leben solle.

Ob die Ehe glücklich wurde, wird nicht berichtet. Es war unwichtig. Viel wichtiger war, dass Leopolds Kalkül aufging, denn der Erfolg der Ehe stellte sich prompt ein: Schon ein Jahr später, am 24. Mai 1819, schenkte die Coburger Prinzessin einem Mädchen das Leben, das auf den Namen Victoria getauft wurde. Sie blieb das einzige Kind des Paares, das hiermit die Erwartungen erfüllt und für eine Erbin gesorgt hatte.

Königin Victoria trat im Jahre 1837, also erst achtzehnjährig, ihre Regierung an und herrschte bis zum Jahre 1901. Da der Herzog von Kent bereits ein Jahr nach ihrer Geburt starb, nahm Leopold sich des kleinen Mädchens an Vaters Stelle an. Sein Einfluss in England wuchs.

1840 heiratete Victoria durch Vermittlung ihres Onkels Leopold dessen Neffen Prinz Albert von Sachsen-Coburg, der in Großbritannien das Haus Sachsen-Coburg begründete. Es wurde eine gute Ehe, obwohl der Prinzgemahl in England lange nicht besonders anerkannt wurde. Doch Victoria liebte ihn innig, nach seinem frühen Tod im Jahr 1861 legte sie die Trauerfarbe Schwarz nicht mehr ab.

Der Ehe entstammten neun Kinder. Die Älteste, ebenfalls Victoria genannt, wurde die Gemahlin Viktoria des deutschen Kronprinzen und späteren Kaisers Friedrich III., der allerdings nach nur dreimonatiger Regierung an Kehlkopfkrebs starb. Sein Nachfolger wurde der letzte deutsche Kaiser Wilhelm II. Die Enkelin der Queen, Viktorias und Friedrichs III. Tochter Sophie, heiratete den griechischen König Konstantin I.

Der älteste Sohn Victorias und Alberts folgte seiner Mutter als König Edward VII. auf den englischen Thron – er war mit Prinzessin Alexandra von Dänemark verheiratet. Tochter Maud heiratete in das norwegische Königshaus ein, während Tochter Alice den Großherzog von Hessen, Ludwig IV., ehelichte und die Mutter der letzten Zarin von Russland wurde. Alfred trat die Nachfolge im Herzogtum Sachsen-Coburg und Gotha an und war mit Maria Alexandra, Großfürstin von Russland, verheiratet. Ihre Tochter Maria wurde als Gattin von Ferdinand I. Königin von Rumänien, deren Tochter wiederum Gemahlin des Königs von Jugoslawien. Arthur Herzog von Connaught heiratete Luise, Prinzessin von Preußen; eine Tochter des Paares wurde Königin von Schweden. Leopold, Herzog von Albany, war der Gatte von Helene, Prinzessin von Waldeck, deren Enkel der heutige König von Schweden ist. Die Jüngste, Beatrice, war mit Heinrich Prinz von Battenberg verheiratet. Deren Tochter Victoria Eugenia wurde die Gattin von Alfons XIII., dem König von Spanien und Großvater von König Juan Carlos.

Die Kinder und Kindeskinder von Königin Victoria und Prinz Albert saßen also auf fast allen Thronen Europas und sind mit allen noch regierenden oder heute im Exil lebenden Herrscherfamilien eng verwandt.

König Leopold I. von Belgien

Im Scherz wurde er der »Onkel Europas« genannt, denn er sorgte mit Geschick für weitere, Ansehen bringende Verbindungen seiner Familie. Er errang aber auch selbst eine Königskrone. Nachdem es den Griechen endlich gelungen war, die verhasste Herrschaft der Türken zu beenden, boten sie im Jahr 1830 Leopold ihren Thron an. Hätte er sein Amt besser versehen als der Wittelsbacher Prinz, der zum ersten König der Griechen ernannt, jedoch bald wieder entthront wurde? Leopold aber hatte die ehrenvolle Aufgabe abgelehnt. Bereits ein Jahr später wurde ihm der Thron von Belgien angeboten. Den schlug er nicht aus.

Lange diplomatische Verhandlungen waren der Gründung des belgischen Königreichs vorangegangen. Die südlichen Niederlande, die eine Zeitlang als Erbmasse des Weltreichs von Kaiser Karl V. bei Österreich verblieben waren, wurden durch den Wiener Kongress von 1815 zwar den nördlichen Niederlanden zugesprochen, erlangten aber am 25. August 1830 ihre Unabhängigkeit und wurden zum Staat Belgien proklamiert, dessen Grundlagen die Großmächte in London festlegten. Es wurde beschlossen, eine parlamentarische Monarchie zu errichten.

Als künftigen Herrscher Belgiens erwog man zunächst, einen Sohn des französischen Königs Louis Philippe einzusetzen, der 1830 als »Bürgerkönig« den Thron bestiegen hatte. Aber da legte England, immer auf die Wahrung des »europäischen Gleichgewichts« bedacht, sein Veto ein. Ein König aus dem Hause Orléans hätte die Macht Frankreichs zu sehr gestärkt. Das Vorleben Leopolds und dessen Einfluss in England stieß zwar wiederum auf französische Bedenken. Man begegnete ihnen schließlich auf gewohnte Weise – durch eine Heirat. Frankreich machte sich stark für eine Ehe zwischen dem schon über vierzigjährigen Witwer Leopold und der gerade zwanzigjährigen Tochter von König Louis Philippe.

Prinzessin Marie-Louise aus dem Hause Orléans fügte sich dem Wunsch ihrer Eltern ebenso wie die meisten ihrer Standesgenossinnen. Die Ehe wurde am 9. August 1832 geschlossen, zwei Monate nachdem Leopold I. zum »König der Belgier« gewählt worden war und seinen Eid auf die äußerst liberale Verfassung abgelegt hatte. Glücklich wurde die Verbindung nicht. Auch dieses Los teilte Marie-Louise mit dem Schicksal der meisten Prinzessinnen.

Glücklicher dagegen gestaltete sich die Regierung Leopolds in Belgien. Er gewann durch Zurückhaltung bei den Kämpfen der belgischen Parteien großen Einfluss im Land und wurde zum Vorbild eines konstitutionellen Herrschers. Durch seine erfolgreiche Heiratspolitik vergrößerte er nicht nur das Ansehen des Hauses Coburg, sondern auch sein eigenes.

Heiratsvermittler Leopold

Auch weiterhin war Leopold um eine lukrative und ehrenvolle Versorgung seiner Familienangehörigen bemüht. Durch seine Vermittlung kam nun eine weitere Verbindung mit dem Haus Orléans zustande. Diese wichtigste Nebenlinie der Bourbonen war mit Leopolds Schwiegervater Louis Philippe auf den Thron gekommen. Dessen Abdankung läutete das Ende der jahrhundertealten Monarchie in Frankreich ein. Sie erstand zwar wieder als neues Kaiserreich unter Napoleon III., währte aber nur mehr zwanzig Jahre.

Wie bereits erwähnt, war durch die Heirat von Leopolds Bruder Ferdinand mit der Erbin des ungarischen Fürsten von Kohary auch die neu gegründete Linie Sachsen-Coburg-Kohary zu Macht und Ansehen gekommen. Nun gelang es Leopold im Jahr 1840, die Ehe von Ferdinands Tochter Viktoria mit Herzog

Ludwig von Nemours, einem Sohn von König Louis Philippe, zu arrangieren. Doch damit nicht genug, Viktorias Bruder August heiratete drei Jahre später ebenfalls in das Haus Orléans ein, als er Clementine, eine Tochter Louis Philippes und damit Schwester der Königin von Belgien, ehelichte.

Die Coburger in Bulgarien

Der jüngste Sohn aus dieser Verbindung, ebenfalls namens Ferdinand, begründete 1887 das bis 1944 regierende Haus Sachsen-Coburg-Kohary in Bulgarien.

1878 waren beim Berliner Kongress unter der Leitung von Fürst Bismarck die Verhältnisse am Balkan neu geordnet worden. Rumänien, Serbien und Montenegro waren souveräne Staaten geworden, das nördliche Bulgarien ein autonomes Fürstentum, das aber weiterhin dem Osmanischen Reich tributpflichtig war. Sowohl wirtschaftlich als auch kulturell war es eine türkische Provinz geblieben.

Das Land brauchte einen Fürsten, der es in die Moderne führte, es benötigte dringend wirtschaftliche Entwicklung. Die Wahl fiel zunächst auf den russischen Kandidaten, Alexander von Battenberg. Obwohl ein angeheirateter Neffen des russischen Zaren Alexander II., wurde er nach dem Versuch, den russischen Einfluss zurückzudrängen, von einer von Russland angestifteten Offiziersverschwörung gefangen genommen und zur Abdankung gezwungen. Man benötigte also einen neuen Fürsten.

Nach ersten Kontakten mit Erzherzog Johann Salvator, die auf die Ablehnung des österreichisch-ungarischen Herrschers Franz Joseph stießen, kam Prinz Ferdinand von Sachsen-Coburg-Kohary ins Gespräch. Vor allem seine Mutter, Prinzessin Clementine von Orléans, begünstigte die Thronannahme, galt es doch, dem inzwischen im Exil lebenden Haus Orléans neuen

Glanz zu verleihen Nicht ohne Einfluss auf die Wahl in Bulgarien war das große Vermögen des Prinzen. Dieser wurde am 6. Juli 1887 von der Nationalversammlung zum Fürsten von Bulgarien gewählt. Als Deutscher und zugleich Angehöriger des ungarischen Hochadels und zudem Katholik war er den Bulgaren selbst zunächst nicht ganz geheuer; Russland erkannte ihn überhaupt nicht an, die Großmächte und die Türkei erst 1896. Doch sein Ausharren und die geschickte Regierung des Ministerpräsidenten Stambulov verschafften ihm Respekt. Schon ein Jahr später wurde die bulgarische Trasse des Orientexpress Paris – Wien – Konstantinopel eröffnet. Sofia war nun an den internationalen Verkehr angeschlossen und wurde allmählich zu einer modernen Hauptstadt.

1893 arrangierte Mutter Clementine eine Heirat ihres Sohnes mit Marie-Louise von Bourbon-Parma, nachdem der bulgarische Fürst bei anderen Fürstenhäusern als wenig attraktive Partie galt. Der ein Jahr später geborene Erbe Boris war zunächst auf ausdrücklichen Wunsch seiner Mutter katholisch getauft worden, Ferdinand sorgte aber 1896 dafür, dass er in die Gemeinschaft der Orthodoxie aufgenommen wurde. Das trug zwar dem Land die Anerkennung des um Ostrumelien vergrößerten Bulgarien, aber Ferdinand auch die Exkommunikation durch Papst Leo XII. ein.

1908 nutzte Ferdinand die jungtürkische Revolution und die Krise um die Annexion von Bosnien und der Herzegowina durch Österreich-Ungarn und erklärte Bulgarien zum unabhängigen Königreich. Er selbst nahm als Ferdinand I. den Titel Zar an. Die Balkankriege brachten Bulgarien nach anfänglichen Siegen so gut wie keine Vorteile. Nach dem Ersten Weltkrieg, in dem Bulgarien auf der Seite der Mittelmächte gekämpft und verloren hatte, dankte Zar Ferdinand I. im Jahr 1918 zugunsten seines Sohnes Boris ab. Er verbrachte sein weiteres Leben in Coburg, wo er seinen wissenschaftlichen und musischen Neigungen nachging. Seine materiellen Interessen verteidigte er mit Erfolg: Es gelang ihm, von der tschechoslowakischen Regierung die Rückgabe der Schlösser und Güter seiner Familie zu erwirken, die dort als »Feindvermögen« beschlagnahmt worden waren. Auch England gab ihm das Vermögen zurück, das seine Mutter dort hinterlegt hatte. So konnte er beruhigt in die Zukunft schauen. Er starb 1948 und wurde in der Familiengruft der Coburg-Kohary beigesetzt.

Boris' Sohn Simeon, 1944 entthront, kehrte 1996 in das Land seines Großvaters zurück und lenkte eine Zeitlang als Ministerpräsident Simeon Sakskoburggotski das politische Geschick der Republik Bulgarien, wurde aber inzwischen abgewählt.

Aus zeitlichen Gründen hatte König Leopold I. von Belgien sich weder in die Wahl Ferdinands zum Herrscher von Bulgarien noch in die seiner Braut einmischen können.

Die Coburger in Portugal

Umso erfolgreicher war der König der Belgier in Portugal tätig. Dort verhalf er nämlich seinem Neffen Ferdinand, einem Sohn aus der Verbindung von Leopolds Bruder mit Prinzessin Kohary, zu einem Thron. Für ihn hatte König Leopold eine glänzende Zukunft im Auge. Die infrage kommende Braut war die jüngst verwitwete Königin Maria II. da Gloria aus dem Herrscherhaus Braganza. Ihr Gemahl, Herzog August von Leuchtenberg, war nach nur zweimonatiger Ehe plötzlich verstorben. »›Angina croupale‹ nannten es die eher ratlosen Ärzte und ließen ihn zur Ader.«[24] Das galt damals als Allheilmittel, mit dem allerdings mehr Kranke zu Tode kamen als geheilt wurden. Augusts starke Halsschmerzen und sein hohes Fieber deuten eher auf Diphtherie hin; in Lissabon aber, wo starke innenpolitische Spannungen herrschten, sprach man von Gift.

Um den Wirren im Land zu begegnen, hielt man eine baldige Ehe der jungen Königin mit einem neutralen Ausländer für wünschenswert. König Leopold blieb nicht untätig. Dabei dachte er nicht nur daran, seinen Neffen mit einer Krone zu versorgen, sondern auch an sein eigenes Land. Die belgische Wirtschaft suchte neue Absatzmärkte in Übersee – und Portugal besaß Kolonien.

Zuerst galt es aber, die Bedenken von Ferdinands Eltern zu zerstreuen, die ihren Sohn nur ungern in ein solch unsicheres Land ziehen lassen wollten, als das sich Portugal damals präsentierte. Doch Leopold verstand es, ihre Bedenken zu zerstreuen: Eine Krone war doch sehr verlockend.

In Paris und London stieß König Leopold auf offene Ohren für seinen Vorschlag. Der Einfluss der Großmächte hatte Gewicht. Der künftige Bräutigam hatte zwar nicht die geringste Ahnung von Politik, seine Meinung war wohl auch nicht von wesentlicher Bedeutung. Er musste auf sein ungarisches Erbe verzichten. Dafür erhielt er jährlich 9000 Pfund Sterling an Apanage, die bei der Geburt eines Sohnes verdoppelt wurde. Dann sollte er auch den Königstitel erhalten.

Am 8. April 1836 wurde in Lissabon Hochzeit gefeiert, ein Jahr später der erste Sohn geboren. Vertragsgemäß wurde Ferdinand II. Titularkönig von Portugal und begründete damit das Haus Sachsen-Coburg-Braganza.

Ferdinand II. bemühte sich um Festigung der konstitutionellen Monarchie und war eine Zeitlang Oberbefehlshaber der Armee. Doch das Land kam erst nach langen Wirren zur Ruhe.

Nach dem Tod seiner Gemahlin, die 1853 nach elf Schwangerschaften verstorben war, führte er zwei Jahre die Regentschaft für seinen minderjährigen Sohn, den späteren Pedro V. Musisch erzogen, lag Ferdinand II. nun die Kultur des Landes am Herzen. In dem in der Nähe von Lissabon gelegenen Sintra ließ er sich den von verschiedenen Stilrichtungen beeinflussten Peña-Palast erbauen und heiratete 1869 die amerikanische Opernsängerin Schweizer Abstammung Elise Hensler, der sein Cousin Herzog Ernst von Sachsen-Coburg den Titel einer Gräfin von Edla verlieh. Trotz heftiger Kritik seitens des Adels und des Bürgertums zog er sich mit ihr in den Peña-Palast zurück. Die ihm angebotene griechische und später die spanische Königskrone lehnte er ab.

Ferdinand II., Titularkönig von Portugal, starb 1885; seinen gesamten Besitz, einschließlich des mit seinem privaten Kapital erbauten Peña-Palastes, vererbte er seiner zweiten Gattin.

Im 20. Jahrhundert geriet das Land erneut in Turbulenzen. Ferdinands II. Enkel, König Carlos, und dessen Sohn fielen 1910 einem Attentat zum Opfer. Ihr Tod bedeutete das Ende der Monarchie und damit das des Hauses Sachsen-Coburg in Portugal.

Die Bilanz des »Heiratsvermittlers« Leopold kann sich trotzdem sehen lassen. Wenn auch die Macht der heute noch amtierenden Monarchen sehr beschränkt, das einst weltumspannende britische »Commonwealth of Nations« erheblich zusammengeschrumpft ist, so sitzen die Angehörigen des Hauses Sachsen-Coburg doch noch fest auf dem britischen Thron, selbst wenn sie jetzt den Namen Windsor tragen. Auch das Königreich der Belgier gibt es immer noch, ganz abgesehen von den restlichen verbliebenen Monarchen Europas, deren Blut zu einem guten Teil sächsisch-coburgischer Herkunft ist.

Das souveräne Herzogtum Sachsen-Coburg und Gotha bestand als Teil des Deutschen Kaiserreichs bis zum Ende des Ersten Weltkriegs. Es gehört jetzt zum Bundesland Thüringen. 1919 trennte sich das Coburger Land vom Landesteil und konstituierte sich zum Freistaat Coburg. Im selben Jahr votierte dessen Bevölkerung mit 88 Prozent der Stimmen für einen Anschluss an Bayern. Es entging dadurch dem Schicksal Gothas, das 1945 ein Teil der DDR wurde.

Chef des Hauses Sachsen-Coburg und Gotha ist derzeit der im Jahr 1943 geborene Prinz Andreas. Die Familie floh am Ende des Zweiten Weltkriegs nach Coburg und nahm ihren Wohnsitz auf Schloss Callenberg.

Nach der Scheidung von Prinz Andreas' Eltern und der zweiten Heirat seiner Mutter mit dem amerikanischen Captain Whitten lebte die neue Familie ab 1949 in den USA in New Orleans. 1969 übersiedelte der Prinz nach Deutschland. Nach der Ableistung des Wehrdienstes und einem Volontariat in der Holzbranche machte er in Hamburg eine Ausbildung zum Holzkaufmann. 1971 heiratete er die Hamburger Kaufmannstochter Carin Dabelstein. Das Paar hat drei Kinder. Erbprinz ist der 1977 geborene Prinz Alexander. Die Ehe gilt nämlich als standesgemäß, da der Vater des Prinzen sie gemäß Hausgesetz gebilligt hat.

Nach dem Tod der Großmutter, Herzoginwitwe Victoria-Adelheid, übersiedelte die Familie 1975 nach Coburg und hat seither dort ihren ständigen Wohnsitz. Nachdem beim Tode des Vaters Anfang 1988 das Wohnrecht in der Veste Coburg erloschen war, wurde das Gebäude an die Coburger Landesstiftung übergeben, das Mobiliar blieb Eigentum der herzoglichen Familienstiftung.

Als Ersatz für die in Thüringen enteigneten und wohl für immer verlorenen Gebiete erwarb der Herzog bei Tabarz und Friedrichroda ein 2000 Hektar großes Waldgrundstück als Privatbesitz.

Prinzessin Charlotte von Belgien,
Kaiserin von Mexiko

Eine Prinzessin wird geboren

Auch wenn Königin Marie-Louise von Belgien in ihrer Ehe mit Leopold nicht glücklich wurde, so erfüllte sie doch ihre dynastische Pflicht, dem König und seiner jungen Dynastie möglichst bald Kinder zu schenken.

Das erste Kind war ein Sohn, Louis-Philippe, doch er starb bereits im Alter von neun Monaten. Doch am 9. April 1835 wurde der Erbe, Leopold, geboren; zwei Jahre später folgte ihm ein zweiter Sohn, der den Namen Philipp bekam. Für den Erhalt des Hauses war also gesorgt. Am 7. Juni 1840 kam dann ein Mädchen zur Welt, das Marie-Charlotte genannt wurde. Sie war gesund und auffallend hübsch; dennoch war König Leopold enttäuscht, denn er hätte einen dritten Sohn vorgezogen.

Die kleine Charlotte entwickelte sich prächtig und gewann mit ihren großen, dunklen Augen und ihrem zärtlichen, aber lebhaften und vergnügten Wesen auch bald die Liebe ihres Vaters. Vor allem freute er sich über ihre Begabungen und ihre Wissbegierde, die bald zutage traten. An ihrem vierten Geburtstag schrieb die Königin an ihre Mutter: »Charlotte ist, wie Sie vorausgesagt haben, ganz der Liebling ihres Vaters geworden.«[25]

Königin Marie-Louise widmete sich mit Hingabe ihren Kindern, ihre besondere Zuneigung aber galt der kleinen Charlotte. An der Beziehung zu ihrem Gatten hatte sich nichts geändert. Wenngleich sie ihn nicht liebte, litt sie unter seinen intimen Beziehungen zu anderen Frauen, besonders aber unter den Anmaßungen seiner Mätresse Arcadie Meyer von Eppinghoven, die es an Diskretion völlig fehlen ließ. Hinzu kam, dass die politischen Verhältnisse in Frankreich ihren Vater, König Louis-Philippe, zur Abdankung und ihn und seine Gattin zum Exil in England genötigt hatten. Er starb bereits zwei Jahre später.

Auch die damals achtjährige Charlotte war von dem Ereignis tief betroffen. Für sie bedeutete jene Flucht eine schmähliche Niederlage. Sie würde viel später einen tragischen Einfluss auf ihr eigenes Leben zeitigen.

Der Tod der geliebten Mutter zwei Jahre später ließ das fröhliche Kind vereinsamt zurück und es jäh zu einem ernsten jungen Mädchen werden, das früh in die Pflichten der Königin hineinwuchs und deren Erfüllung äußerst ernst nahm. Ungeheurer Ehrgeiz, Strenge, die weder bei sich selbst noch bei anderen Schwäche duldete, Energie, die Fähigkeit zu befehlen, Distanz zu halten, aber auch Hingabe an eine Aufgabe, prägten allmählich ihr Wesen.

Größten Einfluss übte ihr Vater auf sie aus. »Cher Papa« wurde zu ihrem Vorbild. Außer ihm hatte nur ihre Gouvernante, Gräfin d'Hulst, auf sie einigen Einfluss. Eingedenk der Mahnungen der verstorbenen Königin trug diese Sorge für Charlottes religiöse Erziehung und Bildung.

Wie Laurence van Ypersele in ihrem Buch über Charlotte bemerkt, machten die Pflichten, die man ihr auferlegte, und die Schwierigkeiten, ihnen Genüge zu leisten, aus Charlotte eine Frau, »stolz, hoheitsvoll, unnahbar, beseelt von großem sozialen Bewusstsein, die davon träumt, große Aufgaben der Menschlichkeit und Humanität Wirklichkeit werden zu lassen«.[26]

König Leopold
und das Haus Habsburg

Doch der König der Belgier trug nicht nur Sorge für seine Verwandten, sondern auch für die eigene Familie. Kaum hatte sein älterer Sohn das heiratsfähige Alter erreicht, sah sich Leopold bereits nach einer geeigneten Braut für ihn um. Aus einem einflussreichen Haus sollte sie kommen und somit seiner noch jungen Dynastie Ehre bringen. Dass das nötige Vermögen dazu gehörte, verstand sich von selbst.

Erzherzogin Marie Henriette entstammte der ungarischen Linie der Habsburger. Diese stellte regelmäßig den »Palatin«, das heißt den Vertreter des Königs von Ungarn, der zugleich Kaiser von Österreich war. Die siebzehnjährige Marie Henriette war eine Tochter von Erzherzog Josef aus dessen dritter Ehe mit Dorothea von Württemberg. Angesichts des Ansehens König Leopolds war auch Kaiser Franz Joseph mit der Ehe einverstanden.

Marie Henriette war ein fröhliches Mädchen, das in Ungarn inmitten einer großen Geschwisterschar in relativer Freiheit aufgewachsen war. Ihre Interessen, die hauptsächlich dem Reiten, den Pferden und der Musik galten, waren dem erst achtzehnjährigen Bräutigam völlig fremd. Wieder einmal wurden zwei junge Menschen miteinander verheiratet, weil ihre Eltern es so wollten – König Leopold, weil die Braut eine Habsburgerin war, der Palatin wohl, weil seine Tochter einmal Königin sein würde. Entsprechend unglücklich verlief die im Jahre 1853 geschlossene Ehe.

Pflichtgemäß brachte Marie Henriette, nun Herzogin von Brabant, vier Kinder zur Welt, drei Töchter und einen Sohn, der bereits im Kindesalter starb. In den Augen ihres Mannes war die Überzahl der Töchter ausschließlich ihre Schuld.

Auch Charlotte hatte an den Interessen ihrer Schwägerin allerlei auszusetzen. Sie ahnte nicht, dass sich gerade diese Frau später einmal rührend um sie kümmern würde.

Charlotte war kaum sechzehn Jahre alt, als sich schon Anwärter um ihre Hand bewarben. Sie war hübsch und das Haus, dem sie angehörte, durchaus angesehen. Aber weder Prinz Georg von Sachsen noch König Pedro von Portugal, der Sohn aus jener Ehe, die ihr Vater einst vermittelt hatte, fanden Gnade vor ihren Augen. Denn bald trat einer auf den Plan, der Charlotte besser gefiel als jeder andere bisher und der auch Leopold bestens zusagte.

Erzherzog Ferdinand Maximilian von Österreich

Der 1832 geborene Erzherzog Ferdinand Maximilian war der jüngere Bruder des Kaisers von Österreich, kein regierender Herrscher zwar, jedoch nächster Anwärter auf den Thron, denn der ersehnte Kronprinz war noch nicht geboren.

Die Verschiedenheit der Charaktere zwischen den Brüdern trat schon in ihrer frühen Jugend zutage. Franz Joseph war eher nüchtern, pflichtbewusst und bescheiden; hingegen war Max, wie Ferdinand Maximilian in der Familie genannt wurde, schwärmerisch und naturbegeistert. Von Sparsamkeit hielt er nichts. Sehr bald musste der Jüngere allerdings erkennen, wie groß der Unterschied zwischen ihm und dem Älteren war. Das trat besonders hervor, als Franz Joseph bereits im Alter von achtzehn Jahren seinem Onkel Ferdinand I. auf den Thron folgte. »Von Gottes Gnaden Kaiser« war er nun, der höchste Mann im Staat und Chef der Familie. Max liebte seinen Bruder, doch er beneidete ihn auch um Rang und Stellung.

Da für einen Erzherzog nichts anderes infrage kam als eine militärische Laufbahn und Max' Liebe für das Meer bekannt war, entschied der Kaiser, dass sein Bruder in die Marine eintreten sollte. Vielleicht spielten auch Max' bisweilen recht liberale

Ansichten und dessen gelegentliche Kritik an kaiserlichen Ent-
scheidungen eine Rolle bei der Überlegung, den Bruder lieber
im fernen Triest als in Wien zu wissen.

Der Erzherzog fühlte sich wohl im Kreise der Marine, und da
Erzherzöge die Karriereleiter rasch emporstiegen, wurde er
schon 1854 als Zweiundzwanzigjähriger zum Konteradmiral er-
nannt, der sich nach Kräften dafür einsetzte, aus der Marine,
dem »Stiefkind der Armee«, eine schlagkräftige Flotte zu ma-
chen. Er wurde auch mit einer diplomatischen Mission betraut:
Als Vertreter des Kaiserhofs überbrachte er dem französischen
Kaiserpaar in Paris Glückwünsche zur Geburt des Thronerben.
Eines Tages würde dieser Besuch tragische Folgen zeitigen. Von
Paris reiste er weiter nach Belgien.

Eine Braut für den Erzherzog

Es sollte wie ein Höflichkeitsbesuch aussehen, doch es war eine
Brautschau. König Leopold konnte aber zufrieden sein. Das
blühende Land und die reichen Städte, in denen seine Ahnen
einst geherrscht hatten, beeindruckten Ferdinand Maximilian
sehr. Die Prinzessin fand er reizend. Das war mehr Glück, als so
manchem seiner Standesgenossen beschieden war.

Für Charlotte war jene erste Begegnung von noch größerer
Bedeutung: Sie hatte sich in den gut aussehenden Erzherzog
verliebt. Die Familien sahen es nüchterner: Vater Leopold erblickte in einer Verbindung mit Österreich ein Gegengewicht
zu Frankreich und dessen latente Gelüste auf Belgien; in Österreich erhoffte man sich dafür einen günstigen Einfluss auf England. Heiraten in Königshäusern waren immer ein Instrument
der Politik.

Die Verlobung fand am 23. Dezember 1756 in Laeken statt,
am 6. Januar wurde dann ein großer Ball veranstaltet. Charlotte trug ein weißes, mit grünen Sträußchen besticktes Organ-

dykleid und erschien dem Erzherzog noch hübscher als im Sommer. Sie war glücklich und verliebt und stattete den Mann ihrer Wahl mit all den Eigenschaften aus, die sie sich immer gewünscht hatte: nobel in der Gesinnung, ritterlich und großzügig.

Die Großzügigkeit hatte allerdings ihre Grenzen, denn was Charlottes Mitgift betraf, zeigte der Erzherzog, dass er auch gut zu feilschen verstand.

Max besaß kein eigenes Vermögen, sondern war auf seine Apanage von 150 000 Gulden im Jahr angewiesen. Der Bau seines Schlosses Miramare in der Nähe von Triest ging weit über seine Verhältnisse und hatte nur durch eine Anleihe beim Familienfonds finanziert werden können. Aber eine Anleihe war kein Geschenk.

Tatsächlich ließ sich König Leopold, selbst ein guter Rechner, erweichen und bewilligte eine Zugabe. Auch Kaiser Franz Joseph bewies Großzügigkeit. Charlotte war eine gute Partie. Zu einem persönlichen Vermögen von nahezu 3 Millionen Francs kamen wertvolle Juwelen, auch die Ausstattung, der »Trousseau«, war einer königlichen Braut würdig. Darüber hinaus fand König Leopold, dass die Stellung seines künftigen Schwiegersohns als Flottenkommandeur in Triest doch etwas dürftig sei und nicht dem Rang einer königlichen Prinzessin entspreche. Daher setzte er sich dafür ein, dass der Kaiser seinen Bruder zum Generalgouverneur des – damals habsburgischen – Königreichs Lombardo-Venetien ernannte. Das klang sehr gut, war aber in Wirklichkeit nur von repräsentativem Charakter. Dass es sich zudem um eine Art Himmelfahrtskommando handelte, konnte man noch nicht wissen. Da Ferdinand Maximilian als liberal bekannt war, erhoffte man sich in Mailand zwar eine Besserung der Lage, aber das Streben der Lombardei nach Unabhängigkeit von Wien blieb bestehen.

Die Hochzeit

Nach einem Besuch in England traf Ferdinand Maximilian am 26. Juni 1857 in Antwerpen ein, wohin ihm die königliche Familie entgegengereist war.

Brüssel prangte in festlichem Schmuck, der Wiener Hof war durch Erzherzog Karl Ludwig und seine Gattin vertreten, die Häuser Coburg und Orléans durch zahlreiche Mitglieder, wie Prinzgemahl Albert und Exkönigin Amélie.

Am 27. Juli 1857 fand die Trauung in der Kapelle des königlichen Schlosses statt, Charlotte in einem prachtvollen Kleid aus weißem Seidenbrokat und einem kostbaren Schleier aus Brüsseler Spitzen, Ferdinand Maximilian in Admiralsuniform, um den Hals die Collane des Goldenen Vlieses.

Am 30. Juli allerdings hieß es für Charlotte, von Brüssel Abschied zu nehmen. Über Mainz und Nürnberg ging die Fahrt nach Regensburg, von wo die Frischvermählten per Schiff nach Wien reisten.

Der Empfang war jedoch trotz allen Glanzes etwas frostig. Das ältere Töchterchen des Kaiserpaares war während einer Reise nach Budapest gestorben. Der Kaiser legte seinem Bruder nahe, doch gleich am folgenden Tag nach Triest weiterzufahren.

Von Miramare nach Mailand

Fahnen, Blumen, Salutschüsse, ganz Triest war auf den Beinen, um »seinen« Erzherzog und dessen junge Frau zu begrüßen. Nach dem kühlen Empfang in Wien tat Charlotte die Begeisterung der Bevölkerung der beinahe seit einem halben Jahrtausend zu Österreich gehörigen Hafenstadt an der Adria besonders wohl. Einen solch blauen Himmel und ein so blaues Meer, eine so weiche, warme Luft wie hier im Süden, hatte sie noch nie erlebt. Und dann erblickte sie auf einem Felsvorsprung ein Bauwerk aus weiß leuchtendem Kalkstein mit flachem, zinnengekröntem Dach und einem viereckigen Turm. Das Schloss war zwar noch nicht fertig, aber das tat dem Eindruck, den es auf Charlotte machte, keinen Abbruch.

Doch bald hieß es wieder Abschied nehmen, denn am 6. September 1857 zog der neue Generalgouverneur von Lombardo-Venetien feierlich in Mailand ein. Maximilian – wie wir den Erzherzog von nun an nennen werden – trug Admiralsuniform, Charlotte eine kirschrote, mit Spitzen verzierte Seidenrobe. Zwar war der italienische Adel der Zeremonie ferngeblieben, aber der Eindruck, den das Paar hinterließ, war nicht ungünstig. Charlotte überraschte durch perfektes Italienisch, die liberale Regierung ihres Vaters wurde allgemein bewundert.

Die Hofhaltung in Monza war prächtig. Charlotte unterstützte ihren Gatten, wo sie konnte, und fühlte sich genau am richtigen Platz. Dass der einflussreiche Adel den Empfängen und Bällen fernblieb, war zwar ein Schönheitsfehler, aber man tröstete sich damit, dass alles eben seine Zeit brauche. »Glücklicher kann man nicht sein. Max ist in jeder Beziehung eine Vollkommenheit … Ich genieße das Glück in vollen Zügen«, schrieb Charlotte an ihre ehemalige Erzieherin, Gräfin d'Hulst.[27]

Auch Maximilian gab sich jede erdenkliche Mühe, um die bröckelnde Herrschaft Habsburgs im Land wieder zu festigen. Und tatsächlich sah es so aus, als würde die Bevölkerung seinen guten Willen anerkennen. Doch gerade seine italienfreundliche Haltung, seine Nachsicht gegenüber den Aufrührern, vor allem seine Idee, den Provinzen Autonomie zu verleihen, erregte den Unwillen des Wiener Hofs. Maximilians Tage in Mailand waren gezählt.

Auch in Frankreich, das die Unabhängigkeitsbestrebungen in Lombardo-Venetien unterstützte, war man besorgt. Man hätte sich vielmehr gewünscht, dass dort Härte und Strenge regierten.

Genau das schwebte den Militärs in Wien vor. Am 15. April 1859 wurde Maximilian von seinem Posten abberufen und durch General Gyulay ersetzt. »Endlich können wir aufatmen, der Mann, der unser größter Feind in der Lombardei war, den wir mehr als jeden anderen fürchteten …, ist entlassen worden … Seine liberale Gesinnung hatte ihm schon viele Anhänger gewonnen. Niemals erfreute sich die Lombardei eines solchen Wohlstandes, wurde sie so gut verwaltet … Dann greift gottlob die Wiener Regierung ein … und verdirbt sich alles, indem sie den Bruder des Kaisers zurückruft«, schrieb der Drahtzieher der Unruhen und unermüdliche Kämpfer für die Einigung Italiens, Graf Camillo Benso di Cavour.[28]

Zwei Tage später begann der Krieg. Härte zeigen, war die Devise in Wien. In diesem Jahr 1859 tat der junge Kaiser Franz Joseph das Gleiche, was er gut fünfzig Jahre später als alter Mann wieder tun würde – einem kleinen Staat beweisen, wo die Macht liegt. Damals ging es um eine Provinz, 1914 um die Monarchie.

Mit der entscheidenden Schlacht von Solferino, die der Kaiser persönlich geführt hatte, gingen die Lombardei und die meisten der übrigen von den Habsburgern beherrschten italienischen Gebiete endgültig verloren. Nicht die Truppe war schuld an dem Debakel, sondern die unfähige Führung.

Durch den Sieg Garibaldis und seiner Freischaren ging auch die Herrschaft der Bourbonen in Neapel und Sizilien zu Ende. Die Einheit Italiens unter König Viktor Emanuel nahm Gestalt an. In Österreich sank die Popularität Kaiser Franz Josephs auf den Tiefpunkt. Schon wurden Rufe nach dessen Abdankung zugunsten seines Bruders Maximilian laut.

Dieser war enttäuscht nach Miramare zurückgekehrt und hatte seine Tätigkeit als Flottenchef wiederaufgenommen. Er liebte Miramare, und er liebte auch seine Flotte, die er zu einer der modernsten gemacht hatte. Vielleicht hätte er sich auch mit seiner unbedeutenden Stellung abgefunden. Charlotte jedoch nicht. So entzückt sie von Miramare gewesen war, so frustriert war sie jetzt. Die Tätigkeit in Mailand hatte ihr Freude gemacht, ihre Tätigkeit als eine Art Landesmutter war einer Königstochter durchaus würdig gewesen. Noch mehr kränkte sie die Zurücksetzung Maximilians. Hatte er nicht bewiesen, welche Fähigkeiten in ihm steckten? Er hätte die Lombardei der Monarchie erhalten, wenn Wien ihm nicht dauernd Steine in den Weg gelegt hätte.

Und nun war nichts mehr da als Öde und Langeweile. Auch die Reisen entlang der adriatischen Küste, nicht einmal die große Fahrt an Bord des Raddampfers »Elisabeth«, die eigentlich als eine Reise um die Welt geplant war, vermochte sie zu begeistern. Schließlich fuhr Maximilian allein nach Brasilien weiter, und Charlotte blieb auf Madeira zurück. Ein Sturm auf dem Weg zu den Kapverdischen Inseln, der bei ihr und ihren Hofdamen zu Seekrankheit führte, soll die Ursache gewesen sein. Eher ist aber an ein eheliches Zerwürfnis zu denken.

Über die Ehe des erzherzoglichen Paars ist viel gerätselt worden. Tatsache ist, dass ihr der von allen erwartete Kindersegen versagt blieb. Wer daran die Schuld trug, ist nicht bekannt. Jedenfalls schien der Ehehimmel etwas eingetrübt zu sein. Die körperliche Anziehungskraft, die Charlotte zweifellos anfangs auf ihren Gatten ausgeübt hatte, war erloschen. Auf dieser Reise soll Maximilian nämlich begonnen haben, getrennt von seiner Frau zu schlafen und lieber die eine oder andere Nacht auf der Kommandobrücke zu verbringen.

Die Rückkehr nach Miramare änderte nichts am Verhalten des Erzherzogs. Im Gegenteil, er war oft abwesend, und es schien, als habe er die Vorteile des Junggesellenlebens, die Gesellschaft im Kreis seiner Kameraden, wiederentdeckt. Daran hatte seine Frau keinen Anteil.

Ein Traum wird wahr

Da erschien wie eine Fata Morgana ein scheinbar phantastisches Angebot. Kaiser Napoleon III. von Frankreich hatte sich zum Protektor einer Gruppe von konservativen Mexikanern gemacht, die wahre Wunderdinge von den Schätzen ihres Landes zu berichten wussten. Nur der richtige Herrscher fehle. Dass das Land seit Jahrzehnten von Bürgerkriegen zerrissen war, dort so gut wie keine Infrastruktur, vor allem aber kein Kapital vorhanden war, wurde dabei wohlweislich verschwiegen.

Das Haupt jener Mexikaner und der zugleich eifrigste Verfechter einer Monarchie in Mexiko hieß José Maria Gutierrez de Estrada. Er lebte schon seit über zwanzig Jahren in Rom und war der Schwiegersohn von Gräfin Maria Ignatia Lützow, einer alten Dame, die dem Haushalt des erzherzoglichen Paars vorstand.

Es war ein offenes Geheimnis, dass dieses über die herrschende Situation nicht glücklich war. Gräfin Lützow beging daher keine Indiskretion, wenn sie ihrem Schwiegersohn darüber berichtete. Gutierrez horchte auf. Maximilian war für seine Zwecke der Kandidat par excellence. Er war ein Habsburger, also katholisch und konservativ, und der Bruder des österreichischen Kaisers. Zudem war er jung und unzufrieden. Einen besseren Anwärter auf den Thron von Mexiko konnte er nicht finden!

Mexiko wurde von Hernando Cortez im Jahr 1519 erobert und später zu einer spanischen Kolonie. Nach langen Kämpfen erreichte das Land 1813 die Unabhängigkeit. Der junge Offizier Agustín Itúrbide wurde zum ersten Kaiser ausgerufen, allerdings schon nach kurzer Herrschaft abgesetzt und zum Tode verurteilt. Die vielen Präsidenten, die ihm folgten, versprachen viel und hielten wenig. Vor allem sorgten sie für sich und ihre Getreuen; den Bürgerkrieg, der zwischen Liberalen und Konservativen tobte, konnten sie alle nicht verhindern.

Eine neue, antiklerikale und liberale Regierung unter dem Indio Benito Juárez hatte zuletzt eine strikte Trennung von Kirche und Staat verfügt. Gemeinsam mit der Kirche, die ihren reichen Grundbesitz und alle Privilegien verloren hatte, kämpften nun die konservativen Großgrundbesitzer mit allen Mitteln gegen die verhassten Liberalen. Sie unterstützten den jungen General Miguel Miramón und machten ihn zum Präsidenten. Aber da die Soldaten bald mangels Geldes keinen Sold mehr bekamen und desertierten, nahm Miramón in seiner Bedrängnis beim Schweizer Bankhaus Jecker eine Anleihe auf. Doch das wenige Geld, das die Anleihe brachte, reichte nur für kurze Zeit. Miramón floh ins Ausland, Juárez war endgültig Herr im Land.

Im konservativen Europa war man entsetzt. Nicht so sehr über den Sieg der Liberalen, sondern weil Juárez die Rückzahlung aller Kredite samt Zins und Zinseszins einstellte, die Mexiko den Europäern schuldete. Raub und Diebstahl waren an der Tagesordnung, auch Angehörige europäischer Staaten waren davon betroffen. Die Großmächte England, Frankreich und die ehemalige Kolonialmacht Spanien beschlossen zu handeln und ein Expeditionskorps nach Mexiko zu schicken.

Besonderes Interesse an Mexiko nahm Kaiserin Eugénie, die Gemahlin Napoleons III. Seitdem sie erfahren hatte, dass ihr Mann sie betrog, hatte sie begonnen, sich für Politik zu interessieren – damals eben für den desolaten Zustand Mexikos. Ein alter Bekannter aus ihrer Jugendzeit, der spanische Diplomat José Hidalgo, wurde nämlich nicht müde, darüber mit großer Beredsamkeit zu berichten. Vor allem betonte er die Reichtümer seines Heimatlandes und die großen Chancen, die sie bargen, was wiederum Kaiser Napoleon aufhorchen ließ, der daran dachte, welche Vorteile sich für Frankreich böten, wenn er sich diese zunutze machen könnte.

Eine Monarchie war nach Hidalgos Ansicht die einzige Rettung für Mexiko, denn die Bevölkerung würde doch nur darauf warten, sich gegen Juárez zu erheben. Und dann brachte der

Mexikaner den Namen eines Prinzen ins Gespräch, der an diesem Vorhaben interessiert sein könnte: Erzherzog Maximilian, der Bruder des Kaisers von Österreich, der untätig in Miramare saß. Das französische Kaiserpaar erinnerte sich mit großem Wohlwollen an dessen Besuch in Paris.

Der Zeitpunkt war günstig. Die Vereinigten Staaten, die gegen eine europäische Monarchie in Mexiko einiges einzuwenden haben mochten, standen gerade in erbittertem Kampf gegen ihre eigenen Südstaaten.

Ein Wermutstropfen fiel jedoch bald in die Euphorie des französischen Kaiserpaars. England und Spanien, die Partner der mexikanischen Expedition, zogen ihre Truppen zurück. Frankreich blieb allein. Eine Niederlage drohte. Doch nun ging es um die französische Waffenehre. Das eigene Expeditionskorps wurde verstärkt, ein anderer General eingesetzt, dem schließlich ein Erfolg gelang.

Im Wiener Außenministerium stand man der mexikanischen Frage recht skeptisch gegenüber. In Miramare aber war sie Thema Nummer Eins. Dafür sorgte schon Gutierrez, der in glühenden Farben die Schönheiten und den Reichtum seines Vaterlandes schilderte, dessen wahrer Zustand ihm überhaupt nicht bekannt war.

Maximilian zeigte Interesse an dem Angebot – endlich gleichziehen mit seinem Bruder, dem Kaiser, und das in einem Land, das einst Teil jenes Weltreichs war, in dem sein Ahnherr Karl V. geherrscht hatte. Doch Maximilian war eine eher schwankende Natur. Das Angebot anzunehmen hieß zugleich, alles zurückzulassen, woran er hing: seine Flotte, das Schloss Miramare, das er nach eigenen Plänen hatte errichten lassen, das Land, das er liebte! Es wäre ein Schritt ins Unbekannte und nicht ohne Gefahr.

Charlotte dagegen war voller Begeisterung. Da war sie endlich, die große Aufgabe, nach der sie sich so lange gesehnt hatte. Gewiss, Kaiser würde ihr Mann sein, aber sie könnte als seine

Beraterin und Helferin mitwirken, ein Land mit starker Hand, aber auch mit Milde, Weisheit und Gerechtigkeit zu regieren. Gutes wollten sie tun, für Hygiene und Bildung sorgen, ein geknechtetes Volk glücklich machen. An Maximilians Fähigkeiten zweifelte sie nicht.

Persönliche Gründe mochten, ohne dass es Charlotte selbst bewusst wurde, eine Rolle spielen. Maximilian hatte einst in ihr die Sehnsucht nach körperlicher Erfüllung geweckt. Nun hatte er sich von ihr zurückgezogen. Was anderen Frauen Erfüllung bot, die Mutterschaft, war ihr verwehrt. Sie litt darunter, doch um ihn zu werben, ihn gar zu verführen, entsprach weder ihrem Wesen noch ihrer Erziehung. Aber konnte die gemeinsame Arbeit nicht auch wieder jene Gemeinsamkeit schaffen, die sie inzwischen verloren hatten?

Doch wie verhielt sich Kaiser Franz Joseph? Als Familienoberhaupt musste er für alles, was Familienangehörige unternahmen, sein Einverständnis geben. Obwohl sowohl sein Außenminister als auch der österreichische Botschafter in Paris sich von dem Angebot wenig begeistert zeigten, war der Kaiser nicht abgeneigt. Sein Bruder erhielt nur den Rat, auf einer Garantie Englands für das neue Kaiserreich zu bestehen. An Franz Josephs Einverständnis war also nicht zu zweifeln.

König Leopold riet ebenfalls, zu fordern, dass England und Frankreich das Unternehmen finanziell und militärisch unterstützten. Der Glanz der Krone, der auf seine Tochter fallen würde, der Ruhm für das Haus Coburg, trübte offensichtlich seinen politisch sonst so klaren Sinn.

Warnungen vor dem mexikanischen Abenteuer kamen sowohl vom amerikanischen Präsidenten als auch vom französischen Parlament, dessen Abgeordnete sich vergeblich bemühten, Kaiser Napoleon zum Rückzug aus Mexiko zu bewegen. Und als General Bazaine am 7. Juni 1863 in Mexiko-Stadt einzog und Juárez nach Norden fliehen musste, war man in Miramare vom Erfolg vollends überzeugt.

Ebenso groß war der Jubel in Paris, unerschütterlich die Überzeugung, dass der Rest des Landes bald uneingeschränkt in französischer Hand sein werde. Die mexikanischen Emigranten, die durch die Rückschläge etwas kleinlaut geworden waren, bekamen wieder Oberwasser. Niemand erkannte, dass die französische Expeditionsarmee eigentlich nur die Straße vom Küstenort Veracruz bis in die Hauptstadt und deren engere Umgebung beherrschte.

In Mexiko-Stadt wurde eine Nationalversammlung einberufen. Obwohl sie nur aus Konservativen bestand, nahm sie sich das Recht, die künftige Regierungsform des Landes zu bestimmen. Die provisorische Regierung wurde von einem Regentschaftsrat gebildet, dem auch der designierte Erzbischof von Mexiko-Stadt angehörte. Vor allem Letzterer ließ keinen Zweifel daran, was er von dem künftigen Kaiser vor allem erwartete, nämlich die uneingeschränkte Rückgabe des Kirchenbesitzes und die Wiederherstellung aller Privilegien.

Kaiserreich Mexiko

Programmgemäß wählte die Nationalversammlung die Monarchie und bot am 12. Juni 1863 Erzherzog Maximilian die Krone des Landes an. Dieser war eigentlich schon so gut wie entschlossen, das Angebot anzunehmen.

Das Memorandum vom 20. November 1863 zeigt, was ihn bewegte: »Eine Gelegenheit, auf ehrenhafte und gesetzliche Weise die schweren Bande einer tatenlosen Existenz, eines vergessenen Vegetierens auf immer zu lösen. Wer hätte da in meiner Lage, mit dem Herzen auf dem rechten Fleck und in der Vollkraft des Mannesalters, an seiner Seite eine strebsame und tugendreiche Gemahlin, wer hätte da nicht mit beiden Händen zugegriffen!«[29]

Pflichtgemäß machte Maximilian seinem kaiserlichen Bruder davon Mitteilung. Eine bloße Formalität, wie er dachte. Da sollte er sich täuschen. In Wien, wo der Erzherzog sich sofort einzufinden hatte, beanstandete der Kaiser vor allem die mangelhafte Legitimation der Wahlbehörde und schließlich auch die fehlende Garantie Englands.

König Leopolds Bemühungen in dieser Hinsicht waren ebenso vergeblich gewesen wie die Kaiser Napoleons, der dem Erzherzog jedoch versicherte: »Wenn das Land einmal physisch und moralisch befriedet ist, wird die Regierung Eurer Kaiserlichen Hoheit von jedermann anerkannt werden.«[30]

Inzwischen wies er seine Truppen an, in jeder eroberten Ortschaft eine Abstimmung für die Monarchie zu veranlassen. Es war nicht schwierig vorauszusehen, wie sich die größtenteils analphabetische Bevölkerung unter dem Druck des Militärs und der konservativen Großgrundbesitzer verhalten würde!

Kaiser Napoleon hatte nämlich allen Grund, die Angelegenheit schönzureden. Das Engagement in Mexiko hatte sich in Frankreich nie großer Beliebtheit erfreut, und es mehrten sich die Stimmen, die befürworteten, es zu beenden, ehe es noch größere Kosten verursache. Zwar gab es inzwischen einen Vormarsch der französischen Truppen, aber ihr militärischer Erfolg war zweifelhaft. Juárez stellte sich keinem offenen Kampf, seine Soldaten hatten sich auf einen zermürbenden Kleinkrieg verlegt, in dem sie kaum zu besiegen waren. Der Bericht des Regentschaftsrats, dem zufolge von acht Millionen Einwohnern Mexikos bereits sechs sich für die Monarchie ausgesprochen hatten, vier Fünftel des Landes in französischer Hand seien, und Juárez sich weit nach Norden hatte zurückziehen müssen, war reichlich übertrieben. Doch davon hatten weder Maximilian noch Charlotte die geringste Ahnung. Sie wiegten sich in freudiger Zuversicht. Und Napoleon hatte größtes Interesse, ihnen diese zu erhalten.

Dennoch sollte das Projekt Mexiko beinahe scheitern. Im Januar 1864 ließ Kaiser Franz Joseph seinen Bruder durch seinen

Außenminister wissen, dass die Annahme des mexikanischen Throns zwangsläufig den Verzicht auf seine Erbrechte in Österreich bedeute. Maximilian reagierte fassungslos und empört. Zwar war er davon überzeugt, in Mexiko Erfolg zu haben, aber eine Möglichkeit des Rückzugs wollte er sich dennoch bewahren.

Als das erzherzogliche Paar einige Wochen später im Begriff war, einer Einladung Kaiser Napoleons III. nach Paris zu folgen, erhielt Maximilian den Bericht eines Historikers, der die Gründe darlegte, die seinen Verzicht erforderten. Wie es seine Art war, schob Maximilian die unangenehme Angelegenheit jedoch zunächst einmal auf.

Besuch in Paris

Maximilian und Charlotte wurden in Paris mit allen Ehren empfangen, die einem regierenden Monarchen zustanden. Dies war ein Staatsempfang, den ein Kaiser für den anderen mit Absicht ausrichtete! Maximilian sollte sich bereits als Kaiser fühlen, umgeben von einer Aura von Würde und Macht, die so überwältigend war, dass er sie nicht mehr missen wollte.

Eine Vielzahl von festlichen Empfängen, Diners und glanzvollen Opern- und Theateraufführungen folgte. Sie umrankten den eigentlichen Zweck dieses Besuchs, den Abschluss eines Vertrags zwischen Frankreich und dem neuen Kaiserreich, eines Vertrags, dessen Lasten so groß waren, dass das bettelarme Mexiko sie nie würde tragen können. Aber man versprach, »was immer für Vorfälle sich auch in Europa ereignen mögen, die Hilfe Frankreichs dem neuen Reich niemals fehlen«[31] werde. Auch das stand schwarz auf weiß in dem Vertrag.

Der Preis der Krone

Nach Belgien, Frankreich und England stattete das Paar Wien einen Besuch ab. Dort hatte Kaiser Franz Joseph zwar einen kaiserlichen Empfang für Bruder und Schwägerin angeordnet, seine Bedingung jedoch keineswegs vergessen. Schon am nächsten Tag sollte Maximilian die verlangte Unterschrift leisten: Verzicht auf seine Rechte, auch auf die materieller Natur, sogar im Namen seiner Nachkommen.

Der Erzherzog weigerte sich, worauf Außenminister Rechberg erklärte, dass der Kaiser dann seine Einwilligung zur Annahme der mexikanischen Krone zurückziehen müsse. Die Frage, wieso der Kaiser seine Bedingung erst so spät stellte, kann nur mit einem Verdacht beantwortet werden: Eigentlich hatte er nichts dagegen, den in Österreich recht beliebten Bruder in der Ferne zu wissen. Nun, da alles schon so weit gediehen war, würde es diesem schwerfallen, von dem Angebot zurückzutreten.

Zwei Tage später kehrten der Erzherzog und seine Gemahlin nach Miramare zurück, ohne dass die verlangte Unterschrift geleistet worden wäre. Und Charlotte musste die nächsten Tage mit ansehen, wie ihre schönsten Hoffnungen, ihre Träume von einem Kaiserreich, zu zerrinnen drohten. Maximilian schien tatsächlich lieber auf die mexikanische Krone als auf seine erzherzoglichen Rechte verzichten zu wollen.

Charlotte verstand es nicht. Was war ein vages Recht auf eine Regentschaft für den minderjährigen Kronprinzen im Fall von Franz Josephs frühem Tod gegen die Krone Mexikos! Was bedeutete überhaupt Geld! Sogar wenn alles schiefging, war der Kaiser laut Familienpakt doch verpflichtet, seinem Bruder ein standesgemäßes Leben zu gewähren.

Der Kaiser sandte einen seiner Neffen nach Miramare, um Maximilian umzustimmen. Vergeblich. Dann werde er das Angebot eben ablehnen, antwortete der Erzherzog.

Es war ihm ernst, denn genau das stand in dem Telegramm, das er an Napoleon sandte. Es schlug in Paris wie eine Bombe ein. Napoleon war entsetzt. Sollten alle jene Investitionen, die Frankreich bereits getätigt hatte, nun verloren sein? Sollte er nicht nur den Schaden, sondern auch noch den Spott für das Unternehmen haben, von dem er sich so viel versprochen hatte?

Napoleon antwortete ebenfalls per Telegramm. »Eure Kaiserliche Hoheit sind mit Ihrer Ehre mir, Mexiko und den Zeichnern der Anleihe gegenüber verpflichtet … Eine Absage erscheint mir heute unmöglich.«[32] Und in dem Brief, den er durch seinen Adjutanten, General Frossard, in Miramare überbringen ließ, stand: »Was würden Sie tatsächlich von mir denken, wollte ich, wenn Eure Kaiserliche Hoheit schon in Mexiko sind, auf einmal sagen, dass ich die Bedingungen nicht mehr erfüllen kann, die ich mit meiner Unterschrift bekräftigt habe? … Es handelt sich um die Ehre des Hauses Habsburg!«[33]

Damit hatte er Maximilians empfindlichste Stelle getroffen: seine Ehre. Im juristischen Sinn hatte Napoleon übrigens nicht recht. Der Vertrag war in Paris nicht unterschrieben, sondern nur paraphiert worden.

Maximilian gab sich geschlagen. Allerdings verlangte er von seinem Bruder Zugeständnisse, die dieser mit einem Versprechen beantwortete, das ihn kaum verpflichtete.

Am 9. April 1864 kam Franz Joseph persönlich nach Miramare. Volle zwei Stunden rangen die beiden Brüder miteinander. Dann leistete Maximilian die Unterschrift unter den Familienpakt. Danach führte Franz Joseph eine sehr erleichterte Charlotte zur Tafel und begab sich gleich nach dem Essen zum Bahnhof, um nach Wien zurückzukehren. Es war ein ergreifender Abschied, als ahnten beide Brüder, dass sie einander nie wiedersehen würden.

Abschied von Miramare

Am Sonntag, dem 10. April 1864, wurde die mexikanische Delegation, die schon voller Ungeduld in Triest gewartet hatte, in Prunkkarossen nach Miramare gebracht.

Charlotte trug zu diesem feierlichen Anlass eine rosa Robe mit Krinoline und kostbaren Diamantschmuck, Maximilian die Galauniform eines Admirals.

Gutierrez wies auf die Liste mit den Namen der Städte, die sich angeblich für die Monarchie erklärt hatte, und sprach von der Liebe und Treue der künftigen Untertanen. Seltsamerweise sprach er Französisch. Beinahe schien es, als ob er seiner Muttersprache gar nicht mehr vollkommen mächtig wäre.

Maximilian dagegen antwortete auf Spanisch, das er und Charlotte inzwischen recht gut beherrschten. Er erklärte, die Krone anzunehmen, und versprach eine konstitutionelle Monarchie. Von den fehlenden Garantien der Seemächte war keine Rede mehr. Dann leistete er den Eid. »Es lebe Kaiser Maximilian! Es lebe Kaiserin Charlotte!«, riefen die Anwesenden, während am Flaggenmast des Schlosses die neu geschaffene Kaiserstandarte emporstieg und die Schiffe im Hafen mit Salutschüssen antworteten. Nach dem Tedeum unterzeichnete Maximilian die in Paris paraphierte »Konvention von Miramare«, die Anleihepapiere über den Kredit von 200 Millionen Francs und die Dokumente über die Aufstellung eines österreichischen Freiwilligenkorps.

Kaiser Napoleon gratulierte als Erster. Es muss ihm ein Stein vom Herzen gefallen sein über die grenzenlose Naivität Maximilians, der sich ihm mit Haut und Haar ausgeliefert hatte.

Die Abreise, die unmittelbar nach der Kronannahme geplant war, musste allerdings verschoben werden. Die Belastungen der letzten Zeit waren für Maximilian zu viel gewesen, sein Arzt verordnete ihm unbedingte Ruhe. Charlotte präsidierte allein beim großen Galadiner und unterzog sich ihrer Aufgabe mit Bravour, strahlend vor Stolz und Glück. Sie machte Konversation in fünf Sprachen. Der Titel »Majestät«, der ihr jetzt zustand, verfehlte nicht seine Wirkung. Ihr Traum, der Kaisertraum von Mexiko, war in Erfüllung gegangen.

Weniger glücklich war Maximilian. Wenn er jetzt noch die Möglichkeit gehabt hätte, seinen Entschluss zu revidieren, hätte er es wahrscheinlich getan!

Am 14. April war es dann so weit. Die »Novara« stand unter Dampf, die Matrosen der Barkasse mit dem Purpurteppich, dem Baldachin und der Kaiserstandarte am Heck saßen an ihrem Platz, während das Kaiserpaar unter den Hochrufen der Menge einstieg. Maximilian dankte nur stumm für die Abschiedsgrüße. Wenige Minuten später war die »Novara« erreicht. Auf diesem Schiff hatte der junge Marineoffizier Maximilian zuerst Dienst gemacht, nun sollte sie den Kaiser in sein Reich bringen.

Die Reise nach Mexiko

Die erste Station der »Novara« war der Hafen Civitavecchia, von wo aus das Kaiserpaar mit seinem Gefolge nach Rom reiste. Maximilian wollte dort dem Papst seine Aufwartung machen und dessen Segen erbitten.

Das Gepränge war eines Kaisers würdig, persönlicher Empfang am Bahnhof durch den Kardinalstaatssekretär, großer Empfang im Palast von Gutierrez, wo das Paar logierte, schließlich die Privataudienz bei Papst Pius IX. Zwar betonte dieser vielsagend, dass die Rechte eines Herrschers groß, die der Kirche aber noch größer seien. Der wichtigsten Frage, der des anstehenden Konkordats und der Kirchengüter, ging Maximilian jedoch aus dem Weg. Und gerade da wäre Klarheit von entscheidender Wichtigkeit gewesen.

Nach einer fünfwöchigen, teilweise recht stürmischen Überfahrt über den Atlantik erreichten sie endlich Veracruz. Zwar schossen die Kanonen vom Fort Salut, aber der Empfang der republikanisch gesinnten Bevölkerung war eisig; zudem kam plötzlich ein heftiger Sturm auf, dem die festliche Dekoration nicht standzuhalten vermochte.

Es war eine mühsame Reise. Da nur einige Kilometer der Bahnstrecke fertiggestellt worden waren, mussten die restlichen vierhundert Kilometer in Kutschen zurückgelegt werden. Richtige Straßen gab es nicht, sie glichen mehr oder minder ausgetrockneten Wasserläufen voller Geröll, durch das sich die Maultiergespanne mühsam ihren Weg bahnten, während die Kutscher versuchten, sie mit der Peitsche anzutreiben. Doch das Kaiserpaar ertrug alle Unbequemlichkeiten mit stoischer Gelassenheit. Vor allem der Naturfreund Maximilian konnte sich an dem üppigen Grün und den farbenfrohen Pflanzen nicht sattsehen, um deren Blüten große, bunte Schmetterlinge schwirrten.

Eine mexikanische Eskorte unter dem Kommando von Oberst Miguel Lopez geleitete die kaiserliche Kutsche. Ganz frei von feindlichen Banden war die Straße immer noch nicht.

Doch es gab auch Erfreuliches, wie den Empfang in Puebla, der zweitgrößten Stadt, wo alle Kirchenglocken läuteten und jubelnde Menschen die Straßen säumten. Bischof und Klerus erwarteten einiges von einem Kaiser, der einer gut katholischen Familie entstammte. Hier feierte Charlotte ihren dreiundzwanzigsten Geburtstag, zu dessen Ehren die französische Garnison ein großes Feuerwerk veranstaltete.

Nach Überwindung eines steilen Passes war endlich in der Ferne das Ziel der Reisenden zu sehen: Kuppeln und Türme, umgeben von fruchtbaren Feldern, schimmernden Seen und überragt von hohen, schneebedeckten Bergen – Mexiko-Stadt.

Hunderte blumengeschmückter Kutschen kamen dem Kaiserpaar bis zu dem berühmten Wallfahrtsort Guadalupe entgegen. Darin saßen elegant gekleidete Damen, begleitet von Kavalieren auf edlen Pferden. An ihrer Spitze ritten General Bazaine und der französische Gesandte. Unzählige Indios mit grünen Palmzweigen in Händen folgten dem Zug, Salutschüsse donnerten, Glocken klangen. »Que viva el emperador!«, rief es aus unzähligen Kehlen, als das Herrscherpaar in seiner offenen Karosse entgegenkam, Maximilian in der Uniform eines mexikanischen Generals, Charlotte mit einer Mantilla aus Brüsseler Spitzen und einer Diamantenkrone im dunklen Haar.

Die Stadt selbst prangte im Schmuck zahlloser Fahnen und Girlanden, alle Balkone und Fenster waren dicht gedrängt von Menschen, die ihre neuen Herrscher hochleben ließen. Am Portal der Kathedrale wartete Erzbischof Labastida, um das feierliche Tedeum zu zelebrieren. Ein Empfang im Kaiserpalast und ein festliches Diner folgten, während draußen eine jubelnde Menschenmenge den weiten Platz füllte und ein prächtiges Feuerwerk den Himmel mit seinen glitzernden Kaskaden erhellte.

Charlotte war glücklich. Nicht einmal der hässliche, vernachlässigte Palast, die Betten, in denen es von Ungeziefer wimmelte, vermochten ihr Hochgefühl zu beeinträchtigen. All dem würde man abhelfen können. Sie erkannte aber auch, dass so manches im Argen lag und wie groß der Unterschied war zwischen den barfüßigen Indios und den reich gekleideten mexikanischen Damen und Herren, für die sie arbeiteten.

Dennoch schien es Charlotte in diesen Tagen, als hätten sich all ihre Träume erfüllt. Da war sie doch, die große Aufgabe, die Maximilian und sie sich gewünscht hatten, den Armen im Land zu ihren Rechten zu verhelfen, für ihre Bildung, für Arbeit und Auskommen zu sorgen. Es würde eine Menge zu verändern geben, aber sie waren beide jung und trauten sich zu, es zu schaffen.

Dachten sie nicht daran, dass die Konservativen im Land, die reichen Plantagenbesitzer und Kaufleute, gar nicht so viele Veränderungen wünschten? Gewiss, sie wollten, dass der Kaiser für Sicherheit im Land sorge, für eine Eisenbahn und gute Straßen, aber die Indios, das Volk, das für sie arbeitete, waren ihnen gleichgültig. An seinen Rechten und seiner Bildung waren sie nicht interessiert. Für die Arbeit im Haus oder auf den Plantagen brauchten sie das nicht. Wofür also Geld ausgeben?

Die kaiserliche Regierung in Mexiko

König Leopold hatte eine sparsame Hofhaltung empfohlen. Das bedeutete eigentlich, sich in den Gebäuden einzurichten, die bereits vorhanden waren. Niemand hätte dem neuen Kaiserpaar zugemutet, in verschmutzten Räumen zu hausen. Doch der Nationalpalast, in dem Maximilian dem Vernehmen nach die erste Nacht auf einem Billardtisch verbracht hatte, weil er es im Bett vor Wanzen und Flöhen nicht aushielt, ließ sich mit seinem Schönheitssinn nicht vereinbaren. Dort zu wohnen kam für ihn nicht infrage. Er hatte eine bessere Idee: Chapultepec.

Schon der Aztekenherrscher Montezuma hatte am Rand der Hauptstadt einen Sommerpalast errichten lassen, der Eroberer Cortez lebte dort mit seiner Geliebten. Vor allem der herrliche Park mit seinen jahrhundertealten Bäumen und seiner üppigen tropischen Vegetation, den bunten Schmetterlingen und Kolibris, ließ das Herz Maximilians höher schlagen. Zwar war er völlig verwildert, und das Gebäude, das schon vielen Zwecken gedient hatte, sah auch entsprechend aus. Aber das alles ließ sich richten.

Sofort wurde dem Wunsch des Kaisers entsprochen und mit den Bauarbeiten begonnen. Schon nach einer Woche war wenigstens ein Pavillon bezugsfertig. Auch der Nationalpalast wurde gründlich renoviert; Wände wurden niedergerissen, ganze Zimmerfluchten verändert, die bisher kahle Plaza davor bepflanzt. Eine breite Allee sollte Chapultepec mit dem Regierungsgebäude verbinden. Sie besteht noch heute als Paseo de la Reforma.

Mit Brokat bespannte Wände, prunkvolle Möbel, venezianische Kristalllüster schmückten alsbald die Räume, schweres Silber und edles Porzellan aus Europa die Tafel. Und ein Weinkeller mit den besten Flaschen durfte nicht fehlen. Natürlich benötigten auch die Garde neue Uniformen und die Lakaien neue Livreen. Ein Herrscher musste schließlich zeigen, dass er zu repräsentieren verstand. Darum fand jeden Montag bei der Kaiserin eine Soiree statt, bei der sie meist allein die Gäste von Rang und Namen empfing.

Und das alles bei der Ebbe, die ständig in der kaiserlichen Kasse herrschte! Kein Wunder, dass Schatzmeister Kuhacsevich einer Ohnmacht nahe war. Wussten Maximilian und die sonst so klar denkende Charlotte denn nicht, wie es im Lande aussah? Oder wagten sie nicht, es auszusprechen? Verschlossen sie beide bewusst die Augen vor Mexikos wahrem Zustand?

Von Frieden konnte keine Rede sein. Noch immer beherrschten die Republikaner einen großen Teil des Landes, verwickelten Guerilleros die französischen Truppen in neue Kämpfe. Die Wirtschaft lag am Boden, an eine nennenswerte Ausbeutung der Bodenschätze, von der alle geträumt hatten, war mangels Kapitals und Infrastruktur nicht zu denken. Viele Beamte waren korrupt, die kaiserlichen Dekrete wurden meist ignoriert, die Steuern flossen mehr als spärlich. Wie Maximilian auf einer Reise feststellte, lag auch beim Klerus so manches im Argen. Die Geistlichkeit vernachlässigte sträflich ihre Pflichten, etliche Priester erwiesen sich als bestechlich, spendeten die Sakramente nur gegen Bezahlung und lebten im Konkubinat.

Umso begeisterter klangen die Briefe, die Maximilian nach Österreich sandte. Charlotte handelte nicht anders. »Max regiert mit Weisheit«, schrieb sie am 24. Juli 1764 an ihre Großmutter. »Ich besuche Schulen. Man wird aus den Kindern machen können, was man will, denn sie sind von Natur aus gutartig und gescheit ... Die Mission, die wir in diesem Land zu erfüllen haben, gewinnt immer mehr an Interesse, und wir bereuen es nicht, sie übernommen zu haben. Mit ein wenig Geduld wird ein rapider Fortschritt zu verzeichnen sein.«[34]

Und am 10. September desselben Jahres, als Maximilian sein Land bereiste und Charlotte die Regentschaft übergeben hatte, heißt es: ».Nichts reicht an den Enthusiasmus und das Vertrauen heran, mit dem Max überall empfangen wird. Wir stehen vor einem großem Werk, denn es bleibt alles zu tun, aber die Fortschritte sind bereits groß und das Land geht mit uns. Morgen werde ich Ministerrat abhalten, entsprechend Max' Wunsch. Außerdem gebe ich alle Sonntage in seinem Namen öffentliche Audienzen und versuche die Bittsteller nach Möglichkeit zufriedenzustellen. Hoffentlich ist Max bald wieder bei mir, denn es wäre mir so viel lieber, ihn mir nahe zu wissen, als die Regierung führen zu müssen.«[35]

Die Realität sah jedoch anders aus. Schon damals dachte Napoleon III. nicht mehr daran, sich an den Vertrag zu halten, der Maximilian die Anwesenheit französischer Truppen auf Jahre hinaus garantierte. In Paris wurden die Stimmen immer lauter, die ein Ende des sinnlosen Abenteuers Mexiko forderten. Und ohne den Beistand Frankreichs konnte Maximilian sich nicht halten. Das österreichische und belgische Freiwilligenkorps, das inzwischen eingetroffen war, würde die Franzosen nicht ersetzen können. Es bestand vielfach aus Abenteurern, die sich in Mexiko hauptsächlich Ruhm und Besitz erhofften. Von der geplanten mexikanischen Armee konnte noch keine Rede sein.

Dazu kamen zunehmend innenpolitische Schwierigkeiten. Maximilian hatte nie ein Hehl aus seiner liberalen Gesinnung gemacht. Die Trennung von Kirche und Staat, die Juárez verfügt hatte, war für ihn und für Charlotte völlig legitim. Ganz anders sahen das der Klerus und die konservativen

Großgrundbesitzer, diejenigen also, die Maximilian zur Macht verholfen hatten. Mit gewissem Recht hatten sie erwartet, dass ein Angehöriger des katholischen Hauses Habsburg gleich nach Antritt seiner Regierung die Aufhebung der von Juárez erlassenen Gesetze beschließen würde. Das hieß, der Kirche ihren früheren Besitz und das Verfügungsrecht über die Schulen zurückzuerstatten und den katholischen Glauben wieder als den allein gültigen im Land einzusetzen. Deshalb hatten die Konservativen für den Kaiser gestimmt und ihre Indios angewiesen, es auch zu tun. Vor allem die Kirche, früher der größte Grundbesitzer des Landes, sah sich um ihre Rechte geprellt, die sie als durchaus wohlerworben betrachtete.

Um einen »tüchtigen Nuntius mit vernünftigen Ansichten«[36] hatte der neu ernannte Kaiser Maximilian bei seinem Antrittsbesuch in Rom den Papst IX. ersucht. Doch Monsignore Meglia, der am 7. Dezember 1864 in Mexiko-Stadt eintraf und weit davon entfernt war, diesem Wunsch zu entsprechen, stellte sofort klar, was der Vatikan von der neuen Regierung in Mexiko erwartete: sofortige Annullierung der Gesetze von Juárez, die Erneuerung aller kirchlichen Privilegien und Befugnisse sowie die Wiedereinsetzung des katholischen Glaubens als einziger Staatsreligion. Alle Versuche des Kaiserpaars, zu einem Einverständnis zu kommen, waren vergeblich. Meglia ließ sich auf keinen Kompromiss ein.

Als eine päpstliche Enzyklika die Bischöfe sogar zum Kampf gegen Gewissensfreiheit und religiöse Toleranz aufforderte, ließ die Antwort der Regierung an Deutlichkeit nichts mehr zu wünschen übrig. In einem Erlass bestätigte der Kaiser die Verstaatlichung der Kirchengüter und verbot jegliche Veröffentlichung päpstlicher Bullen ohne kaiserliche Genehmigung. Mochte auch die schroffe Art des Nuntius viel zur Verhärtung der Fronten beigetragen haben, ließ es doch auch der Kaiser an diplomatischem Geschick fehlen. Es war, als säge er selbst an dem Ast, auf dem er saß.

Im konservativen Lager war man begreiflicherweise empört. Die Schuld an dieser Verhärtung der Situation gab man weniger Maximilian als Charlotte. Tatsächlich übte nicht nur sie, sondern auch andere kirchenfeindlich eingestellte Berater damals großen Einfluss auf den Kaiser aus. Dennoch gelangten weiterhin nur schöngefärbte Berichte in die Heimat, als sei alles in bester Ordnung.

Charlottes Ernüchterung

Im April 1865 trat Maximilian wieder eine Rundreise, diesmal durch die östlichen Provinzen, an. Er liebte das Land, dessen Naturschönheit ihn immer wieder begeisterte, und er liebte auch seine Bewohner, deren Herzen er mit seiner offenen, entgegenkommenden Art zu gewinnen verstand. Er war wohl auch recht froh, eine Zeitlang alle Querelen der Hauptstadt hinter sich zu lassen.

Mit der Regierung betraute er wieder Charlotte, die sich dieser Tätigkeit mit gewohntem Geschick widmete. Dennoch machte sich bei ihr immer stärker eine gewisse Nervenanspannung bemerkbar, die sich in ihrer Angewohnheit, Taschentücher zu zerknüllen und an deren Ecken herumzubeißen, zeigte. Auch das persönliche Verhältnis der Eheleute schien sich noch einmal getrübt zu haben. Sie schliefen wieder in verschiedenen Räumen, und auch auf gemeinsamen Reisen wurde immer Maximilians Feldbett mitgeführt.

Zweifellos litt Charlotte unter ihrer Kinderlosigkeit. Gerade sie, die Pflichterfüllung so hoch hielt, war nicht in der Lage, die wichtigste Pflicht einer Kaiserin zu erfüllen: für einen Erben zu sorgen. Die Spottlieder über die unfruchtbare »Mama Carlota«, die im Land kursierten, dürften ihr vermutlich ebenso wenig verborgen geblieben sein wie die verletzenden Artikel in nordamerikanischen Zeitungen, die sie als herrisches und maßlos ehrgeiziges Geschöpf schilderten, als eine Frau, die den wankelmütigen Kaiser für ihre Zwecke benutzte.

Man kann sich vorstellen, wie sehr der Schritt, den Maximilian am 16. September 1865, dem Jahrestag der mexikanischen Unabhängigkeit, bekanntgab, sie verletzen musste: Er teilte nämlich mit, dass er den zweijährigen Agustín Itúrbide zum Prinzen erhebe und ihn zu seinem Thronfolger erkläre. Agustín Itúrbide war der Enkel jenes Mannes, der für kurze Zeit den Kaiserthron von Mexiko innegehabt hatte und später erschossen worden war.

Charlotte war schockiert. Sie hatte von den Adoptionsplänen ihres Mannes nichts gewusst. Sogleich wurde die Ehe des Kaiserpaars in Mexiko zum Gesprächsthema Nummer Eins. Und es blieb kein Geheimnis, dass Maximilian in Chapultepec die Tür zwischen seinem und Charlottes Schlafzimmer hatte zumauern lassen.

Der Klatsch blühte noch aus einem anderen Grund. Immer öfter zog sich Maximilian in das etwa achtzig Kilometer von der Hauptstadt entfernte Cuernavaca zurück, wo er einen Besitz erworben hatte und fern von jeglichem Protokoll nach Herzenslust seinen geliebten Naturstudien nachgehen konnte. Dazu erstand er noch eine kleine Kaffeeplantage, auf der er ein Häuschen errichten ließ, das er »El Olvido«, »Das Vergessen«, nannte. Charlotte, die sich nur sehr selten in Cuernavaca aufhielt, gab er zu verstehen, dass sie dort unerwünscht sei. Irgendwo in jenem Areal muss es wohl jenen geheimnisvollen Eingang gegeben haben, der direkt in seine Räume führte, ohne dass es anderen auffiel. Das berichtete wenigstens der Kammerdiener Grill dem Sekretär Maximilians, José Blasio. Angesehene Damen, denen man einen solchen Schritt nie zugetraut hätte, sollen heimlich im Schlafzimmer des Kaisers verschwunden sein. Man wollte sogar Näheres von einer besonders innigen Beziehung Maximilians wissen. Die junge Frau sei siebzehn Jahre alt, indianischer Herkunft und die Frau oder

Tochter eines Gärtners. Einige behaupteten sogar, ihren Namen zu kennen: Concepción Leguizano. Das Verhältnis soll nicht ohne Folgen geblieben sein …

Oberst Blanchot, ein französischer Offizier, schreibt darüber in seinem Buch: »Sie war, scheint es, von … unwiderstehlichem Reiz, und Maximilian unterlag … Die unglückliche Fürstin musste darüber einen tiefen Kummer und das Gefühl grausamster Demütigung empfinden, denn auch sie war jung und schön und stark … Sie zog sich allmählich von den Geschäften zurück, … isolierte sich und eine düstere Traurigkeit, eine tiefe Entmutigung verdüsterte ihr Leben, das vorher so tätig, heiß und leidenschaftlich gewesen war. Früher heiter und lächelnd, wurde sie jetzt finster und streng. Sie floh Cuernavaca, blieb allein in Mexiko und fand Trost darin, abends die Realitäten der Welt zu vergessen, indem sie in einer indianischen Pirogue auf den ruhigen Wassern der großen Seen von Mexiko … fast allein spazieren fuhr.«[37]

Oberst Blanchot verschwieg diskret, wer das Boot damals ruderte. Doch den Gerüchten zufolge war es Oberst van der Smissen, der Befehlshaber der belgischen Freiwilligenverbände, der dafür infrage kam: ein schneidiger Soldat und tapferer Kämpfer, ein Mann, der nicht so lange zögerte wie Maximilian, sondern unverzüglich handelte. Ein Draufgänger, jedenfalls im Krieg. Auch in der Liebe?

Charlotte unterhielt sich gern mit ihm. Er war Belgier wie sie, mit ihm konnte sie über ihre Heimat und über ihren Vater sprechen. War er der Mann, der ihre einsamen Stunden verkürzte? Oder war alles doch nur Klatsch der Hofgesellschaft?

Zweifellos war Charlotte nicht glücklich. Ihr Mann betrog sie, schob sie ab. Und das große Ziel, das sie sich gesetzt hatten, ein liberales, gerechtes Kaiserreich Mexiko, jene große Aufgabe, die sie für so manches andere entschädigen sollte, ging Schritt für Schritt dem Abgrund entgegen. Die Kaiserin war zu klug, um sich noch große Illusionen zu machen. Hinzu kam, dass ein neuerlicher, großer Schlag die junge Staatsgründung traf: der Sieg des Nordens über den Süden im amerikanischen Sezessionskrieg. Die Vereinigten Staaten wünschten in Mexiko kein Kaiserreich. Für sie hieß sein Herrscher Benito Juárez.

Lange dauerte es auch nicht, bis der amerikanische Gesandte in Paris gegen die französische Mission in Mexiko energisch protestierte, worauf Napoleon III. eiligst versicherte, dass sie ohnehin ihrem Ende entgegengehe.

Das verhängnisvolle Oktoberdekret

Bandit oder Freiheitskämpfer? Die Frage nach dem Guerillero, dem Partisanen, dem Kämpfer ohne reguläre Uniform, gab es schon seit dem Spanienfeldzug Napoleons I.

Eigentlich handelte es sich bei dem Erlass nur um die Verschärfung einer Anordnung, die der französische Oberbefehlshaber schon vor der Proklamierung des Kaiserreichs verfügt hatte. Bis jetzt hatte Maximilian die gefangenen und zum Tode verurteilten Guerilleros fast immer begnadigt, worauf diese, wieder in Freiheit, den Kampf erneut aufnahmen. Nun ließ er sich davon überzeugen, dass sie keine Soldaten, sondern eben Banditen seien, die die Straßen unsicher machten und friedliche Bürger mit Raub und Plünderung drangsalierten. Das neue Gesetz bestrafte mit dem Tod alle irregulären Kämpfer, die mit der Waffe in der Hand angetroffen wurden. Der kommandierende Offizier hatte das Urteil innerhalb von vierundzwanzig Stunden zu vollstrecken.

Das Gesetz fand nicht überall Zustimmung. So mancher nutzte es auch aus, um eine persönliche Rechnung zu begleichen. Vor allem aber forderte es die Vergeltung der Juaristen heraus.

Die Anregung, das alte Gesetz schärfer zu formulieren und zu handhaben, wird von vielen Pater Augustinus Fischer zugeschrieben. Pater Fischer, der eines Tages am Kaiserhof erschien, war eine zwielichtige Persönlichkeit mit zweifelhaftem Vorleben. Ein Brief des mexikanischen Gesandten in Paris beweist, dass er aus konservativen Kreisen Roms eingeschleust wurde, um den Kaiser in deren Sinne zu beeinflussen.

Es war kein Geheimnis, dass Maximilian leicht seine Meinung änderte, und Pater Fischer, weltmännisch und zugleich jovial, war ein Mann von überzeugender Wortgewalt. Er gewann rasch das Vertrauen des Kaisers, der ihn binnen kurzem zum Hofkaplan ernannte und ihn zu seinen engsten Beratern zählte.

Einige Zeit später sollte Pater Fischers Überzeugungskraft auf verhängnisvolle Weise auf Maximilian einwirken.

Ein anderes Gesetz war zwar gut gemeint, bewirkte jedoch das Gegenteil. Es ging um den Schutz der indianischen Bevölkerung. Vor allem Charlotte empfand es als unerträglich, auf welche Weise diese Menschen von ihren Arbeitgebern ausgenutzt wurden. Abgesehen von den Hungerlöhnen, die sie für ihre Arbeit bekamen, nötigte man sie auch, überteuerte Lebensmittel in den Läden der Haziendas zu kaufen. Die Kredite, die sie im Bedarfsfall dafür erhielten, führten jedoch oft dazu, dass noch der Sohn für die Schulden seines Vaters aufkommen musste. So blieb er samt seiner Familie der Plantage als billige Arbeitskraft erhalten.

Das neue Gesetz, das Charlotte im Ministerrat in Abwesenheit Maximilians, aber mit dessen Einverständnis, durchsetzte, verbot diese Praxis. Die Indios sollten ihren Arbeitsplatz selbst wählen dürfen. Das Gesetz war gut gemeint, doch, wie sich bald herausstellte, verfehlte es sein Ziel. Die Indios, die sich darauf beriefen, wurden von ihren Arbeitgebern kurzerhand entlassen. So verloren sie und ihre Familien nicht nur ihren Verdienst, sondern auch ihre bescheidene Unterkunft. Sie konnten froh sein, wenn der Plantagenbesitzer sie gnädigst wieder zu den alten Bedingungen einstellte.

Das Kaiserpaar hatte mit diesem Gesetz nicht nur die Armen, sondern auch die Reichen verärgert.

Dem Abgrund entgegen

Charlotte war eben von einem Staatsbesuch in Yucatán zurückgekehrt, als die Nachricht vom Tod ihres Vaters eintraf. König Leopold I. von Belgien war am 10. Dezember 1865 in Brüssel gestorben. Mit ihm hatte nicht nur Charlotte einen geliebten Menschen verloren, sondern das Kaiserreich seine beste Stütze in Europa. Charlottes Bruder, der nun als Leopold II. die Regierung antrat, interessierte sich weder für seine Schwester noch für Mexiko. Auch von den Fronten kamen schlechte Nachrichten: Die Republikaner beherrschten nun unangefochten den ganzen Norden des Landes.

Doch es sollte noch schlimmer kommen.

Noch hatte Kaiser Napoleon III. gezögert, den letzten Schritt zu tun, aber die Lage in Europa, das Erstarken Preußens unter Bismarck sowie die Opposition in Frankreich, die energisch ein Ende des sinnlosen Unternehmens in Mexiko forderte, zwang ihn dazu.

Am 15. Januar 1866 teilte er »Seinem Herrn Bruder Maximilian« in gewundenen Worten mit, dass die französischen Truppen noch in diesem Jahr nach Frankreich zurückzukehren hätten. Das war ein eklatanter Bruch der Konvention von Miramare, in der der »gute Bruder Napoleon« feierlich versprochen hatte, dass, egal, was in Europa passiere, »die Hilfe Frankreichs dem neuen Reich niemals fehlen werde«. Aber vor allem in der Politik gilt bekanntlich von jeher das Recht des Stärkeren.

Ein weiterer Schlag traf den zutiefst enttäuschten Maximilian. Die Vereinigten Staaten hatten es schließlich durch ihre Proteste erreicht, dass Kaiser Franz Joseph die schon zur Einschiffung bereiten österreichischen Freiwilligenverbände für

Mexiko wieder zurückzog. Und um das Maß voll zu machen, forderte Frankreich nun auch noch einen guten Teil von Mexikos Schulden ein.

Maximilian musste sich eingestehen, dass die Lage aussichtslos war. An die Vorstellung, als ein Gescheiterter in die Heimat zurückzukehren und auf die Gnade seines Bruders angewiesen zu sein, wagte er zwar gar nicht zu denken. Aber allmählich sah er ein, dass ihm nichts anderes übrig blieb, als abzudanken.

Doch da schritt Charlotte ein.

Die Abdankung ihres Großvaters, des Königs Louis Philippe von Frankreich, im Jahre 1848 hatte sie, so jung sie damals auch war, mit Schrecken und Abscheu erfüllt. Und nun sollte sie zusehen, wie Maximilian und ihr das Gleiche widerfuhr? Ins Exil nach Miramare, als Besiegte ohne Hoffnung? Alles in ihr wehrte sich dagegen.

In einem flammenden Memorandum beschwor sie ihren Gatten, nicht aufzugeben. »Abdanken heißt, sich verurteilen, sich selbst ein Unfähigkeitszeugnis auszustellen, und das ist nur annehmbar bei Greisen und Blödsinnigen, das ist nicht die Sache eines Fürsten von 34 Jahren voll Leben und Zukunftshoffnung ... Es wäre ein Fehler und eine Feigheit.«[38]

Charlotte schlug vor, selbst nach Europa zu reisen, um dort bei Napoleon zu intervenieren. Sie kannte ihren Mann. Es war nicht schwierig, ihn umzustimmen, vor allem wenn man seine Ehre anmahnte.

Die Reise der Kaiserin

Die Reise stand von Anfang an unter keinem guten Stern. Die Regierungskasse war so leer, dass das Geld für die Reise einem Hilfsfonds entnommen werden musste.

Nach einem tränenreichen Abschied machte sich Charlotte mit ihrer Begleitung auf die gefahrvolle Fahrt nach Veracruz, wo der französische Dampfer »Kaiserin Eugénie« wartete. Dass sich weder auf dem Schiff noch auf der Barkasse, die sie dorthin brachte, eine mexikanische Flagge befand, erregte gleich von Anfang an Charlottes Missfallen. Ob sie deshalb während der ganzen vierwöchigen Reise in ihrer Kabine blieb und dort in der stickigen Luft unter Kopfschmerzen und Übelkeit litt und nur abends bisweilen an Deck ging? Dies und die Tatsache, dass sie dort immer eine weite Mantilla oder einen breiten Schal trug, sollte später einigen Verdacht erwecken.

Im Hafen Saint-Nazaire erwarteten sie neue Enttäuschungen. Statt der mexikanischen Flagge wehte die peruanische, und der Empfang war mehr als dürftig. In Paris war der Hofwagen, den man ihr geschickt hatte, zum falschen Bahnhof gefahren, und obendrein war für die Kaiserin eine Suite im Grandhotel vorgesehen und nicht im kaiserlichen Schloss Saint-Cloud, wie es ihrem Rang zustand.

Der Besuch der »lieben Cousine« kam dem französischen Kaiserpaar nämlich mehr als ungelegen. Zuerst versuchte Napoleon III., sich mit seinem Gallenleiden zu entschuldigen, denn er wusste nur zu gut, worum es ging. Aber Charlotte bestand auf einem persönlichen Gespräch.

In Saint-Cloud wurde zwar am nächsten Tag das ganze Protokoll aufgeboten, um die Kaiserin gebührend zu empfangen, aber die Unterredung, von der sich Charlotte so viel versprochen hatte, brachte keinen Erfolg. Um sie zu beruhigen, versprach Napoleon schließlich, noch einmal mit seinen Ministern zu sprechen. Es war nur eine Ausflucht, um den unerwünschten Gast loszuwerden.

Doch das wollte Charlotte nicht wahrhaben. Sie hatte die Hoffnung noch immer nicht ganz aufgegeben. Am 13. August fuhr sie noch einmal in Saint-Cloud vor. Die Beteuerung des Personals, der Kaiser sei krank und nicht zu sprechen, ließ sie nicht gelten. Sie wollte wenigstens erreichen, dass Napoleon die versprochenen Hilfsgelder weiter bezahlte.

Als auch das vergeblich war, ging sie aufs Ganze. Sie holte den Brief hervor, in dem Napoleon III. gut zwei Jahre zuvor das Versprechen gegeben hatte, Mexiko auf jeden Fall zu helfen. Und als letzter Trumpf folgte das Schreiben vom 28. März 1864, mit dem der Kaiser von Frankreich den widerstrebenden Maximilian schließlich genötigt hatte, den mexikanischen Thron zu besteigen: »Was würden Kaiserliche Hoheit von mir denken, wollte ich Ihnen, wenn Sie schon in Mexiko sind, auf einmal sagen, dass ich die Bedingungen nicht einhalten könnte, die ich unterschrieben habe.«[39]

Napoleon befand sich in tiefster Verlegenheit. Den Wahrheitsgehalt von Charlottes Argumenten konnte er nicht leugnen. Beschämt bat er um Geduld und berief sich wieder auf seine Minister, die am nächsten Tag zusammentreten würden.

Da schritt Kaiserin Eugénie ein. Zwar gelang es ihr, die höchst aufgeregte Charlotte in ihre eigenen Räume zu bringen, doch sie konnte es nicht verhindern, dass sie dort ihre Beherrschung und ihre Hemmungen verlor. Empört warf sie dem französischen Finanzminister vor, dass Mexiko von der gezeichneten Anleihe tatsächlich nur einen lächerlichen Betrag erhalten habe, dass Mexiko also von den französischen Bankiers und Finanzleuten bestohlen worden sei. Da wusste sich Kaiserin Eugénie nicht anders zu helfen, als in einer fingierten Ohnmacht auf das Sofa zu sinken.

Charlotte blieb noch eine Woche in Paris. Sie konferierte mit Bankiers und Wirtschaftsfachleuten, breitete Pläne und Ideen vor ihnen aus, die mit der Wirklichkeit kaum übereinstimmten. Eine Einladung zu einem Galadiner schlug sie aus. Ein letzter Höflichkeitsbesuch Napoleons III. im Grandhotel verlief in eisiger Atmosphäre. Auch Maximilian gegenüber ließ der Kaiser der Franzosen nun jede Rücksicht fallen: Er riet ihm, abzudanken.

Zweifellos hatte die Auseinandersetzung mit Napoleon III. Charlottes Nervenzustand einer schweren Belastung ausgesetzt. Für sie war der französische Herrscher nun der Teufel in Person. In Paris ist wohl der Beginn ihrer geistigen Verwirrung anzusetzen, wie ein Brief, den sie damals an Maximilian schrieb, beweist. Darin heißt es, dass all ihre Bemühungen vergeblich sein mussten, weil ihr Gegner kein Mensch, sondern der Fürst der Hölle höchstpersönlich sei. Ihr Verstand verkraftete die Niederlage nicht, und sie rettete sich in wirre Illusionen, die bar jeglicher Realität waren. Eine Abdankung komme jedoch trotz allem nicht infrage.

Man kann Napoleon III. indes nicht von Schuld freisprechen. Gewiss, sowohl die äußere als auch die innenpolitische Lage zwangen ihn zu jenem Schritt. Dennoch hinterlässt seine Handlungsweise einen bitteren Beigeschmack. Einst hatte er den österreichischen Erzherzog aus eigensüchtigen geopolitischen Motiven zur Annahme der mexikanischen Krone gedrängt, nun hatte er ihn gnadenlos fallenlassen.

»Pacta sunt servanda«, hieß es einst im alten Rom: Verträge sind einzuhalten. Der Vertrag von Miramare dagegen war das Papier nicht wert, auf dem er geschrieben worden war.

Nach ihrer vergeblichen Reise nach Paris fuhr Charlotte nach Miramare, wo sie begeistert begrüßt wurde. Doch sie hielt es dort nicht lange aus. Sie drängte nach Rom. Ihre letzte Hoffnung war der Papst. Nur ein bereits getrübter Geist konnte sich Beistand von dort erwarten.

Der Ausbruch der Krankheit

Obwohl der engste Mitarbeiter von Papst Pius IX., Kardinalstaatssekretär Giacomo Antonelli, Charlotte bei seinem Antrittsbesuch deutlich zu verstehen gegeben hatte, dass sie keine Hilfe zu erwarten habe, setzte sie alle Hoffnung auf eine Audienz beim Papst. Diese war für den 27. September 1866 um elf Uhr vormittags angesetzt. Der Vatikan bot seinen ganzen Prunk auf, um die Kaiserin von Mexiko zu empfangen, aber das Gespräch mit Pius IX. verlief ohne das gewünschte Ergebnis. Zurück im Hotel, ließ sich Charlotte das Essen auf ihr Zimmer bringen, schloss sich ein und war für niemanden zu sprechen.

Beim abendlichen Diner, zu dem sie geladen hatte, aß sie selbst nur Orangen und Nüsse, deren Schalen sie genau auf Beschädigungen untersuchte. Ein Getränk, das eine Hofdame ihr brachte, wies sie zurück. Ihr Misstrauen galt Menschen, die sie seit Jahren kannte. Alle wurden verdächtigt, sie vergiften zu wollen.

Um acht Uhr früh befahl sie ihrer Hofdame, einen Wagen zu rufen. An der Fontana di Trevi stieg sie aus und schöpfte gierig Wasser aus dem Brunnen. Dann bestand sie darauf, zum Vatikan zu fahren. Ihr verstörtes Aussehen, ihre hektisch geröteten Wangen, ihr irrer Blick bewogen die Wachen des Vatikans, ihr unverzüglich Einlass zu gewähren. Vielleicht hatte es sich auch schon herumgesprochen, dass die Kaiserin von Mexiko nicht ganz bei Sinnen sei.

Als Papst Pius IX. sie empfing, warf sie sich ihm zu Füßen und flehte ihn an, ihr Gefolge zu verhaften, denn es stehe im Sold Napoleons und wolle sie vergiften. Nur im Vatikan fühle sie sich sicher. Erst abends glückte es mit List, die Kranke in ihr Hotel zurückzubringen.

Doch damit nicht genug. Als Charlotte bemerkte, dass der Schlüssel ihres Appartements von innen fehlte, bekam sie einen hysterischen Anfall, schrie, draußen warteten schon die Mörder, und bestand darauf, in den Vatikan zurückzukehren. Dort erklärte sie, lieber auf dem blanken Boden schlafen zu wollen als im Hotel. Es blieb nichts anderes übrig, als in einem Bibliothekssaal ein Bett herzurichten und ihr mit heißer Milch ein Schlafmittel zu verabreichen. Erst am nächsten Tag gelang es, wieder mittels List, sie in ihr Hotel zu schaffen.

König Leopold von Belgien, der über den Zusammenbruch seiner Schwester unterrichtet worden war, sandte schließlich

seinen Bruder Philipp nach Rom, um Charlotte nach Miramare zu bringen. Spezialisten aus Wien reisten an, um sie zu
untersuchen. Sie gaben wenig Hoffnung auf Genesung.

Zweifellos hatte es bereits in Paris die ersten Anzeichen von
Wahn gegeben, endgültig zum Ausbruch kam er, als in Rom
ihre letzte Hoffnung zerbrach. Es waren aber auch Gerüchte in
Umlauf, dass Charlotte bereits in Yucatán vergiftet worden sei.
Angeblich waren ihr dort Pilze vorgesetzt worden, die in größeren Mengen zum Tod, in geringer Dosis zu Halluzinationen
und zu einer allmählichen Geistesverwirrung führten.

Gerd Mesenholm zitiert in seinem Buch über das Kaiserreich Mexiko angebliche Briefe von Hidalgo an Gutierrez, in
denen von der Notwendigkeit berichtet wird, die Aktivität der
allzu liberalen Kaiserin etwas zu bremsen und ihren Einfluss
auf den Kaiser einzuschränken, weil dadurch die Interessen
der konservativ-klerikalen Partei beeinträchtigt würden. Erwähnt wird in diesem Zusammenhang ein Pilz namens Tey-
huinti. Bleibende Schäden solle Charlotte dabei aber nicht
davontragen. Es gibt jedoch keinerlei Beweise hierfür.

Persönliche Schicksalsschläge wie der Tod des geliebten Vaters und der Großmutter sowie Schuldgefühle kamen hinzu.
Charlotte war der treibende Geist der »Unternehmung Mexiko« gewesen. Viel Glück hatte es ihr und Maximilian nicht
gebracht. Wenn sie jetzt als gescheiterte Hasardeure nach
Österreich zurückkehren mussten, dann fühlte sie sich mög-
licherweise schuld daran. Das Scheitern des Traums von Mexiko führte schließlich zu ihrem Zusammenbruch. Dieser Belastung war sie nicht gewachsen.

Von Miramare nach Belgien

In Miramare hatte man Charlotte in jenem Gartenhaus unter-gebracht, in dem sie mit Maximilian gelebt hatte, als das Schloss noch nicht bewohnbar war. Ihr Zustand hatte sich et-was gebessert, Misstrauen gegen andere beherrschte sie jedoch noch immer. Dazwischen gab es aber auch Zeiten geistiger Klarheit mit durchaus intaktem Erinnerungsvermögen. Doch es kam auch immer wieder zu Tobsuchtsanfällen, in denen sie Hausrat zertrümmerte oder sogar gegen Menschen tätlich wurde.

Gebieter über das gesamte Areal war Graf Charles Bombel-les, ein Jugendfreund Maximilians und ebenfalls Marineoffi-zier. Er hatte Charlotte auf der Reise nach Europa als Kammer-herr begleitet. Bombelles' treue Ergebenheit dem Kaiserhaus gegenüber war wohl der Hauptgrund, weshalb man ihn in Wien zum Obersthofmeister von Miramare ernannt und ihm damit volle Macht über die Kranke gegeben hatte. Man kann mit Recht behaupten, dass er sie vollkommen isolierte und sie Tag und Nacht überwachen ließ. Angehörige des Personals, die ihr sehr zugetan waren, sollen rasch entfernt worden sein. Alte Freunde Charlottes, die ihr einen Besuch abstatten wollten, wurden abgewiesen. Auffallend auch, dass kein einziger Ange-höriger des Kaiserhauses je den Weg nach Miramare fand.

Ging es etwa auch beim Tod von Charlottes ergebener Kam-merfrau Mathilde Doblinger nicht mit rechten Dingen zu? Sie starb unter ungeklärten Umständen nach Stunden qualvoller Schmerzen. Wurde sie vergiftet? Hatte sie etwa gedroht, die Zu-stände in Miramare publik zu machen? Oder gab es noch etwas anderes, was geheim bleiben sollte?

Schließlich bestand König Leopold von Belgien auf der Rückkehr seiner Schwester in die Heimat. Es ging weniger um brüderliche Zuneigung, sondern eher um die Rückführung von Charlottes Vermögen nach Belgien. Darüber wurde mit dem Haus Habsburg ein Abkommen getroffen. Charlotte verzichtete auf den Nachlass ihres damals bereits verstorbenen Gatten, dafür sollte sie nach Belgien zurückkehren, wo der König die Vormundschaft für sie übernahm und ihr Heiratsgut zurückbekam. Leopold war ein guter Geschäftsmann. Die Schulden Maximilians waren weit größer als sein Vermögen.

Königin Marie Henriette, die ihre Schwägerin in Miramare abholte, war entsetzt über Charlottes Aussehen: »Nur Haut und Knochen und voll Angst vor allem und jedem«, schrieb sie damals.[40] Charlottes Heimkehr nach Belgien stieß jedoch auf Hindernisse, denn Graf Bombelles und das Schlosspersonal weigerten sich, die Kranke herauszugeben, und beriefen sich dabei auf Anweisungen aus Wien. Der Königin von Belgien blieb nichts anderes übrig, als einen Beauftragten an den Kaiserhof nach Wien zu schicken, um ihre Wünsche durchzusetzen. Erst nach zehn Tagen konnte der Salonzug endlich in Richtung Belgien abfahren.

Wer war General Weygand?

Maxime Weygand ist als ein berühmter französischer General bekannt, der im Ersten Weltkrieg eine herausragende Rolle spielte. Doch seine Geburt ist von einem Geheimnis umgeben, das nie gelüftet werden konnte.

Damit kommt man einem Gerücht auf die Spur, dem sich niemand entziehen kann, der sich mit der unglücklichen Kaiserin von Mexiko befasst. Es verdichtet sich durch die Ereignisse in Miramare, die einige Fragen aufwerfen. Warum wurde Charlotte dermaßen isoliert, warum wurde jeder Kontakt zur Außenwelt vollkommen unterbunden? Geschah es wirklich nur um ihretwillen? Oder gab es da ein Geheimnis, das unbedingt bewahrt werden sollte? War Charlotte etwa schwanger?

Eine Hypothese, gewiss, die durch ihr seltsames Betragen während der Überfahrt nach Europa Nahrung erhielt. Sollte sie tatsächlich zutreffen, dann ergibt sich zwangsläufig, dass es sich nicht um ein eheliches und seit langem erwünschtes Kind handeln konnte.

Charlotte wusste, dass Maximilian sie betrog; dass ihre Rivalin ein einfaches Indiomädchen war, musste sie als besondere Demütigung empfinden, die Schmerz, aber auch Zorn und Rachegefühle auslöste. Konnte dieser Frau, die sich wie jede andere nach Liebe und Erfüllung sehnte, nicht gerade damals ein Mann begegnet sein, der sie begehrte? Wäre es abwegig, sich vorzustellen, dass sie diesem Begehren nachgegeben hätte?

Doch wer war dieser Mann? Den Gerüchten nach war es Baron van der Smissen. Wäre nicht eine heimliche Schwangerschaft, Ängste und Gewissensbisse zusammen mit der politischen Konstellation und dem Scheitern aller Hoffnungen für das bedrohte Mexiko, bei einer labilen Persönlichkeit Grund genug, jene Geisteskrankheit auszulösen, und Erklärung für alles, was später in Miramare geschah?

Der Einwand, dass es nicht möglich sei, eine Schwangerschaft so lange zu verbergen, lässt sich durch die Kleidung entkräften. Unter einer Krinoline, die damals noch Mode war, lässt sich einiges verstecken. Und die Ärzte im Vatikan hatten keinen Grund, die Entdeckung, die sie wohl bei ihrer Untersuchung gemacht hatten, zu verbreiten. Herrscherhäuser haben es immer sehr gut verstanden, Akten verschwinden zu lassen und Menschen zum Schweigen zu veranlassen.

Das Kind soll heimlich in der Abgeschlossenheit des Gartenhauses von Miramare zur Welt gekommen und unmittelbar danach nach Brüssel gebracht worden sein. Diese Geschichte führt unmittelbar zu einer anderen, die ebenfalls eine Menge Fragen aufwirft.

Am 23. Januar 1867 wurde dem zuständigen Standesamt in Brüssel die Geburt eines Kindes gemeldet, das zwei Tage zuvor auf dem Boulevard de Waterloo Nummer 59 zur Welt gekommen sei. Der Arzt, der die Anmeldung tätigte, stand dem belgischen Königshof nahe. Das Neugeborene wurde nur unter seinem Vornamen, Maxime, eingetragen, sowohl Vater als auch Mutter waren unbekannt. Das verstieß gegen das geltende Gesetz, das wenigstens die Angabe der Mutter erforderte. Zeugen der Amtshandlung waren zwei Bürger bescheidener Herkunft, die man offensichtlich gegen Bezahlung zu dieser Gefälligkeit veranlasst hatte. Eine Eintragung im Taufregister gibt es nicht – eine recht dubiose Angelegenheit.

Der Junge kam in Pflege. Erst 1874 tauchte ein Maxime im südfranzösischen Cannes auf. Er ging nun zur Schule und nannte sich Maxime de Nival. Als Vormund war ein Kaufmann in Marseille namens Léon Cohen eingetragen, der dort für die Interessen des belgischen Königs tätig war. Dieser war in zweiter Ehe mit einer gewissen Thérèse-Joséphine Denimal verheiratet, deren Nachnamen der Junge nun trug. Durch das Auseinanderschreiben des Namens wurde Maxime mit der Vorsilbe »de« sozusagen ein Adelsprädikat verliehen. An seine Jugend und Internatszeit bewahrte der Junge nur flüchtige Erinnerungen. Schon früh hatte er den Wunsch gehabt, Soldat zu werden. Dass er als belgischer Staatsbürger überhaupt in die berühmte Militärakademie Saint-Cyr nahe Versailles aufgenommen wurde, lässt auf hohe Protektion schließen.

Er absolvierte seine Ausbildung mit ausgezeichneten Noten. Noch immer aber war er belgischer Staatsbürger. Doch im Jahr 1888 änderte sich auch das auf wundersame Weise: Ein gewisser François-Joseph Weygand, ein Bürger französischer Nationalität, erkannte plötzlich den einundzwanzigjährigen Maxime als seinen unehelichen Sohn an und gab ihm seinen Namen. Der junge Offiziersanwärter war nun Franzose. Das Wunder war jedoch nicht so groß, wie es scheint. Weygand war Prokurist in der Firma Cohen.

Maxime unterhielt zu seinem angeblichen Vater keinerlei

Beziehungen. Die schützende Hand, die über ihm lag, zeigte sich in erheblichen Geldzuwendungen, die pünktlich von einem ausländischen Konsulat überwiesen wurden. Weygand konnte ein recht aufwändiges Leben führen und trotz seiner hohen Einkünfte auch noch Schulden machen. Er machte rasch Karriere und heiratete schließlich die Tochter seines Kommandeurs. Deren Eltern bemühten sich zwar, von der inzwischen verwitweten Madame Denimal Näheres über die Herkunft ihres künftigen Schwiegersohns zu erfahren, doch diese erklärte nur, durch ein Versprechen zum Schweigen verpflichtet zu sein. »Es fließe blaues Blut in seinen Adern, und seine Mutter sei noch am Leben«, war das Einzige, was ihr zu entlocken war.[41] Im »Hochzeitskorb« des Bräutigams fand sich der beachtliche Betrag von 300 000 Goldfrancs …

Weygands Karriere ging unaufhaltsam weiter: im Ersten Weltkrieg Stabschef von General Foch, 1916 selbst General, schließlich Generalinspekteur der französischen Armee. Selbst schon Pensionär, wurde Weygand Ende Mai 1940 zum Oberbefehlshaber der gesamten Streitkräfte ernannt. Doch es war zu spät. Weygands Tätigkeit als Verteidigungsminister der Vichy-Regierung wurde ihm schließlich zum Verhängnis. Er wurde wegen Kollaboration mit der deutschen Besatzungsmacht verhaftet, jedoch drei Jahre später vom Obersten Gerichtshof rehabilitiert. Weygand starb im hohen Alter von achtundneunzig Jahren 1965 in Paris.

Wie Maximes Sohn berichtet, hatte sich sein Vater nie darum bemüht, Einzelheiten über seine Herkunft zu erfahren. Als Kaiserin Charlotte Anfang 1927 starb, soll er eine anonyme Mitteilung erhalten haben, seine Mutter sei gestorben.

Wer also war sie? Wer war der Vater? Manche Historiker halten König Leopold II. selbst für Weygands Vater, die Mutter soll eine ungarische Aristokratin gewesen sein, deren Fehltritt auf keinen Fall bekannt werden sollte. Das hätte König Leopold aber nicht daran hindern müssen, sich zu seinem Sohn zu bekennen, wie er es bei seinen anderen unehelichen Kindern sehr wohl getan hat.

Mit ziemlicher Sicherheit steht fest, dass das belgische Königshaus in den Fall Weygand involviert war. Dafür sprechen die Protektion, die dem jungen Maxime zuteil wurde, die geheimnisvolle Adoption und Staatsbürgerschaft, die für seine Karriere so wichtig war, die hohen Geldsummen, über die er verfügte. Fouvez, der selbst jahrelange Recherchen über den Fall Weygand betrieb, schreibt in seinem Buch, dass »man sich an den maßgebenden Stellen über die Beharrlichkeit gewisser Forscher beunruhigte und mit allen Mitteln versuchte, ihnen Prügel in den Weg zu legen«. Und ihm sei sogar gesagt worden, dass »der königliche Hof, ohne einem Schriftsteller das Recht zu Recherchen nehmen zu wollen, wünsche, dass diese sich auf das Ausland beschränkten und Belgien nicht darin verwickelt werde«.[42]

Fouvez ist überzeugt, dass manche Dokumente vernichtet wurden, wie bestimmte Briefe Charlottes oder die Papiere jenes hohen Hofbeamten, der Königin Marie Henriette einst nach Miramare begleitet hatte. »Man spürt hier einen entschlossenen Willen, gewisse Angelegenheiten zu verschleiern.«[43] Nur für ein hohes Mitglied des Königshauses hätte man sich solche Mühe gemacht.

Also doch Kaiserin Charlotte? Die Menschen, die die Wahrheit kannten, haben sie mit in ihr Grab genommen. Übrigens soll General Weygand dem Baron van der Smissen recht ähnlich gesehen haben …

Die langen Jahre der Dunkelheit

Königin Marie Henriette brachte Charlotte nach Laeken, wo die Kranke sichtlich aufblühte. Dennoch blieb sie nicht lange dort. König Leopold wünschte nicht, dass seine Kinder mit

einer Geistesgestörten aufwuchsen. Er bestimmte Schloss Tervueren als künftigen Aufenthaltsort für seine Schwester.
Die Königin kümmerte sich rührend um ihre Schwägerin.
Mit Entsetzen schrieb die Gräfin d'Hulst über »die barbarische
und gefühllose Umgebung, in die die arme Charlotte geraten
musste«[44], auch König Leopold übte indirekt Kritik am habsburgischen Kaiserhaus, als er an dieselbe Adressatin schrieb:
»Meine Schwester ist in einer abscheulichen Verfassung bei uns
angekommen ... Die Behandlung und Isolierung in Miramare
haben schweren Schaden getan. Meine arme Schwester lebte
da unten in ewigen Ängsten und von allen den Ihrigen im Stich
gelassen.«[45] Warum König Leopold seine »arme Schwester«
nicht selbst einmal besucht und auf einer anderen Behandlung bestanden hatte, verschweigt er leider.
Charlottes entrann nicht mehr dem Wahn. Die Phasen geistiger Klarheit wurden immer seltener. Anfälle von Zerstörungs-
wut, in denen sie Bücher zerfetzte oder kostbare Vasen zerschlug, nahmen zu. Zwischendurch kam es vor, dass sie sich mit
Sticken, Zeichnen oder Klavierspiel befasste. Sie konnte sich
zwar meist für eine Kartenpartie begeistern, verlor sich aber oft
in Gelächter und wirren Monologen in allen ihr geläufigen
Sprachen.
Das, was sich draußen in der Welt ereignete, drang weder
nach Tervueren noch später, nach dessen Brand, an den letzten
Wohnsitz der Kaiserin, das Wasserschloss Bouchout. Charlotte
überlebte alle, das französische Kaiserpaar, Kaiserin Elisabeth
und Kaiser Franz Joseph I., ihren Bruder Leopold und Königin
Marie Henriette. Sie überlebte den Ersten Weltkrieg und das
Ende der großen Monarchien. Was sie davon begriff, weiß man
nicht.
Im Januar 1927 erkrankte sie an einer Grippe, von der sie
sich nicht mehr erholte. Sie starb am 19. desselben Monats im
Alter von 86 Jahren. Ihre sterblichen Überreste ruhen in einer
Kapelle der Kirche Notre-Dame in Laeken.

Sie werde sechzig Jahre auf ihn warten, hatte sie viele Jahre zuvor im Hinblick auf Maximilian gesagt. Es fehlten nur wenige Monate, bis sich der Todestag des Kaisers von Mexiko am 19. Juni 1927 zum sechzigsten Mal jährte.

Das Ende Maximilians und des mexikanischen Kaiserreichs

Als Maximilian von der Erkrankung seiner Gattin erfuhr und die Aussichtslosigkeit seiner Lage erkannte, war er nahe daran, abzudanken und nach Österreich zurückzukehren, koste es, was es wolle. Schon seit Wochen beschworen ihn seine Freunde, der Stimme der Vernunft zu folgen und das Land zu verlassen. Die österreichische Korvette »Dandolo« wartete bereits in Veracruz.

Da trat Pater Fischer auf den Plan. Eine Abdankung des Kaisers bedeutete nicht nur das Ende seiner Karriere, sondern auch das der letzten Bastion der konservativen Partei.

Pater Fischer war bekanntlich ein Meister des Wortes. Konnte der Kaiser wirklich abreisen, ohne an seine Anhänger zu denken, die schutzlos zurückblieben? War das eines Kaisers würdig? Beschwörungen wie diese hatten noch nie ihre Wirkung auf Maximilian verfehlt. Mit dem vollmundigen Versprechen der Konservativen, für Geld und ein schlagkräftiges Heer zu sorgen, ließ sich der Kaiser überreden, zu bleiben. Es waren Versprechen bar jeder Realität, ein Betrug an dem leichtgläubigen Monarchen.

Anfang Februar 1867 verließ Marschall Bazaine mit seinen französischen Truppen das Land, mit ihm auch der Großteil der österreichischen und belgischen Freiwilligen. Auch etliche Mexikaner waren darunter, die einen Sieg von Juárez fürchteten. Am 13. Februar räumte auch Maximilian an der Spitze der mexikanischen Einheiten die Hauptstadt, auf seinen ausdrücklichen Befehl ohne die dort verbliebenen Österreicher. Das geschah vor allem auf den Rat der Konservativen hin, die es für besser hielten, dass er sich nur mit Mexikanern umgebe.

Ziel der Truppe, deren so großspurig zugesagte Stärke bei weitem nicht zustande kam, war das monarchistisch und klerikal gesinnte Querétaro. Eine Verteidigung der Stadt war nur möglich, wenn man die umliegenden Hügel beherrschte. Dazu waren die kaiserlichen Truppen jedoch nicht imstande. Nach mehr als zweimonatigem, tapferem Widerstand der 7000 gegen 40 000 Republikaner fiel die ausgehungerte Stadt durch Verrat. Die Verteidiger mussten kapitulieren. Der Kaiser wurde in das ehemalige Kloster La Teresita gebracht. Fluchtpläne wurden geschmiedet, doch Maximilian konnte sich nicht zur Flucht entschließen.

Am 12. Juni 1867 begann vor einem Militärgericht der Prozess gegen den Kaiser und die Generäle Miramón und Mejía. Die Anklagepunkte lauteten: Verletzung von Frieden, Freiheit und Unabhängigkeit Mexikos, widerrechtliche Aneignung der Kaiserwürde und unrechtmäßiges Verfügen über den Besitz des mexikanischen Volkes. Durch das Dekret vom 3. Oktober habe Maximilian den Tod zahlreicher unschuldiger Mexikaner verursacht.

Er wurde zum Tod verurteilt. Das hatte von Anfang an festgestanden. Aller Einspruch ausländischer Mächte, auch der Vereinigten Staaten, war vergeblich. Juárez blieb unerbittlich und unerschütterlich. Das Urteil wurde am 19. Juni 1867 vollstreckt. Maximilian und seine beiden Generäle fielen unter den Kugeln des Exekutionspelotons.

Erst nach einem diplomatischen Geplänkel gab Juárez, nun unumschränkter Herr Mexikos, den Leichnam Maximilians frei. Mit demselben Schiff, der »Novara«, mit dem vor weniger als drei Jahren Kaiser Maximilian und Kaiserin Charlotte in ihr neues Reich gefahren waren, wurde der Sarg nach Triest und darauf, unter strenger Wahrung des militärischen und höfischen Protokolls, mit einem Extrazug nach Wien gebracht. Am 20. Januar 1868 erfolgte seine Bestattung in der Wiener Kapuzinergruft. Das mexikanische Kaiserreich und damit ein tragisches Kapitel der Weltgeschichte hatte seinen endgültigen Abschluss gefunden.

Oder soll man wirklich dem Autor des jüngst erschienen Buches *Des Kaisers neues Leben* glauben, dem zufolge der Freimaurer Juárez den Freimaurer Maximilian habe fliehen lassen und dieser als angesehener Bürger in San Salvador gelebt und dort ein hohes Alter erreicht habe? Dann also lägen in dem prunkvollen und immer mit frischen Blumen geschmückten Sarkophag in der Wiener Kapuzinergruft die sterblichen Überreste eines anderen Mannes.

Admiral Tegetthoff, ein langjähriger Marinekamerad und Freund Maximilians, der den Leichnam in Mexiko übernommen und nach Europa gebracht hatte, schrieb, dass dieser überhaupt nicht mehr zu erkennen gewesen sei: »Der Eindruck ist erschreckend. Das Gesicht ist fast schwarz. Ich hoffe, dass keiner seiner Angehörigen ihn jemals so sehen wird.«[46]

Prinzessin Louise von Belgien, Prinzessin von Sachsen-Coburg und Gotha

Jugend auf Schloss Laeken

Das Kind, das auf Schloss Laeken dem Kronprinzenpaar von Belgien, Leopold, Herzog von Brabant, und seiner Gemahlin Marie Henriette, geborenen Erzherzogin von Österreich, am 18. Februar 1858 auf Schloss Laeken geboren wurde, war zum großen Missvergnügen seines Vaters ein Mädchen. Es erhielt den Namen Louise. Leopold hatte einen Sohn und Erben erwartet. Ein Mädchen dagegen bedeutete für ihn mehr Last als Freude: Mädchen mussten standesgemäß verheiratet werden und kosteten eine Menge Mitgift. Marie Henriette erfüllte zwar ein Jahr später ihre dynastische Pflicht und brachte den heiß ersehnten Sohn zur Welt, fünf Jahre später aber erneut ein Mädchen. Die Ehe des Kronprinzenpaars, von Anfang an kaum harmonisch, erlitt dadurch einen weiteren Riss.

Es sollte jedoch noch schlimmer kommen. Im November 1868 fiel der damals neunjährige Leopold beim Spiel in den Schlossteich und starb kurz darauf an Lungenentzündung. Als das 1872 geborene Kind wieder ein Mädchen war, zerbrach die Ehe endgültig. Leopold, der nach dem Tod seines Vaters am 10. Dezember 1865 als Leopold II. den Thron Belgiens bestiegen hatte, wandte sich verstärkt anderen Frauen zu.

Die Disharmonie im Elternhaus wirkte sich sehr nachteilig auf die Jugend der Mädchen aus, denn Wärme und Zärtlichkeit wurden ihnen kaum zuteil. Der Vater kannte nur seine Arbeit, die Mutter hatte sich ganz in sich selbst zurückgezogen.

Für Louise und Stephanie war der Vater ein Trauma. »Zeit ihres Lebens konnten sie die Angst und Scheu, die sie ihm gegenüber empfanden, nicht bewältigen«, schrieb Irmgard Schiel in ihrem Buch über Stephanie.[47] Und Louise vermerkte: »Unser Vater hat seine in königlicher Ehe geborenen Töchter wohl anerkannt und voll Resignation geduldet, aber sein Herz hat er ihnen niemals geschenkt.«[48]

Die Erziehung in Laeken war streng. So manches Bürgermädchen hatte mehr Luxus als die Prinzessinnen am belgischen Königshof. Im Winter hieß es, um sechs, im Sommer bereits um fünf Uhr aufzustehen. Eine Kammerfrau überwachte Anziehen und Waschen, sogar im Winter mit kaltem Wasser. Manchmal kam es vor, dass es gefroren war, denn das Fenster stand immer offen. Die Kleider – hemdartige, mit einem Gürtel zusammengehaltene Kittel – waren immer die gleichen. Winterkleidung oder gar Pelze gab es nicht.

Die Mutter wurde mit Knicks und Handkuss begrüßt. Obwohl der Frühstückstisch üppig gedeckt war, durften die Mädchen sich weder an Kuchen noch an Gebäck oder Obst aus den Gewächshäusern bedienen. Sie hatten zu lernen, sich zu beherrschen. Oft waren die Diener großzügiger als die Eltern, wenn sie den Kindern heimlich Süßigkeiten zusteckten. Sprechen, ohne gefragt worden zu sein, war streng verboten.

Vor dem Mittagessen wurden die Kinder von ihrer Erzieherin zur Königin geführt, die sich über ihre Fortschritte und ihr Betragen unterrichten ließ. Über jedes kleine Vergehen musste minutiös berichtet werden. Nachdem die Kinder ihren Vater mit dem gebotenen Handkuss aus seinem Zimmer abgeholt hatten, ging es in das Speisezimmer zum Mittagessen. Dabei war der König meist mit der Lektüre von Zeitungen oder Briefen beschäftigt, die Königin überwachte genau das Benehmen ihrer Töchter. Gesprochen wurde nicht. Auch nicht im Arbeitszimmer des Vaters, wo dieser seine Zigarre rauchte, während die Mutter las.

Das Schulzimmer war selbstverständlich nicht geheizt, die Lehrer hatten das Recht, mit dem Lineal oder gar einer Rute zuzuschlagen. Es kam auch vor, dass die Kinder wegen einer harmlosen Verfehlung in einer Ecke auf Erbsen knien oder eingesperrt zwischen Doppeltüren in dunkler Enge ausharren mussten. »Die Kinder lebten in ständiger Angst und beteten fleißig.«[49]

Heiratspläne

Prinzessinnen wurden früh verheiratet. Louise war erst fünfzehn Jahre alt, als der erste Bewerber seine Aufwartung machte. Es war Prinz Friedrich von Hohenzollern. Doch die Verbindung passte König Leopold nicht. Bald darauf erschien als zweiter Prinz Philipp von Sachsen-Coburg-Gotha. Er war ein Cousin Louises, dessen Großvater die märchenhaft reiche Tochter des ungarischen Fürsten Kohary geheiratet und sich in Wien niedergelassen hatte. Gerd Holler zufolge hatte sich Philipp, der um vierzehn Jahre älter war als Louise, zunächst in deren Mutter verliebt, die daraufhin sein Interesse mit Erfolg auf ihre Tochter lenkte.

Die Verlobung des Paares wurde am 25. März 1874 gefeiert. Die Braut war, wie üblich, zwar nicht gefragt worden, jedoch anfangs von ihrem künftigen Gatten recht beeindruckt.

Die Ziviltrauung fand am 4. Februar vor dem Bürgermeister von Brüssel, die kirchliche Hochzeit zwei Wochen später statt. In ihrem Kleid aus Brüsseler Spitzen, dem langen, blonden Haar und ihrer schlanken Gestalt war Louise eine wunderschöne Braut. Auch Philipp in der Paradeuniform eines ungarischen Generals machte einen stattlichen Eindruck.

Das mädchenhaft romantische Bild, das sich Louise von ihrem Mann gemacht hatte, sollte sich jedoch rasch ändern. Ihre erste Bekanntschaft mit dem Eheleben scheint nämlich so frustrierend gewesen zu sein, dass sie mitten in der Nacht nur dürftig bekleidet in den Park floh und Zuflucht in der Orangerie suchte. Ein Nachtwächter fand sie dort und verständigte die Königin. Scham und Zurückhaltung der damaligen Zeit hatten es nicht erlaubt, ein junges Mädchen über das zu informieren, was es in der Hochzeitsnacht erwartete. Einfühlungsvermögen in die Psyche eines jungen Mädchens scheint zudem nicht die Stärke des Bräutigams gewesen zu sein.

Königin Marie Henriette zog daraus keine Konsequenzen. Ihre jüngere Tochter Stephanie war einige Jahre später ähnlich entsetzt über das, was ihr in der Hochzeitsnacht widerfuhr.

Wien

Einige Tage später fuhren die Jungvermählten nach Gotha, von dort über Dresden, Prag und Wien nach Ungarn.

Die nächste Enttäuschung war das düstere Palais Coburg in Wien in der Seilerstätte, einer schmalen Straße der Innenstadt unweit des Parkrings. Während es heute nach dem Umbau ein Luxushotel ist, wirkte es damals düster, und die Räume waren mit antiken Möbeln und allerlei Krimskrams vollgestellt. In seinem und ihrem Schlafzimmer hatte Philipp seine Sammlung von ostasiatischen Figuren aufgestellt, die hauptsächlich pornografische Stellungen aufwiesen. Der in Wien als Lebemann bekannte Philipp zeigte sie seiner jungen Frau mit sichtlichem Genuss. Sie sollten wohl der Anregung und Nachahmung dienen. Für Louise geriet ihr Anblick eher zum Schock.

Auch sonst versuchte Philipp, sie nicht nur zu einer Dame von Welt zu machen, sondern auch in seinem Sinne zu animieren. Er dachte wohl, schwere Weine und erotische Literatur, die er ihr zum Lesen gab, würden dazu geeignet sein, sie seinen Wünschen zugänglich machen.

Kaum Zuneigung fand Louise bei ihrer Schwiegermutter,

Prinzessin Clementine, die ebenfalls im Palais lebte. Als eine geborene Prinzessin von Orléans war sie ungeheuer stolz auf ihre Herkunft. Sie vergötterte ihren Sohn und hieß alles gut, was immer er tat.

Die Coburger waren stets willkommene Gäste am Wiener Hof. Als Philipp mit seiner jungen Frau zum ersten Mal dort erschien, wurde Louises Schönheit sogleich von den anwesenden Damen mit Neid, von den Herren mit Anerkennung registriert. Vor allem der ungefähr gleichaltrige Kronprinz Rudolf und der jüngste Bruder des Kaisers, Erzherzog Ludwig Viktor, machten ihr sofort eifrig den Hof. Das war Philipp, der zunächst eifersüchtig über seine Frau wachte, zwar nicht ganz recht, er musste es jedoch hinnehmen. Die beiden Habsburger standen als nächste Angehörige des Kaisers in der strengen Hierarchie des Hofes weit über ihm. Und zweifellos schmeichelte Louises Erfolg auch seinem Besitzerstolz.

Philipp verfügte zwar über ein enormes Vermögen, sich von Geld zu trennen, fiel ihm aber äußerst schwer. »Einen unvorstellbaren Geizhals und einen Tyrannen« nennt ihn Hellmut Andics.[50] Nur zähneknirschend bezahlte er daher die astronomischen Rechnungen, die ihm für Louises Kleidung und ihre sonstigen Bedürfnisse ins Haus flatterten. Sie wurden bald zum Stadtgespräch.

Prinzessin Louise von Sachsen-Coburg und Gotha war zweifellos eine Verschwenderin. Vielleicht hatte die Kargheit ihrer Jugend dazu manches beigetragen. »Die Kluft zwischen meinen geheimsten Gefühlen und dem, was mich umgab, war unüberbrückbar, und mein Drang nach Unabhängigkeit war viel zu stark, als dass ich mich darin gefügt hätte«, gab sie selbst als Grund für ihre Ausgaben an.[51] Damit wollte sie wohl zeigen, dass sie in ihrem privaten Leben unabhängig war und sich von niemandem etwas einflüstern ließ, auch nicht von ihrem Gatten, der für ihren Luxus bezahlen musste. Denn Luxus war es ja, wenn sie für ein Fest Schneider und Friseur aus Paris kommen ließ. Es war ihre Art von Rache an dem ungeliebten Mann. Noch etwas kam hinzu. Sowohl Philipp als auch ihr Vater galten als immens reich. »Ich lebte in der Überzeugung, dass mir und meinen Schwestern dereinst ungeheure Reichtümer zufallen würden, und ich hielt mich für berechtigt, das Geld mit vollen Händen auszugeben. War es denn nicht auch soziale Pflicht, das Geld wieder unter die Menge zu bringen?«[52] Die Zukunft würde zeigen, ob sie dessen so sicher sein durfte.

Obwohl Louises Ehe von Anfang an nicht glücklich war, wurden dennoch zwei Kinder geboren: 1878 ein Sohn, Leopold, und 1881 eine Tochter, Theodora, genannt Dora. Eine neue Verbindung der belgischen Coburger mit dem österreichischen Kaiserhaus, diesmal sogar direkt mit der kaiserlichen Familie, hatte sich indessen in Brüssel angebahnt. Am 10. Mai 1881 fand in Wien die Hochzeit zwischen Prinzessin Stephanie von Belgien und dem österreichischen Kronprinzen Rudolf statt. Louise, als Schwester der Braut, wurde zur Schwägerin des künftigen Kaisers! Dadurch erhöhte sich zwar ihre gesellschaftliche Stellung, zugleich stieg aber auch die Beachtung, die ihr nun zuteil wurde, sei sie wohlwollender oder gehässiger Art.

Auch das Obersthofmeisteramt warf nun ein wachsames Auge auf Louises Treiben. Es scheint nämlich ziemlich sicher, dass Louise eine Zeitlang ein intimes Verhältnis mit dem Kronprinzen unterhielt. »Er war mehr als schön, er war verführerisch … Man dachte bei ihm unwillkürlich an ein Vollblutpferd«, schrieb Louise über ihn.[53] Und Brigitte Hamann bemerkt dazu: »Anzustrengen brauchte sich der Kronprinz jedenfalls nicht, wenn ihm der Sinn nach einem Abenteuer stand. Die Frauen drängten sich an ihn heran, sie erfanden alle möglichen Tricks, um aufzufallen und von ihm verführt zu werden.«[54]

Geza Mattachich, von dem noch viel die Rede sein wird, berichtet in seinen Memoiren: »Seit der Übersiedlung nach Wien spielte der Kronprinz eine Rolle im Leben der Frau Prinzessin.

Derselbe fasste bald eine innige, tiefe Zuneigung zu ihr.«[55] Von einer späteren Vertrauten Louises ist zu hören, dass sie nie ein Hehl daraus gemacht habe, mit Rudolf intime Beziehungen unterhalten zu haben.[56]

Solange die Diskretion gewahrt blieb, mischte sich jedoch niemand ein. Auch Philipp nicht, der selbst kein Kind von Traurigkeit war. Unter bestimmten Voraussetzungen ließ er seine Gattin gewähren.

Louise und ihre Schwester Stephanie unternahmen oft gemeinsame Reisen, vor allem nach Italien. Durch die beiden wurde der verschlafene Fischerort Abbazia (heute Opatija) zum bevorzugten Ziel der Reichen der damaligen Gesellschaft. Aber Louise machte auch mit ihrem Mann zahlreiche Reisen zu befreundeten oder verwandten Dynastien, wie zu Königin Victoria oder Kaiser Wilhelm II.

Geza von Mattachich

Es ereignete sich am 28. Mai 1895, dass ein Ulanenleutnant auf dem Reitweg neben der Praterhauptallee größte Schwierigkeiten hatte, seinen störrischen Rappen zu zügeln. Das junge, übellaunige Pferd gehorchte seinem Reiter nicht, sprang wild umher, geriet auf die Fahrbahn und wäre beinahe mit einem herrschaftlichen Fiaker zusammengestoßen. Der Kutscher hatte Mühe, es zu verhindern. Die elegante Dame, die im Fond saß, ließ den Wagen anhalten und betrachtete amüsiert Reiter und Pferd, das nun wie festgenagelt auf der Straße stand, während dem Reiter der Schweiß über das Gesicht lief. Nur einen Augenblick sahen die Frau und der Mann einander an, doch er reichte aus, um ihr Schicksal zu verändern.

Endlich gelang es dem Leutnant, seinen Rappen zu beruhigen. Der trabte nun ganz gehorsam auf den Reitweg zurück. Von da an sahen sich Prinzessin Louise von Sachsen-Coburg und Gotha und Leutnant Geza von Mattachich täglich, denn wie ein Geist tauchte der Leutnant immer da auf, wo Louise gerade war, vor allem im Prater, aber sogar in der Oper oder vor der Konditorei Demel. Sie sprachen nicht miteinander, der Leutnant salutierte militärisch korrekt, und Louise lächelte zurück. »Durch Wochen ritt ich so täglich in den Prater, täglich begegnete ich der Frau Prinzessin, und es gehörte sozusagen zu meinem Leben, dass ich sie sah. Mit einer Angst, ob ich sie heute wohl sehen werde, ritt ich aus, mit einer Freude, dass ich sie gesehen habe, ritt ich heim«, schrieb Mattachich in seinen Memoiren.[57]

Geza von Mattachichs Herkunft war etwas dubioser Natur. Er war der Sohn des Bezirksvorstehers Koloman Mattachich von Tomasević im Komitat Varasdin und dessen Frau Anna, der unehelichen Tochter einer Gräfin und eines katholischen Priesters. Anna unterhielt ein Verhältnis mit einem Grafen Oskar Keglevich, der bei den Mattachichs lebte, weil er sich mit seinem Vater überworfen hatte. Erst als dieser starb, kehrte er in sein heimatliches Schloss Lobor zurück und nahm Anna mit ihren beiden Söhnen mit. Vater Mattachich blieb nichts anderes übrig, als sich mit Alkohol zu trösten. Nach dessen Tod heiratete Graf Keglevich seine nun verwitwete Geliebte. Später adoptierte er Geza auf deren dringenden Wunsch. Für die Verleihung des Grafentitels hätte es aber zusätzlich eines kaiserlichen Gnadenakts bedurft, um den sich Keglevich aber anscheinend nie bemühte. Dennoch galt Geza meist als Graf Mattachich-Keglevich.

Dieser hatte nach dem Abitur zunächst die Reserveoffizierslaufbahn eingeschlagen, sich aber dann entschlossen, aktiver Offizier zu werden. Ein begeisterter Militarist dürfte er jedoch nicht gewesen sein, denn er ließ sich sehr oft gegen Verminderung seines ohnehin bescheidenen Solds beurlauben, um von seinem galizischen Garnisonsort nach Wien zu fahren. Zum Zeitpunkt jener denkwürdigen Begegnung mit Louise befand er sich infolge einer Malariaerkrankung gerade in einem viermonatigen Genesungsurlaub.

Jenes tägliche Zeremoniell wurde jedoch im Februar des folgenden Jahres abrupt beendet, da Louise und ihre Tochter samt Begleitung nach Abbazia zu ihrer Schwester reisten. In Abbazia war Saison, und selbstverständlich berichtete die Presse genau, welche Herrschaften gerade in dem beliebten Kurort abgestiegen waren.

Mattachich hatte mit großem Interesse die »Nachrichten vom Hof« verfolgt, die täglich in der Zeitung standen. Er überlegte nicht lange, lieh sich von einem Kameraden Geld, versetzte einen Ring und fuhr ebenfalls nach Abbazia. Dort ließ er sich der Prinzessin von Sachsen-Coburg vorstellen.

Aber damit begnügte er sich nicht. Als Louise sich bereits in ihrer Suite befand, kletterte Geza in der Nacht von der Terrasse des Hotels auf ihren Balkon in dem ersten Stock und erschien plötzlich in ihrem Zimmer. Louise rief weder um Hilfe noch leistete sie Widerstand. Sie hatte auch keinerlei Skrupel. Ganz im Gegenteil, das Überrumpelungsmanöver des um neun Jahre jüngeren, gut aussehenden Offiziers imponierte ihr. Es ist anzunehmen, dass er sich als besserer Liebhaber erwies als ihr Mann.

Wieder nach Wien zurückgekehrt, ergriff sie die Initiative. Es war wohl wirklich Liebe, die sie zum ersten Mal in ihrem Leben für einen Mann empfand. Nun sorgte sie dafür, dass er in ihrer Nähe blieb. Er sollte Pferde kaufen und ihr Stallmeister werden. Dank ihrer Beziehungen erreichte sie nicht nur, dass er zum Oberleutnant avancierte, sondern auch, dass er weiterhin vom Dienst beurlaubt wurde. Mattachich wusste nicht, wie ihm geschah. Plötzlich hatte er statt Schulden Geld, eine ansehnliche Wohnung und eine wunderschöne, elegante Geliebte, die sich täglich zum Reitunterricht bei ihm einfand.

Gern hätte Louise Geza als Adjutanten ihres Mannes sogar in das Palais geholt. Aber da machte Philipp nicht mehr mit.

Die neu erwachte Leidenschaft seiner Frau für Pferde war ihm inzwischen reichlich suspekt. Bisher hatte er Louises kleine Abenteuer schweigend toleriert. Dass er sie selbst immer wieder betrog, betrachtete er nicht als Delikt, er war schließlich ein Mann und hatte zudem immer Diskretion gewahrt. Für Frauen hingegen galten andere Gesetze.

Lange konnte es daher nicht gutgehen mit Louise und Mattachich.

Der Skandal

Die Gesellschaft begann zu klatschen, erst leise und heimlich, dann immer lauter und offener. Es war abzusehen, wann der Kaiser davon erfahren würde.

Im Herbst 1896 war es so weit. Das verliebte Paar hatte sich zu weit vorgewagt: Es erschien gemeinsam im Hotel Sacher und zog sich in ein Séparée zurück. Das bemerkte Erzherzog Ludwig Viktor, nicht nur ein Verehrer Louises, sondern auch ein berüchtigter Intrigant. Er hatte nichts Eiligeres zu tun, als seinem kaiserlichen Bruder die Geschichte sofort zu hinterbringen. Und dieser verlor keine Zeit. Eine Prinzessin von Sachsen-Coburg, die als Schwester der Kronprinzessin-Witwe beinahe zur allerhöchsten Familie gehörte, und ein kleiner, kroatischer Oberleutnant – das schlug dem Fass den Boden aus!

Das Obersthofmarschallamt schritt ein. Ein Burggendarm beorderte Mattachich in die Hofburg, wo der Generaladjutant des Kaisers, Feldzeugmeister von Bolfras, ihm Folgendes mitteilte: »Herr Oberleutnant, es ist Wunsch von allerhöchster Seite, dass Sie Wien verlassen. Die Gründe wollen wir hier nicht näher auseinandersetzen, vielleicht wissen Sie dieselben. Bis wann können Sie mir versprechen, die Stadt zu verlassen? ›In vierzehn Tagen‹, war meine Antwort. ›Ihr Wort darauf?‹ ›Ja, Exzellenz.‹ So war ich erledigt«, berichtete Mattachich.[58]

Doch nicht nur der Offizier sollte bestraft werden, sondern auch die leichtsinnige Louise, denn sie hatte nicht nur die Gesellschaft schamlos provoziert, sondern sogar den Hof in Verruf gebracht. Die Unterredung mit Louise fand noch am selben Tag in Gegenwart Stephanies in deren Räumen in der Hofburg statt. Der Kaiser erschien in voller Uniform mit Säbel und Zweispitz, der von grün schillernden Federn überwölbt war. Er wandte sich an Louise, die ihn mit dem vorgeschrieben tiefen Knicks begrüßte. »Ich bedauere sehr, dass Eure Königliche Hoheit dieses Jahr den Hoffestlichkeiten nicht beiwohnen können«, sagte er. »Aber es sind Fehler geschehen, ich bin über alles genau informiert.«[59]

Vergebens bat Louise um Schutz vor ihren »Verleumdern«, doch der Kaiser ließ nichts davon gelten. Stephanie schämte sich unsäglich für ihre Schwester.

Nur Kaiserin Elisabeth, die – im Gegensatz zu Stephanie – Louise recht gern mochte, versuchte zu vermitteln. Doch einige Erzherzoginnen drohten damit, Louise ostentativ den Rücken zuzukehren, wenn sie auf den Festen erschiene. Das galt als höchstes Zeichen von Verachtung.

Diese Unterredung veränderte alles. Im Mai desselben Jahres war Louise von Coburg noch ein vielbeachteter Gast bei den Feiern zum tausendjährigen Bestehen des Königreichs Ungarn gewesen. Die Presse hatte minutiös über ihre Toiletten berichtet. Beim Hofball in der Ofener Burg über die »Robe von grünem Atlas, ganz mit Tüll voiliert, dem prachvolle Brillantsonnen eingestickt sind, und die Corsage mit Brillantstickerei, die zu den durch Schönheit und Eleganz besonders auffallenden Toiletten zählte«. So hatte das in einschlägigen Kreisen vielgelesene *Wiener Salonblatt* in seiner Nummer 19 berichtet. Das Blatt fand auch die bei einem anderen Anlass vorgeführte »ungarische Toilette Robe von rosa Atlas mit einer Bordüre von Eichenlaub in Gold- und Silberstickerei, mit dazu passendem, mit Zobel verbrämtem Mantel aus auberginefarbenen Samt«

besonders erwähnenswert. Die Prinzessin von Sachsen-Coburg hatte immer gewusst, sich elegant und kostbar zu kleiden. Der Preis jener Kreationen, von deren Höhe eine Familie bestimmt sehr lange hätte leben können, interessierte sie nicht. Die Bezahlung der Rechnungen war Angelegenheit eines Ehemanns.

Auf Reisen

Verfemt in Wien wie sie inzwischen war, beschloss Louise, mit Mattachich auf Reisen zu gehen. Philipp legte ihr nichts in den Weg. Sie erhielt nun jährlich 36 000 Gulden, zuzüglich eines väterlichen »Nadelgeldes« von 30 000 belgischen Francs. Mattachich wurde zu ihrem »Ehrenkavalier« und »Kammervorsteher« ernannt, Stallmeister wurde sein Freund Ozegovich.

Selbstverständlich reiste Louise weiterhin in gewohnter Art – im Extrazug mit hundert riesigen Reisekörben für die Garderobe, mit Kutschen, sechzehn Pferden und einem Riesentross von Personal.

Die erste Station war Paris, das »Fürstenappartement« im Grandhotel, wo sie lebte wie eh und je, als wäre nichts geschehen. Diners im »Maxim« oder im »Ritz«. Ein Kleid trug sie selbstverständlich nur ein einziges Mal, gefiel ihr eine wertvolle Halskette oder ein Armband, dann kaufte sie das Schmuckstück ohne Bedenken. Mit den eingehenden Rechnungen machte sie es sich leicht, sie bezahlte sie nicht. Philipps monatliche Apanage von 3000 Gulden sandte sie ihm zurück. Das gebot ihr Stolz.

Es folgten Aufenthalte in Cannes, Karlsbad und Meran. Die französische Zeitung *L'Ami du Peuple* schrieb am 12. November 1897: »Im österreichischen Meran ist Prinzessin Louise von Sachsen-Coburg und Gotha mit ihrem Hofstaat eingetroffen … Ihr Aufwand ist beträchtlich, … Unsere Prinzessin lebt weit über ihre Verhältnisse! Schneider, Schuhmacher, Pelzhändler und Juweliere, ganz zu schweigen von den Lieferanten der Lebensmittel, warten allzu lange und leider oft vergeblich auf die Bezahlung ihrer Rechnungen ... Es steht zu hoffen, dass die hohe Frau vor ihrer Abreise allen ihren Verpflichtungen nachkommt, dass ihr Abschied von der schönen Stadt nicht durch unfreundliche Gefühle getrübt werde.«

Leider aber doch! Die Prinzessin von Coburg hinterließ unter etlichen anderen sogar die unbezahlte Rechnung einer Wäscherin in Höhe von bescheidenen 14 Gulden. Vielfach wurden auch Wechsel ausgestellt, deren Begleichung, wenigstens nach Louises Ansicht, nicht ihr, sondern Prinz Philipp obliege, eine Meinung, die dieser allerdings inzwischen nicht mehr teilte.

Nächste Station war Nizza, wo eine Villa gemietet wurde, während der »Ehrenkavalier« im Hotel de France logierte. Er hatte sich sehr bald an das Luxusleben gewöhnt, wenn ihm auch die bisweilen penetranten Forderungen mancher Geschäftsleute mehr Kopfzerbrechen verursachten als seiner Gönnerin.

Das Duell

Prinz Philipp hatte sich zwar von seiner Frau getrennt, aber sonst nichts unternommen. Er hätte längst die Pflicht gehabt, seine Ehre zu verteidigen, denn es war nicht hinzunehmen, dass ein Oberleutnant, der sich einen Grafentitel angeeignet hatte, der ihm gar nicht zustand, einen General der österreichischen Armee und Prinzen von uraltem Adel zum öffentlichen Gespött machte. Dieser Meinung war man auch in Offizierskreisen.

So kam es, dass sich am 13. Februar 1898 zwei Herren im Hotel de France in Nizza einfanden und bei Oberleutnant Mattachich-Keglevich melden ließen. Es waren Feldzeugmeister und Landesverteidigungsminister Baron Geza von Féjerváry und

Feldmarschalleutnant Graf Wurmbrand-Stuppach. Sie forderten im Auftrag Seiner Hoheit, des Prinzen Philipp von Sachsen-Coburg und Gotha, den Oberleutnant wegen Beleidigung zum Duell. Es sollte am 18. Februar, sinnigerweise Louises 40. Geburtstag, in Wien stattfinden.

Die beiden ersten Waffengänge mit Pistolen verliefen ergebnislos. Wie Mattachich später behauptete, habe er absichtlich danebengeschossen, was eigentlich verboten war. Ob Philipp ebenfalls so handelte oder eher ein miserabler Schütze war, ist nicht bekannt. Beim folgenden Säbelduell verwundete Geza seinen Kontrahenten am rechten Daumen, wobei eine Sehne verletzt wurde. Das Duell endete laut Protokoll »mit der Kampfunfähigkeit Seiner Hoheit des Prinzen«. Dennoch wurden sofort Stimmen laut, es sei dabei nicht mit rechten Dingen zugegangen. Die Gegner hätten einander verschont. Eine nachträgliche Ehrenerklärung bezeugte jedoch den ordnungsgemäßen Verlauf. Dem Kaiser wurde später versichert, dass Philipp sich »ritterlich und korrekt« benommen habe. Schon vor dem Duell habe er die Scheidung gegen seine Gattin beim Gericht in Coburg eingereicht und sich anschließend »unter schweren Bedingungen« geschlagen.[60] Kaiser Franz Joseph, dem viel daran lag, dass die Ehre eines österreichischen Generals und Verwandten gewahrt blieb, schrieb über das Duell an Frau Schratt: »Ich besuchte auch noch den armen Philipp, der doch recht schwer verwundet ist und den Arm in der Schlinge trägt. Er ist durch alle Schweinereien seiner Frau sehr gedrückt.«[61]

Mattachich berichtet über das Duell in seinen Memoiren: »Nach zweimaligem erfolglosem Kugelwechsel verwundete ich auf einen Gang mit Säbeln den Prinzen an seiner rechten Hand. Meine ostentative Schonung des Prinzen ist bemerkt worden, was die Kartellträger desselben bewogen, mir ihre Anerkennung für mein Benehmen auszusprechen. Ich hielt es für meine Pflicht, zweimal in die Luft zu schießen und dann den Säbel auf einen ungefährlichen Ort zu führen.«[62]

Die Jagd beginnt

Philipp von Sachsen-Coburg und Gotha war bei jenem Duell, das er zunächst aus angeblich religiösen Gründen abgelehnt hatte, glimpflich davongekommen und hatte seine Ehre erfolgreich verteidigt. Der Besuch Seiner Majestät sicherte ihm die allgemeine Anteilnahme.

Das bestärkte ihn in seinem Entschluss, nun energisch zu handeln. Um einen Skandal zu vermeiden, hatte er für seine Gattin bereits Rechnungen in Höhe von 600 000 Gulden beglichen. Aber es war immer noch kein Ende abzusehen. Das Paar lebte weiterhin in Saus und Braus, Louises Einkaufsorgien kannten keine Grenzen. Zwar sah Philipp in ihr vor allem die von einem skrupellosen Hochstapler verführte Frau, aber es widerstrebte ihm zutiefst, für das Luxusleben des Paares aufzukommen, dessen Schulden bereits an die zwei Millionen betrugen.

Sein erster Schritt bestand darin, die gemeinsame Tochter Dora Louises Einfluss zu entziehen und ihr dadurch einen wichtigen Trumpf aus der Hand zu nehmen. Er stimmte ihrer Heirat mit Herzog Ernst-Günther von Schleswig-Holstein zu, der um ihre Hand angehalten hatte.

Dann traf er die zweite Maßnahme. Am 22. März 1898 brachte das französische Anzeigenblatt *Petites Affiches* folgende Anzeige: »Seine Königliche Hoheit Prinz Philipp von Sachsen-Coburg und Gotha gibt allen, die es interessiert, bekannt, dass er keine Haftung für jene Schulden übernehme, welche seine Gemahlin, Ihre Königliche Hoheit Prinzessin Louise von Sachsen-Coburg und Gotha, eingeht.« Auch die wichtigsten europäischen Zeitungen verbreiteten die Anzeige.

Das war ein schwerer Schlag für alle Geschäftsleute, besonders die an der Riviera, die Louise oft so bereitwillig Kredit gewährt hatten. Waren sie doch davon überzeugt, dass ihre vermögende Familie dafür aufkommen werde. Eilig versuchten einige, noch zu ihrem Geld zu kommen, doch die Prinzessin war pleite. Vergeblich versuchte sie, in der Verwandtschaft Geld aufzutreiben.

Da kam Louise auf eine verhängnisvolle Idee. Sie beging nicht nur eine Riesendummheit, sondern glitt ab in die Kriminalität. Bedrängt von ihren Gläubigern, die endlich zu ihrem Geld kommen wollten, fälschte sie auf einigen Wechseln den Namen ihrer Schwester Stephanie – dazu noch reichlich ungeschickt. Selbstverständlich erwartete sie, dass ihre Schwester sie decken würde.

Doch Louise hatte Pech. Stephanie war gerade ernstlich erkrankt, Grund genug für das *Wiener Salonblatt*, in seiner Nummer 10/1898 seine Leserschaft darüber zu informieren: »Wie wir bereits berichtet haben, ist Ihre k.u.k. Hoheit, Frau Kronprinzessin-Witwe Erzherzogin Stephanie am 15. v. M. an einer heftigen Influenza erkrankt … In der Nacht von Sonntag auf Montag trat plötzlich eine nicht unerhebliche Verschlimmerung im Befinden der hohen Frau ein, und die behandelnden Ärzte konstatierten entzündliche Erscheinungen in den Atemorganen … Seine Majestät der Kaiser begab sich nach seiner Ankunft aus Budapest sofort in die Appartements Allerhöchstseiner erlauchten Schwiegertochter, um sich persönlich von dem Befinden höchstderselben zu überzeugen.«

Aus einem Brief des Monarchen an seine »liebe, gute Freundin« Katharina Schratt vom 6. März 1898 geht hervor, dass die Ärzte sogar eine »Herzlähmung« befürchteten und Stephanie die »Letzte Ölung«, das Sakrament der Krankensalbung, erhielt.

Stephanies Obersthofmeister erklärte den Geldverleihern, an die Louise sich schließlich in ihrer Bedrängnis gewandt hatte, die Kronprinzessin-Witwe habe nie einen Wechsel unterschrieben. Wenn einer existiere, handle es sich um eine Fälschung.

Bevor Stephanie nach ihrer Genesung zur Erholung nach Südtirol reiste, erstattete sie bei der Staatsanwaltschaft Anzeige gegen »unbekannte Täter«.

Das Ende der Flucht

Nun wurde Louise und Geza der Boden an der Riviera endgültig zu heiß. Sie reisten nach Kroatien, wo sie nach einem kurzen Aufenthalt bei der Familie von Gezas Freund Ozegovich zusammen mit Louises Hofdame Gräfin Fugger und fünf Bediensteten Zuflucht bei Gezas Eltern auf Schloss Lobor suchten. Graf Keglevich verließ darauf das Haus. Gezas Mutter war ebenfalls alles andere als erfreut über den Besuch, bei dem trotz des akuten Geldmangels weiterhin der Champagner in Strömen floss. Auch anderweitig regte sich Widerstand gegen den skandalösen Lebenswandel des Paares. Das ging so weit, dass der Banus von Kroatien gegen die Prinzessin von Sachsen-Coburg und Gotha einen Ausweisungsbefehl wegen »Erregung öffentlichen Ärgernisses« erließ.

Bisher lag die Schuld eindeutig bei Louise, denn sie war eine notorische Verschwenderin. So weit durften Hass und Rachsucht auch einem ungeliebten Mann gegenüber nicht gehen. Schließlich hatte sich dieser lange Zeit als recht großzügig erwiesen und versucht, einen Skandal zu vermeiden, indem er den Schein einer intakten Ehe aufrechterhielt. Zudem hatte Louise eine Wechselfälschung begangen.

Nun aber änderten Louises Gegner ihre Strategie und gerieten ebenfalls in die Nähe des Kriminellen. Bekanntlich hatte Philipp am 18. Februar 1898 die Scheidung eingereicht und auch das Einverständnis des Chefs des Hauses Sachsen-Coburg und Gotha dafür erlangt. Philipp gab damit dem Drängen des Kaiserhofs nach. Dennoch verlor der Kaiser allmählich die Geduld. Philipp erschien ihm zu lax. Kaiser Franz Joseph entschloss sich, die Angelegenheit selbst in die Hand zu nehmen. Nach Absprache mit dem König von Belgien und dem Oberhaupt des Hauses Sachsen-Coburg und Gotha schritt man in Wien zur Tat.

Mattachich bekam vom Militärkommando in Agram, dem heutigen Zagreb, den Befehl, sich am 9. Mai um 9 Uhr vormittags im Ergänzungsbezirkskommando zu einer ärztlichen Untersuchung einzufinden. Am Tag zuvor fuhren daher er, Louise und Gräfin Fugger nach Agram und nahmen im Hotel Prukner Quartier. Dort erschien plötzlich unangemeldet ein Major in Mattachichs Zimmer und erklärte ihn für verhaftet.

Korpskommandant General Freiherr von Bechtolsheim berichtete darüber dem Obersthofmarschallamt »nach dem hieramts aufgenommenen Protokoll mit dem (als Vermittler eingeschalteten) Regierungsrat Dr. Adolf Bachrach … dass ich gegen den in Lobor bei Zlatár mit Wartegebühr beurlaubten Oberleutnant Geza von Mattachich-Keglevich aufgrund der gegen ihn sich ergebenden Verdachtsgründe eines Verbrechens die gerichtliche Voruntersuchung unter Haft angeordnet habe«.[63] Mattachichs Verhaftung erfolgte also auf allerhöchsten Befehl.

Schon vorher hatte Dr. Bachrach, ebenfalls in allerhöchstem Auftrag, einen Extrazug bestellt, der abfahrbereit sein musste. Der Wiener Gerichtspsychiater Dr. Hinterstoisser und eine Wärterin der Privatirrenanstalt Obersteiner im 19. Wiener Bezirk Döbling standen bereit. Nach der Verhaftung des Oberleutnants wurde Louise, die noch in ihrem Hotelzimmer im Bett lag, überrascht. Dr. Bachrach stellte sie vor die Alternative, zu ihrem Gemahl zurückzukehren oder in das Sanatorium Obersteiner zu gehen. Da sie auf keinen Fall zu Philipp zurückwollte, wählte sie das »Sanatorium«. Sie hatte keine Ahnung, dass es sich um eine Irrenanstalt handelte.

Um 11.30 Uhr verließen Louise, Gräfin Fugger und Dr. Bachrach das Hotel durch eine Hintertür und fuhren zum Bahnhof, wo sich der Sonderzug sofort in Bewegung setzte.

Der Banus von Kroatien telegrafierte an das Obersthofmarschallamt: »Prinzessin Coburg und Mattachich heute 4 Uhr
früh hier eingetroffen. Mattachich wurde bereits dem Garni-
sonsarrest abgegeben. Reg.Rat Bachrach bewegt soeben Prinzessin zur Abreise, welche bis Mittag erfolgen dürfte.«[64]

»Ihre kgl. Hoheit die durchlauchtigste Frau Prinzessin von
Sachsen-Coburg und Gotha wurde am 9. Mai um 23 Uhr in die
Privat-Heilanstalt von Professor Dr. Obersteiner, Wien XIX.,
Döblinger Hauptstraße 69, aufgenommen«, wurde dem Obersthofmarschallamt berichtet. Letzteres erstattete daraufhin sowohl dem König von Belgien als auch dem Chef des Hauses
Sachsen-Coburg und Gotha Bericht mit dem Zusatz, dass
»gleichzeitig Dr. Carl von Feistmantel, Rechtsanwalt und Präsident der niederösterreichischen Advokatenkammer, als pro-
visorisches Kurator bestellt wurde«.[65] Gemeinsam mit Gräfin
Fugger, der Wärterin und dem Dackel Wastl wurde Louise in
einem Pavillon im Garten untergebracht, wo sie sich unter Aufsicht frei bewegen konnte.

Sowohl die Verhaftung Mattachichs als auch die Internierung Louises in der Anstalt von Dr. Obersteiner konnten nur
mit Billigung von Kaiser Franz Joseph geschehen. Die Überlegung, von der man am Kaiserhof ausging, war von zwingender
Logik: Wenn eine hochwohlgeborene Prinzessin, Tochter eines
Königs, so handelte, wie Louise es getan hatte, musste sie geistesgestört sein. Eine geistig zurechnungsfähige Prinzessin zog
nicht mit einem obskuren Subalternoffizier durch die Welt und
machte nicht Millionen Schulden. Vor allem aber fälschte sie
keine Wechsel.

Der Gedanke, seine Frau vor Gericht zu sehen, während die
Presse seitenlang über sie berichtete, war auch für Prinz Philipp und das ganze Haus Sachsen-Coburg und Gotha so entsetzlich, dass er die Lösung, die Kaiser Franz Joseph getroffen
hatte, vorzog. Seine Lage war ohnehin äußerst prekär. Angesichts der immensen Schulden, die Louise angehäuft hatte, sah

er sich von einer Schar von Gläubigern bedrängt, die nun erwarteten, von ihm befriedigt zu werden, denn er war immer noch mit Louise verheiratet. König Leopold, von dem er sich Beistand erhofft hatte, zeigte sich äußerst reserviert. Er hatte lediglich Louises Nadelgeld um 20 000 Francs erhöht und seinem Schwiegersohn 100 000 Gulden angeboten. Diese im Vergleich zu Louises Schulden lächerliche Summe hatte Philipp jedoch empört zurückgewiesen.

Philipp war gewiss nicht das Monster, das Louise in ihm sah. Er hatte es nur versäumt, das junge, romantische und völlig unaufgeklärte Mädchen behutsam in die Liebe einzuführen. So hatte er nicht nur ihr Entsetzen, sondern auch ihren Abscheu und letztlich ihren Hass provoziert: Weil er sein Geld liebte, gab sie es aus.

Kannte Louise den Wert des Geldes überhaupt? Für sie war Geld etwas Abstraktes, etwas, das man eben hatte und das dafür da war, ausgegeben zu werden. Das lässt sich auch an anderen Angehörigen ihres Gesellschaftsstands beobachten. Kaiser Franz Joseph, für persönliche Belange bestimmt bescheiden, schenkte zu mehr oder minder unbedeutenden Anlässen Frau Schratt die wertvollsten Schmuckstücke. Dazu ließ er den Juwelier kommen, der ihm die Stücke vorlegte, die er eines Kaisers für würdig hielt. Der Kaiser kam auch bedenkenlos auf für den ungeheuren Aufwand, den beispielsweise die Reiturlaube der Kaiserin erforderten. Allem Anschein nach hatte auch Kaiser Franz Joseph nicht viel Ahnung vom Wert des Geldes.

Nach einigen Monaten wurde Louise in das Sanatorium von Dr. Rudiger in dem westlich von Wien im Wiener Wald gelegenen Purkersdorf verlegt. Bei dieser Gelegenheit wurde Gräfin Fugger entlassen und aus Österreich-Ungarn ausgewiesen. Sie wusste einfach zu viel und wurde durch ein gewisses Fräulein von Gebauer ersetzt. Nach Dr. Rudigers Urteil waren bei Louise »die Fähigkeiten zu geistiger Arbeit auf ein Minimum eingeschränkt, und es fällt der gänzliche Mangel an Kritik auf«.[66]

Zwei Gerichtsärzte gaben schließlich ein fünfzig Seiten langes Gutachten ab, das besagte: »Alles, was gegen Sitte und Verstand ist, will Ihre kgl. Hoheit nicht einsehen, auch, dass sie gefehlt hat … Ihre kgl. Hoheit die durchlauchtigste Frau Prinzessin bedarf dringend wegen Gebrechen des Geisteszustandes den Schutz des Gesetzes.«[67] Nichts wurde bei der Beurteilung ausgelassen, weder ein Sturz im Gebirge vor vielen Jahren, bei dem Louise offensichtlich eine Gehirnerschütterung davongetragen hatte, noch eine Nervenkrise, die sie bei der Nachricht vom Tod des Kronprinzen erlitten hatte, als sie selbst nach einer Fehlgeburt krank im Bett lag.

Damit gaben sich jedoch die Hofbehörden noch nicht zufrieden. Man sollte ihnen nicht nachsagen, sie hätte nicht alles getan, um Louise gerecht zu werden. Professor Dr. Richard von Krafft-Ebing, der Ordinarius für Geisteskrankheiten an der Universität Wien, wurde mit einem neuen Gutachten beauftragt. Er vertrat in seinem Standardwerk *Psychopathia sexualis*, dass »bei normaler seelischer Entwicklung und guter Erziehung die sinnliche Begierde des Weibes nur sehr gering ist … Frauen mit sexuellem Verlangen wären abnorme Erscheinungen in der Natur.« Zudem sei »die gehorsame Unterordnung« der Frau unter den Mann ein »physiologisches Phänomen«[68]. Der Ende des 19. Jahrhunderts gültigen Lehrmeinung zufolge hatte Louise durch ihr Verhältnis mit Mattachich folglich bewiesen, dass sie geistig nicht normal war.

Professor von Krafft-Ebing schrieb abschließend: »Ihre kgl. Hoheit die durchlauchtigste Prinzessin von Sachsen-Coburg und Gotha leidet an einem geistigen Schwächezustand, und höheres geistiges Vermögen (Vernunft, Wille, ethische Leistungen) weist eine erhebliche Abschwächung auf. Das Gebrechen des Geistes im Sinne des § 21 a.b.G.B. lässt sich wissenschaftlich unter die Zustände von erworbenem Schwachsinn subsummieren … So kam es, dass die bedauernswerte Kranke ganz in den Bann eines unwürdigen Menschen geriet, willenlos seinen

Suggestionen Folge leistete, ihre hohe gesellschaftliche Stellung, die Würde als Frau und Mutter vergaß und mit dem Abenteurer in der Welt herumzog, bis sie von ihrem Gemahl aus unwürdiger Umgebung, aus Not und finanzieller Deroute, aus moralischer und sozialer Decadence befreit werden konnte.«[70]

Eine Bekanntgabe im Amtsblatt der *Wiener Zeitung* Nr. 137 machte die Maßnahme am 18. Juni 1899 offiziell publik: »Curatel-Verhängung. Von Sr. k.u.k. Apostolischen Majestät Oberst-hofmarschallamt wird hiermit bekannt gemacht, dass Ihre kgl. Hoheit die durchlauchtigste Frau Prinzessin Louise von Sachsen-Coburg und Gotha, geborene kgl. Prinzessin von Belgien mit h.g. Beschluss vom 3. Juni 1899 Z. 175 wegen Schwachsinnes in Gemäßheit der Bestimmungen der §§ 21 und 269 a.b.G.B. unter Curatel gesetzt und für höchstdieselbe der Hof- und Gerichtsadvokat Dr. Carl Ritter von Feistmantel in Wien als Kurator bestellt wurde.«

Da König Leopold es ablehnte, seine Tochter nach Belgien zu holen, sie aber auch nicht in Österreich-Ungarn bleiben sollte, wurde mit dem sächsischen Königshof Verbindung aufgenommen und die »Geisteskranke« in die Anstalt des Dr. Pierson in Coswig bei Dresden gebracht. Ihr Schicksal schien auf Lebenszeit besiegelt zu sein.

Doch ganz so einfach, wie es der Kaiserhof und Prinz Philipp gewünscht hatten, konnte die Internierung Louises nicht vertuscht werden. Vor allem die nicht regierungstreue Presse ließ es nicht an Angriffen fehlen: »Ist es eines Psychiaters würdig, eine Nicht-Wahnsinnige inhaftiert zu halten? Schädigt eine derartige Handlungsweise nicht das Ansehen des ganzen Ärztestandes? Gibt es keinen Arzt, keine Ärztevereinigung, welche dagegen protestiert, dass man Nicht-Wahnsinnige in Irrenanstalten interniert?«, schrieb die Wiener *Extrapost* am 20. Februar 1899.

Die Wiener *Arbeiter-Zeitung* vom 7. Februar 1899 ließ sich die Gelegenheit, über den ungeliebten Adel loszuziehen, ebenfalls nicht entgehen: »Um sich der Zahlung der Schulden seiner Frau zu entziehen, hat nun der Prinz von Coburg ein sowohl sehr einfaches, aber eigentlich nicht ganz zulässiges Mittel gewählt. Er hat nämlich seine Frau, obwohl sie so gesund ist wie nur möglich, ins Irrenhaus sperren lassen.«

Auch in Ungarn nahm man kein Blatt vor den Mund: »Wir sind weit entfernt von jeder Sentimentalität; das Weib, das sich so weit vergessen hat ... verdient keine Sympathie ... Warum schreiben wir über diese Sache? Weil wir im Verlauf der letzten Dezennien in puncto allgemeiner Moral bei den regierenden Familien die bösesten Beispiele wahrnehmen. Trinkgelagen, Ehebrüchen, Scheidungen, Enttäuschungen und Skandalen aller Art begegnen wir dort, wo die größte Etikette herrscht und wo man von den Untertanen die größte Ehrerbietung fordert ... Dieses Verhalten geht als böses Beispiel auf die Gesellschaft über«, stand im *Budapesti Hirlap* am 11. November 1899.

Als Häftling in Möllersdorf

Doch noch war Oberleutnant Geza von Mattachich-Keglevich im Garnisonsgefängnis von Agram in Untersuchungshaft. Gelegentlich wurde er nach der »Theresianischen peinlichen Gerichtsordnung« vom 31. Dezember 1768 (!) verhört, einem Regelwerk, dem er als Angehöriger der Armee unterstand.

Die Hauptperson des Verfahrens war der Auditor. Obwohl dieser Name nur »Zuhörer« bedeutet, war dessen Rolle keineswegs darauf beschränkt. Er war der einzige studierte Jurist und als solcher Ankläger, Verteidiger und Richter in einer Person. Anwesend waren außerdem sieben Offiziere verschiedenen Rangs, allesamt juristische Laien. War es Absicht, dass man Mattachich einem besonders strengen Auditor, dem Hauptmann Isidor von Karapancsa, ausgeliefert hatte? Dass dieser alles versuchte, um alle Schuld dem Angeklagten zuzuschieben, verstand sich im vorliegenden Fall eigentlich von selbst. Zeugen konnten bedauerlicherweise nicht vernommen werden. Die Prinzessin von Sachsen-Coburg und Gotha war geisteskrank und daher unzurechnungsfähig, Gräfin Fugger hatte als unerwünschte Ausländerin Österreich verlassen müssen. Das grafologische Gutachten zu den strittigen Wechseln erklärte eindeutig Mattachich als den Urheber das Fälschung.

Das Urteil wurde am 22. Dezember 1898 verkündet:

»Geza von Mattachich-Keglevich ... Oberleutnant des k.u.k. Ulanenregiments Nr. 13 ist durch das Zusammentreffen von Verdachtsgründen überwiesen, dass er auf vier Wechseln ddo. Pressburg, 15. Juni 1898 über 100 000, 100 000, 125 000 und 150 000 Gulden, dann auf weiteren Wechseln ddo. Budapest, 25. September 1897 über 100 000 und 150 000 Gulden die Unterschrift Ihrer k.u.k. Hoheit der durchlauchtigsten Frau Kronprinzessin-Witwe, Erzherzogin Stephanie und der durchlauchtigsten Frau Ihrer königlichen Hoheit Herzogin Louise von Sachsen-Coburg und Gotha angesetzt, hierdurch die Bankiers ... in Irrtum geführt ... und dadurch um 750 000 Gulden geschädigt zu haben.

Derselbe soll daher wegen des Verbrechens des Betruges bei nicht gestellten Ersatzansprüchen nach den §§ 508, 97, 92, 32 und 47 M.Sr.G ... nebst Verlust des Adels für seine Person, Kassation von der Offizierscharge, mit schwerem Kerker in der Dauer von sechs Jahren, verschärft durch Fasten am 15., hartes Lager am 25. Kalendertage jedes Monats und Einzelhaft während des ganzen ersten und siebenten Monats jedes Strafjahres bestraft werden.«[70]

Während des Prozesses hatte sich jedoch herausgestellt, dass die angeblich geschädigten Bankiers gar keinen Schaden erlitten hatten. Philipp von Sachsen-Coburg und Gotha hatte die Wechsel eingelöst. Unmittelbar nach der Urteilsverkündung wurde Mattachich unter militärischer Bewachung zum Bahnhof und anschließend zu seinem Bestimmungsort gebracht, der Militärstrafanstalt Möllersdorf, einem kleinen Ort in der Nähe von Gumpoldskirchen. Man hatte es sehr eilig gehabt, den Delinquenten dort abzuliefern. Normalerweise vergingen einige Wochen bis zur Überstellung.

Der Prozess war eine Farce. Das Urteil hatte von Anfang an festgestanden und war von allerhöchster Stelle diktiert worden. Genauso wie Luise als geisteskrank erklärt und nach Sachsen abgeschoben worden war, sollte Mattachich für Jahre in der Strafanstalt verschwinden. Wenn er nach sechs Jahren, also Ende 1904, freikäme, würde Gras über die leidige Angelegenheit gewachsen sein und sich niemand mehr um die Angelegenheit kümmern – wenn der Verurteilte dann überhaupt noch lebte, denn in dem feuchten Gemäuer der Haftanstalt konnte man sich leicht eine tödliche Krankheit zuziehen. So kalkulierte das Oberstmarschallamt.

Man sollte sich jedoch täuschen. Als Offizier, wenn auch degradiert, war Mattachich ein Sträfling der 1. Kategorie. Er brauchte, im Gegensatz zu den Gefangenen der 2. Kategorie, nicht zu arbeiten und wurde von jenen bedient. Die Häftlinge der 1. Kategorie hatten außerdem das Privileg, Zivilkleidung zu tragen und zweimal am Tag je eine halbe Stunde im Gefängnishof spazieren gehen zu dürfen. Die restliche Zeit mussten sie in ihren feuchten Zellen verbringen, in die nur durch ein kleines, vergittertes Fenster hoch oben ein wenig Licht eindrang. Mattachich gehörte zu den Gefangenen, die besonders streng überwacht wurden, um einen Fluchtversuch oder einen Selbstmord zu verhindern.

»Morgens gibt es braune Mehlsuppe, dreimal pro Woche Brühe mit Rindfleisch (wochentags 80, sonntags 110 Gramm), sonst Linsen, Bohnen, samstags Knödel mit Zwiebel- oder Pflaumensauce, jeden Morgen eine Ration Brot, die auch für abends reichen musste. Man kann bei dieser Kost schwerlich verhungern, aber sie zehrt auf die Dauer an den Kräften«, schrieb er über die Verpflegung.[71]

Versuch einer Revision des Urteils

Trotz der widrigen Umstände resignierte Mattachich nicht, er fühlte sich nicht schuldig. Dass eine Prinzessin in sein Leben getreten war, hatte er als ein Wunder betrachtet, das er dankbar angenommen hatte. Ohne großes Bedauern hatte er die Uniform eines Ulanenoffiziers gegen die Kleidung vertauscht, die in der Gesellschaft, in der er nun verkehrte, üblich war. Offizier zu sein, beim Militär Karriere zu machen, war ihm nie ein inneres Bedürfnis gewesen. Und ohne viel nachzudenken, hatte er den Luxus genossen, der ihm an Louises Seite geboten worden war. Gewiss mochte in seiner Sorglosigkeit auch eine gewisse Schuld liegen, aber er hatte keine Wechsel gefälscht. Das, was man ihm vorwarf und weswegen er im Gefängnis saß, hatte er nicht getan.

Am 17. Februar 1899 übergab Mattachich dem Kommandanten der Strafanstalt seinen Revisionsantrag an das k.u.k. Militärobergericht. Wie es dem Gesetz entsprach, ging dieser an das Erstgericht in Agram zurück. Um Klarheit zu erlangen, wandten sich die Richter an die oberste Hofbehörde in der Absicht, Prinz Philipp und Prinzessin Louise unter Eid zu vernehmen. Das lehnte das Obersthofmarschallamt jedoch ab. Louises damalige Erklärung, nicht Mattachich, sondern sie selbst habe die Wechsel unterschrieben, wurde nie erwähnt. Und laut Urteil der Schriftsachverständigen schien Mattachich als Schuldiger festzustehen. Man kann nicht behaupten, das Militärgericht in Agram habe sich nicht um Aufklärung bemüht.

Die Antwort auf seinen Antrag erhielt Mattachich erst beinahe ein Jahr später. Sie enthielt folgende Berichtigung: »Das Wesentliche der Tat ist dahingehend … einzuschränken, dass der Untersuchte nur das Akzept Ihrer k.u.k. Hoheit der durchlauchtigsten Frau Kronprinzessin-Witwe Erzherzogin Stephanie auf dem betreffenden Wechsel gefälscht und die Bankiers um den Betrag von 750 000 Gulden *nicht* geschädigt hat, sondern schädigen *wollte* ... Im Übrigen ist das Urteil für gerechtfertigt anerkannt.«[72]

Noch immer gab Mattachich nicht auf. Nun wandte er sich an die höchste Militärinstanz, den k.u.k. Obersten Militärgerichtshof. Vergeblich. Am 19. Oktober 1901 wurde die Revision endgültig abgelehnt.

Die Rettung

Sie kam durch eine Verkettung glücklicher Umstände von einer Seite, von der es niemand vermutet hätte.

Die Frau, der Mattachich sie schließlich verdanken sollte, hieß Maria Stöger und betrieb die Kantine der Strafanstalt. Seit einiger Zeirt arbeitete Mattachich in der Verwaltung der Häftlingsküche, wo er das Lagerbuch »Tägliche Ein- und Ausgänge« führte. Da er sich mit dem Küchenfeldwebel gut verstand, brachte ihm das nicht selten eine bei den schmalen Rationen höchst erwünschte Extraportion ein.

Mattachich schrieb über Maria Stöger:»Sie ist ... eine junge, sehr fesche Person. Dunkel, stattlich. Alles dran. Außerdem ist sie eine Landsmännin von mir. Wir können miteinander reden, ohne dass uns gleich jeder Trottel versteht. Ihr Mann ist in der Justizverwaltung angestellt ... Sie weiß natürlich, wer ich bin und hat es drauf angelegt, mit einer Berühmtheit wie mir anzubandeln.«[73]

Begreiflicherweise hatte sich die Presse den Fall Mattachich nicht entgehen lassen. Er war ein Mann, der seine Liebe zu einer hochgeborenen Dame teuer hatte bezahlen müssen. Das erregte nicht nur Mitleid, sondern machte auch Stimmung gegen die allmächtige Obrigkeit, ganz im Sinne so mancher Zeitung. Vor allem die Leserinnen verfolgten mit großer Anteilnahme die rührende Liebesgeschichte und das traurige

Schicksal des offensichtlich unschuldig verfolgten Ulanenoffiziers. Da es sich ja auch bei Louise um keine direkte Angehörige des Kaiserhauses handelte, sah die allerhöchste Behörde keinen Anlass einzuschreiten.

Wie Gerd Holler in seinem Buch über Louise von Sachsen-Coburg und Gotha schreibt, soll sich Maria Stöger sogar um eine Anstellung in der Gefängniskantine bemüht haben, um den illustren Gefangenen kennenzulernen. Mattachich war jung und seit drei Jahren von aller Welt abgeschieden im Gefängnis. Sollte er da zurückweisen, was ihm so willig dargeboten wurde?

Zwei Jahre später, am 20. Juli 1902, schrieb die *Wiener Allgemeine Zeitung*: »Wie wir erfahren, hat sich in der Strafanstalt Möllersdorf ein Liebesroman abgespielt, dessen Held der gewesene Oberleutnant Mattachich-Keglevich gewesen ist … Mattachich hat die Bekanntschaft einer dort beschäftigen Subkantineurin gemacht, welche die Gattin eines in Wien lebenden Beamten ist. Bald entspann sich zwischen der Frau und dem Sträfling ein Liebesverhältnis, und in der Folge der großen Freiheit, die Mattachich-Keglevich in Möllersdorf genoss, war es ihm möglich, ungehindert mit dieser Frau zu verkehren.«

Aufgrund solcher Artikel beschäftigte sich damals sogar die Militärkanzlei des Kaisers mit den offenbar recht lockeren Zuständen in Möllersdorf und beorderte einen General zur Inspektion, worauf ein Unteroffizier wegen »Pflichtvergessenheit« verhaftet wurde.

So platonisch, wie Mattachich es später darstellte, war das Verhältnis zu Maria Stöger gewiss nicht. Diese brachte nämlich am 21. Juli 1900 einen Knaben zur Welt, dessen Vaterschaft mit ziemlicher Sicherheit Mattachich zuzuschreiben ist. Marias Gatte Karl weigerte sich nämlich, das Kind anzuerkennen und Unterhalt dafür zu bezahlen.

Sicher ist, dass Maria Stöger dem Strafgefangenen einen unschätzbaren Dienst erwies. Gelang es ihr doch, nicht nur den

Chefredakteur der Wiener *Arbeiter-Zeitung*, sondern auch die ungarische Presse für den Fall zu interessieren. Im Zuge dieser Bemühungen richteten der Reichstagsabgeordnete der Sozialdemokratischen Partei Ignaz Daszynski und eine Anzahl seiner Genossen im Parlament eine Anfrage an den Landesverteidigungsminister Graf Welsersheimb, in welcher der Fall Mattachich in aller Deutlichkeit dargestellt wurde.

Das blieb nicht ohne Folgen. Die ganze Strafanstalt, vor allem die Zelle des Gefangenen, wurde peinlich genau durchsucht; Maria Stöger erhielt Hausverbot. Es wurde jedoch nichts Verdächtiges gefunden. Ein neuer Kommandant der Strafanstalt wurde ernannt, der sichtlich den Auftrag hatte, Mattachich besonders zu schikanieren. Er verpasste ihm aus nichtigem Grund »fünfzehn Tage Dunkelhaft, verschärft durch dreimaliges Fasten«.

Obwohl der Kriegsminister persönlich im Reichsrat erklärt hatte, es sei alles korrekt zugegangen und es bestehe absolut kein Anlass zu einer neuen Untersuchung des Falls, handelte es sich nur um ein letztes Gefecht. Zu viel Staub war bereits aufgewirbelt worden, die Angelegenheit gewissermaßen »unter den Teppich zu kehren« war nicht mehr möglich.

Trotzdem suchten die Behörden nach einem Ausweg; zumindest das Gesicht sollte gewahrt werden. Nach Aufhebung von Mattachichs Isolierung wurde ihm nahegelegt, um Begnadigung zu bitten. Da dieser sich jedoch beharrlich weigerte, keine Gnade, sondern sein Recht wollte, wurde sein Stiefvater eingeschaltet, der nun darum bat, seinem Sohn den Rest der Strafe zu erlassen.

Am 26. August 1902 erhielt der Strafgefangene Geza Mattachich die Mitteilung, dass ihm »laut Erlass des Reichskriegsministeriums vom 25. August 1902 der Strafrest nachgesehen und er am 27. August 1902 aus der Strafanstalt entlassen werde«.[74]

Nach beinahe vierjähriger Haft war Mattachich frei. Aber

er war nur begnadigt worden, rehabilitiert wurde er nie. Dazu konnte sich das Kriegsministerium, hinter dem letztlich das Kaiserhaus stand, dann doch nicht durchringen.

Im Sanatorium von Dr. Pierson in Coswig

Vier Jahre waren seit dem Tag vergangen, an dem Louise gewaltsam aus ihrem Hotelzimmer in Agram nach Wien gebracht worden war. Seither befand sie sich in ärztlichem Gewahrsam, vor drei Jahren hatte man sie wegen angeblich erwiesener Geisteskrankheit unter Vormundschaft gestellt.

Selbstverständlich war Louises »Gefängnis« keine Zelle mit abgeschlossener Tür und vergittertem Fenster. Das Sanatorium Lindenhof von Dr. Pierson bestand aus einer Anzahl kleiner Villen und Pavillons, in denen gut situierte Patienten aus gehobenen Kreisen von Dr. Pierson mehr oder minder effektiv wegen nervlicher »Zerrüttung« behandelt wurden. Nicht selten handelte es sich um Personen, deren Lebenswandel nicht den Wünschen ihrer Familien entsprach. Diese sorgten dann dafür, dass die Unbotmäßigen in sichere Obhut kamen und ihre Angehörigen nicht weiter in Verruf brachten. Auch Louises Namensschwester, Kronprinzessin Luise von Sachsen aus dem Hause Habsburg-Toskana, befürchtete eine Internierung bei Dr. Pierson. Ob es wirklich so weit gekommen wäre, ist nicht erwiesen. Die Prinzessin entzog sich der Gefahr durch eine Flucht in die Schweiz.

Louise von Sachsen-Coburg und Gotha war in einem Pavillon untergebracht, von dem aus sie freien Zugang zum Garten hatte. Eine tägliche Ausfahrt war ebenfalls gestattet. Allerdings sorgte Ihre Hofdame, Fräulein von Gebauer, dafür, dass sie keinerlei Kontakte unterhielt. Dr. Pierson erhielt für Louises Unterkunft und ihre ärztliche Betreuung den beachtlichen Betrag von monatlich 3000 Kronen.[75] Seinen Berichten zufolge war der Zustand der Patientin schwankend, an eine Entlassung sei also nicht zu denken.

Da die Presse sich abfällig darüber geäußert hatte, dass sich niemand von Louises engsten Verwandten je um sie gekümmert hatte, stattete ihr im Sommer 1902 ihre Tochter Dora, inzwischen Gattin von Herzog Ernst Günther von Schleswig-Holstein, einen kurzen Besuch ab, ebenso wie die Gräfin von Flandern, die Gemahlin von Louises Onkel Philipp. Sogar ihre Schwester Stephanie ließ nach langer Zeit wenigstens brieflich von sich hören.

Im August 1902 meldete die Presse, dass Louises Mutter, Königin Marie Henriette, ernstlich erkrankt sei. Sie lebte seit Jahren getrennt von König Leopold in Spa. Als Louise um Erlaubnis bat, dorthin reisen zu dürfen, hätten weder Dr. Pierson noch das Obersthofmarschallamt in Wien etwas dagegen gehabt. Der Einwand kam aus Belgien. Der König wünschte weder einen Besuch seiner Töchter in Spa noch deren Beteiligung an den Trauerfeiern für die am 19. September verstorbene Königin. Auch Stephanie hatte sich durch ihre unstandesgemäße Heirat mit einem ungarischen Grafen inzwischen den väterlichen Zorn zugezogen.

Die Internierung und der Mangel an Betätigung wirkten sich offensichtlich nachteilig auf Louises Zustand aus. Sie begann, sich zu vernachlässigen, eine um sich greifende Schuppenflechte quälte sie. Laut Bericht von Dr. Pierson sprach sie sogar wirr. Da es Gerede gab, der Psychiater von Krafft-Ebing sei dem Obersthofmarschallamit mit seinem Gutachten »entgegengekommen«, bestellte der Kurator ein neues Gutachten. Eine internationale Kommission, lauter hochkarätige Wissenschaftler, darunter der berühmte Professor Dr. Julius Wagner von Jauregg, Ordinarius für Psychiatrie an der Universität Wien, wurde berufen. Sie kam zu folgendem Ergebnis: »Der bei Ihrer kgl. Hoheit der Frau Prinzessin Louise von Sachsen-Coburg und Gotha konstatierte Zustand von krankhafter Geistesschwäche besteht unvermindert fort und macht die hohe Patientin nach wie vor unfähig, ihre Angelegenheiten zu besorgen. Der dauernde Aufenthalt der Frau Prinzessin in der geschlossenen Anstalt ist in Rücksicht auf diesen Krankheitszustand und im Interesse der hohen Patientin unbedingt notwendig.«[76] Man war dem allerhöchsten Haus eben auch hier gefällig. Die Honorare, die das Obersthofmarschallamt den Ärzten ausbezahlte, konnten sich sehen lassen. Allein Professor Wagner von Jauregg bekam 3000 Kronen.

Mattachich in Wien

Nach der anfänglichen Sensation, die die Begnadigung des zu Unrecht Verurteilten ausgelöst hatte, war es still um ihn geworden. Er lebte mit Maria Stöger und seinem kleinen Sohn in Wien-Floridsdorf, dem nicht besonders renommierten, jenseits der Donau gelegenen XXI. Wiener Gemeindebezirk, einer Arbeitergegend.

Mattachich war glücklich über die wiedererlangte Freiheit, und er wusste, wem er sie zu verdanken hatte. Dennoch empfand er die kleine Wohnung, das ärmliche Milieu und die Sorgen um das tägliche Brot als bedrückend. Gewiss, auch der Sold eines Offiziers hatte nie gereicht. Doch der zählte, so arm er sein mochte, zu einer höheren Gesellschaftsklasse, vor allem, wenn er einem Kavallerieregiment angehörte. Offiziere durften sogar den Hofball besuchen. Vom Leben an der Seite einer Prinzessin von Sachsen-Coburg und Gotha ganz zu schweigen. Die finanzielle Lage wurde von Tag zu Tag trostloser. Die Freiheit, die er nun genoss, war nicht das, was er sich versprochen hatte. Nicht hier in Floridsdorf.

War es noch immer Liebe, die jetzt sein Handeln bestimmte? Oder nur ein Weg zu einem besseren Leben, vorgegaukelt von seiner Fantasie? Er musste Louise befreien. Nur mit ihr gab es auch für ihn eine Chance, seine Rehabilitierung zu erreichen.

Es war eine verrückt-verwegene Idee, deren Realisierung mehr als unwahrscheinlich schien. Aber nicht nur Mattachich, auch Maria Stöger begann Gefallen an dieser Idee zu finden. Doch allein würden sie beide es nicht schaffen. Sie brauchten Verbündete. Und vor allem Geld.

Mattachich hatte Glück. Als die Vertreter der Presse sich noch um ihn drängten, um ihn über seine Erlebnisse in der Strafanstalt zu befragen, hatte er öfters mit ihnen den Florids-dorfer Rathauskeller »Zum Senator« besucht und sich mit dessen Pächter Joseph Weitzer angefreundet. Als er diesem eines Tages von seinem Plan berichtete, fand er in ihm nicht nur einen aufmerksamen Zuhörer, sondern auch eine freigebige Hand. Schließlich erklärte sich der gut situierte Geschäftsmann bereit, als harmloser Fremder die Lage in Coswig auszuspionie-ren, und in die geplante Befreiungsaktion die stolze Summe von 30 000 Kronen zu investieren.

Als äußerst wichtig für Mattachichs Vorhaben erwies sich der französische Journalist Henri de Nousanne, der nicht nur für die französische Zeitung *Le Journal* tätig war, sondern dessen Familie auch an dem Blatt beteiligt war. Er war nach Wien ge-kommen, um Mattachich zu interviewen. Nun witterte er eine weitere Sensation, und die war ihm einiges wert. Er bot dem ehemaligen Offizier zur Verwirklichung von dessen Vorhaben einen Exklusivvertrag mit seiner Zeitung an. Dafür würde Mat-tachich so viel Geld bekommen, wie er brauchte, und sogar zu-sätzlich für die Dauer eines Jahres monatlich 4000 Francs. Laut Bericht des *Neuen Wiener Abendblattes* vom 1. September 1904 brachte der Pariser Zeitungsverlag später auch Mattachichs Memoiren in französischer Sprache heraus.

Als wesentlicher Helfer sollte sich auch der deutsche sozial-demokratische Reichstagsabgeordnete Südekum erweisen, den Mattachich durch den österreichischen Politker Daszynski kennengelernt hatte. Wie berichtet, verdankte Mattachich dessen Intervention im Parlament seine Freiheit. Südekum war vor seiner politischen Tätigkeit als Journalist in Sachsen tätig und stellte seine Beziehungen Mattachich zur Verfügung.

Nachdem Weitzer erfolgreich das Terrain in Coswig sondiert hatte, fuhr Mattachich in Begleitung eines von Südekums Freunden nach Coswig. Es gelang ihm sogar, Louise zu sehen, als sie mit ihrer Hofdame ihre tägliche Ausfahrt machte. Anscheinend hatte sie ihn erkannt. Denn zwei Tage später, am 12. Oktober 1902, als Mattachich wieder zur Stelle war, ließ sie anhalten und gab ihm ein verstohlenes Zeichen. Dann stieg sie aus und schritt mit ihrem Hund einen Waldweg entlang. Ihre Begleiterin blieb dicht neben ihr. Dennoch ging Louise auf Geza zu. »Es gibt noch einen Gott!«, soll sie dabei, erfüllt von innerer Erregung, gerufen haben.[77] Eine Verlegung in eine offene Anstalt bei Graz sei im Gespräch, habe sie erwähnt, während Fräulein von Gebauer berichtet habe, dass Mattachichs Aufenthalt in Sachsen bereits bekannt sei. Dann drängte sie zum Aufbruch.

»Ich verabschiedete mich … eine Gewissheit nahm ich mit: Die Frau Prinzessin ist geistig normal … unverändert in ihren Gesinnungen … die edlen Züge umflort von den Spuren jahrelangen Leidens, sie war schöner denn je.«[78]

Dr. Pierson, dem die Hofdame pflichtgemäß von der Begegnung berichtet hatte, schloss daraus, dass Louise gar nicht besonders aufgeregt gewesen sei und keine Änderung ihrer Lage wünschte. Sie sei sogar froh gewesen, als sie vernahm, dass Mattachich wieder abgereist sei.

Die Nachricht von Mattachichs Auftauchen in Coswig hatte in Windeseile auch den Kurator in Wien erreicht, worauf Louise die Ausfahrten verboten wurden.

Da nun die Überwachung Louises sowie der Umgebung des Sanatoriums streng gehandhabt wurden, musste Mattachich sein Vorhaben vorläufig einstellen. Er hatte nun Zeit, seine Memoiren zu schreiben, die im Januar 1904 im Kultur-Verlag in Leipzig erschienen. Ein neuer Befreiungsversuch im Juni desselben Jahres scheiterte schon zu Beginn.

Die Befreiung

Juli 1904. Seit über fünf Jahren befand sich Louise in ärztlichem Gewahrsam, und immer noch bescheinigten ihr die Fachleute, geistig nicht zurechnungsfähig zu sein. Das rechtfertigte weiterhin die Entmündigung.

Mit Unterstützung Dr. Piersons hatte Louise ein Ansuchen an das Wiener Obersthofmarschallamt gerichtet und um Bewilligung einer vierwöchigen Kur im vogtländischen Bad Elster gebeten. Diese war »nur unter der Bedingung zu gestatten, dass diese Reise und der Aufenthalt unter männlicher und womöglich anstaltsärztlicher Begleitung stattfindet. Es ist demnach Vorsorge getroffen, dass Ihre kgl. Hoheit von dem Aushilfsarzt der Pierson'schen Anstalt Herrn Dr. Mauss begleitet wird. Überdies wird selbstverständlich auch die Polizeibehörde in Bad Elster verständigt und um jenen Schutz und jene Aufmerksamkeit gebeten, welche seitens der hohen Polizeibehörden von Sachsen zugesichert worden sind.«[79]

Mattachich fuhr trotz Aufenthaltsverbots nach Dresden zu Freunden Südekums. Er hatte erfahren, dass Louise die dort stattfindende Kunstausstellung in Begleitung Dr. Piersons besuchen werde. Mattachich beschloss, es dennoch zu wagen, mit ihr Verbindung aufzunehmen.

Sie reagierte, wie er es erhofft hatte. Kaum hatte sie ihn erblickt, kam sie auf ihn zu. Es geschah so schnell, dass dem Arzt nichts anderes übrig blieb, als gute Miene zum bösen Spiel zu machen.[80] »Endlich, am 28. Juli 1904, bei einer Ausstellung in Dresden, standen wir uns in einem der Säle gegenüber. In kurzen Sätzen vereinbarten wir Kommunikationsmöglichkeiten und mein Einverständnis zur Flucht«, berichtete Louise selbst darüber.[81]

Mattachich tauchte wieder unter. Nun trat Joseph Weitzer in Aktion. Er reservierte im Wettiner Hof, wo Louise logierte, ein Zimmer für August, spionierte ein wenig in der Gegend herum und fuhr wieder weg.

In Begleitung von Dr. Mauss, Fräulein von Gebauer, ihrer Zofe Olga Börner und unter den erwähnten Sicherheitsmaßnahmen begab sich die Prinzessin von Sachsen-Coburg und Gotha am 11. August im Auto Dr. Piersons nach Bad Elster. Sie bezog im ersten Stock des Hotels ein Schlafzimmer mit kleinem Salon und Bad. Die einzige Tür wurde abends abgesperrt, links und rechts davon logierten die Hodame und die Zofe. Gegenüber in einem kleinen Zimmer, dessen Eingang offen stand, befand sich ein Wachposten, der das Appartement der Prinzessin im Auge behalten sollte. Man hatte also nach menschlichem Ermessen für alles Sorge getragen. Mit der generalstabsmäßigen Arbeit des ehemaligen Ulanenoffiziers hatte niemand gerechnet.

Im Wettiner Hof, dem besten Hotel des Kurortes, »bewohnte Prinzessin Louise von Coburg eine Reihe von sieben Zimmern in der ersten Etage. Sie war begleitet von einem Arzt, welcher ihr aus der Dresdner Anstalt des Geheimrates Dr. Pierson mitgegeben worden war, ferner einer Hofdame und drei Bediensteten. Außerdem war ihr ein Wachposten beigegeben, der seinen Standplatz im Vorzimmer hatte und Tag und Nacht auf seinem Posten verbleiben musste«, wird ein an das *Neue Wiener Tagblatt* gerichtete Telegramm aus Dresden vom 31. August 1904 Louises Unterbringung in Bad Elster beschreiben.

Nach einer Woche erschien verabredungsgemäß der Pächter des Floridsdorfer Ratskellers in Bad Elster und bezog das im Hotel reservierte Zimmer, das sich im Erdgeschoss befand und zum Garten hin lag.

Louise war zwar die Sensation in dem sächsischen Badeort,

verhielt sich aber wie jeder andere Kurgast auch. Sie besuchte das Kurkonzert und das Theater, ging mit ihrer Begleitung zur Trinkhalle und nahm die verordneten Moorbäder. Sie nahm zusammen mit ihrer Begleitung im Speisesaal die Mahlzeiten ein. Eines Abends ging der junge Kellner, der sie bediente, so dicht an ihr vorbei, dass ihre Serviette zu Boden glitt. Beschämt entschuldigte er sich und brachte ihr eine frische. Überrascht bemerkte Louise, dass sie einen Briefumschlag enthielt. Doch es gelang ihr, Gleichgültigkeit vorzutäuschen und den Umschlag unbemerkt in ihrer Tasche verschwinden zu lassen. Nach dem Essen entschuldigte sie sich mit Kopfschmerzen und ging in ihr Appartement, dessen Tür wie gewöhnlich abgesperrt wurde.

»Nie wieder wird es eine solche Gelegenheit geben! Vergiss das nicht und sei mutig! Vor allem, vergiss nicht, dass ich Dich liebe. G.«, hatte Geza sie beschworen.[82] Noch wusste Louise nicht, für wann genau die Flucht geplant war. Doch sie vertraute Gezas Umsicht.

Ihre Geduld wurde auf eine harte Probe gestellt, denn ihre Rückkehr nach Coswig stand schon kurz bevor. Doch zwei Tage vorher kam endlich die ersehnte Nachricht, wann sie sich bereithalten solle. Mattachich hatte an alles gedacht. Es konnte und durfte nichts schiefgehen.

Das dachte auch Louise, als sie, fertig angekleidet, klopfenden Herzens in ihrem Zimmer saß, neben ihr ein kleiner Koffer mit dem Allernötigsten, vor allem mit Geld und ihrem Schmuck. Der Wachposten war bestochen worden, genauso wie der freundliche Kellner. Er würde sie abholen. Es klappte alles reibungslos. Mir einem Nachschlüssel wurde ihre Tür geöffnet, mit den Schuhen in der Hand, um jeglichen Lärm zu vermeiden, führte der junge Mann Louise in das Zimmer Weitzers, der sie auf das Fensterbrett hob. Sie sprang, denn unten sah sie Mattachich, bereit, sie aufzufangen.

Noch war ein Stück Garten zu bewältigen, und nach bangen

Minuten kam endlich der Wagen, um die Flüchtigen zur Bahn zu bringen. Darin saß bereits Maria Stöger. Louise wusste inzwischen Bescheid, welche Rolle sie im Leben Mattachichs gespielt hatte, auch das, was die beiden verband, war ihr bekannt. Nun sollte sie Louises neue Zofe werden. Von Hof ging die Fahrt nach Berlin, wo die Flucht im Haus des Reichstagsabgeordneten Südekum ihr vorläufiges Ende fand.

Am nächsten Tag hatte die Presse ihre Sensation. Dass Mattachich hinter dem rätselhaften Verschwinden der Prinzessin steckte, war jedermann klar, nicht jedoch, wohin die Reise gegangen war. Gerüchte machten die Runde, spaltenlange Vermutungen füllten die Zeitungen. Alle Nachforschungen blieben aber erfolglos, auch die Suche in der Schweiz, wo man die Flüchtigen vor allem vermutete.

Louises Verschwinden war erst um 10 Uhr morgens entdeckt worden, alle Spuren waren verwischt. Ihr Wachposten hatte »nichts bemerkt«. Die von Dr. Pierson beauftragte Dresdner Detektei war bereits vor einigen Tagen mangels Notwendigkeit zurückbeordert worden, weil Louise sich bisher völlig unverdächtig verhalten hatte. Wer habe da ahnen können, was sie plante?, lauteten die Ausflüchte der Verantwortlichen.

Das höchste Gericht Österreichs befand aber, dass Mattachich sich trotz Louises Wunsch und Fluchteinverständnis einer Entführung schuldig gemacht hatte. »Es führt aus, dass das vom Strafgesetz zu schützende Gut im Falle der Entführung einer verheirateten Frauensperson die ehemännliche Gewalt sei, die Tat also an dem Ehemann begangen wäre und eben deshalb die Einwilligung der Ehegattin für den Tatbestand dieses Deliktfalles gar nicht infrage komme«, berichtete das *Neue Wiener Tagblatt* vom 2. September 1904. Allerdings war bereits am folgenden Tag im selben Blatt zu lesen, dass Prinz Philipp von Sachsen-Coburg und Gotha nicht die Absicht habe, gegen Mattachich vorzugehen, sondern sich zivilrechtliche Schritte gegen seine Frau vorbehalte.

»Die Badegesellschaft in Bad Elster nimmt in enthusiasti-
scher Weise für die Prinzessin Partei«, bemerkte das *Neue Wiener Abendblatt* vom 1. September. Allgemein vermutete man,
dass das Paar mit einem Auto in die Schweiz gefahren war. Die
übrigen Nachforschungen entsprachen dagegen ziemlich genau der Wahrheit. »Die Prinzessin fühlte sich in gesetzwidriger
Weise in ihrer Freiheit beschränkt, und diese wieder zu erlangen, schien ihr jedes Mittel recht ... Der einzige Zweck der Aktion des Mattachich war, der Prinzessin wieder zur Freiheit zu
verhelfen ... Ihr einziges Ziel ist, nicht länger als Geistesschwa-
che in einer Heilanstalt zurückbehalten zu werden«, berichtete
das *Neue Wiener Abendblatt* vom 2. September 1904 und fuhr
über Mattachichs Verurteilung fort: »Geza von Mattachich ...
ist durch Zusammentreffen von Verdachtsgründen überwiesen,
dass er auf vier Wechseln die Unterschriften der Frau Kronprinzessin-Witwe Stephanie und der Herzogin Louise von Coburg
angesetzt habe. Eine weitere Begründung der Verurteilung
fehlt. Das Militäruntergericht begnügte sich mit dem Zusammentreffen von Verdachtsgründen. Da Prinzessin Louise ihre
Unterschrift unter den Wechseln als eigenhändige agnosziert
hat, suchte Mattachich auf Wiederaufnahme des Verfahrens
an. Das Militärobergericht ... blieb jedoch bei dem ursprüng-
lichen Urteil.«

Alle Versuche, auch die von Parlamentsabgeordneten in
Wien, Mattachich wegen erwiesener Unschuld zu rehabilitie-
ren, waren vergeblich. Das Blatt berichtete unter anderem
von der inzwischen erfolgten Versöhnung von Gezas Mutter
mit ihrem Sohn.

Hinsichtlich Louises Flucht wurde aus Dresden gemeldet,
dass »die Nachforschungen deshalb verspätet angelaufen waren, da in Sachsen die Entführung einer verheirateten Frau
nicht strafbar sei ... Der Polizeiapparat könne erst dann tätig
werden, wenn der Geschädigte eine offizielle Anzeige erstatten
würde.« Der »Geschädigte« war offensichtlich Prinz Philipp.

Obwohl andererseits die Entführung eines Mündels eine strafbare Handlung sei, zogen es die sächsischen Behörden vor, nicht tätig zu werden. »Sie beschränkten sich, die österreichisch-ungarische Botschaft in Berlin von dem Vorgefallenen in Kenntnis zu setzen, da die kgl. sächsische Regierung keine Veranlassung habe, die Prinzessin wegen irgendeines Deliktes verfolgen zu lassen.«[83]

Das Echo auf die Flucht war unterschiedlich. Während Kaiser Wilhelm II. und Louises Schwiegersohn, Prinz Ernst Günther von Schleswig-Holstein, »fassungslos« gewesen sein sollen und der Hof in Brüssel »sehr indigniert« war,[84] wurde aus der deutschen Gesandtschaft in Brüssel nach Berlin berichtet: »Die Entweichung der Prinzessin Louise von Coburg hat naturgemäß das Interesse auch der hiesigen öffentlichen Meinung in höherem Maße in Anspruch genommen. Während das Ereignis von den katholischen Presseorganen mit großer Zurückhaltung besprochen wird, nehmen die liberalen Zeitungen mit einer gewissen Wärme die Partei der früheren belgischen Prinzessin. Sie bestreiten, dass diese geisteskrank sei und wünschen, dass die hohe Dame ein Asyl finden möge, aus dem sie nicht mehr zu ihrem Gemahl oder in die frühere Nervenheilanstalt zurückgeführt werden könne.«[85]

Schon am 1. September hatte das *Neue Wiener Tagblatt* aus Belgien berichtet: »Die Nachricht von der Flucht der Prinzessin Louise, die durch Extraausgaben der Zeitungen bekannt wurde, wurde von der Bevölkerung sympathisch begrüßt, da die Einsperrung der Prinzessin stets dem belgischen Volk verhasst und unverständlich war. Daher sei sie im Recht gewesen, ihrer Gefangenschaft zu entfliehen.«

Auch der Kurator, Dr. Feistmantel, schaltete sich ein und meldete dem Obersthofmaschallamt, »dass es nur auf zivilrechtlichem Wege möglich sei, die Entflohene wieder nach Coswig zurückzubringen, auch Mattachich sei nicht zu belangen, da weder List, Drohung oder Gewalt im Spiel gewesen seien«.[86]

Am 3. September 1904 reisten die Flüchtigen mit dem Ehepaar Südekum im Auto über Magdeburg nach Hildesheim, von wo die Weiterfahrt mit dem von Berlin nach Paris fahrenden Expresszug erfolgte. Das war nicht ungefährlich, denn die Strecke verlief über Belgien, wo für Louise ein Einreiseverbot bestand. Nach ihrer eigenen Aussage habe der Schlafwagenschaffner sie sogar erkannt, aber leise zu Mattachich, der vor dem Abteil Wache hielt, bemerkt: »Das ist ja unsere Prinzessin! Keine Angst, niemand wird sie verraten.«[87]

Philipp von Sachsen-Coburg und Gotha, den die Nachricht von der Flucht seiner Gattin auf seinem nordöstlich von Wien gelegenen Schloss Ebenthal erreichte, nahm sofort Kontakt zu seinen Anwälten auf. Dabei wurde Folgendes beschlossen: »Die Rechtsanwälte des Prinzen werden beim Obersthofmarschallamt, als der zuständigen Gerichtsstelle, die Klage anhängig machen, dass die Prinzessin der eheherrlichen Gewalt ihres Gemahls wieder zu unterstellen sei.«[88] Offensichtlich bestand die Absicht, Louise wieder in einer Anstalt unterzubringen.

Der sozialdemokratische Reichstagsabgeordnete Albert Südekum schrieb der Pariser Zeitung *Humanité* über eine Unterredung mit Mattachich unter anderem: »Aus Lindenhof zeigte man zeitweilig dem Publikum an, dass die unglückliche Gefangene sich von ihrem Aufenthalt in diesem Hause (Heilanstalt) ›entzückt‹ erklärte. Man vergaß zu sagen, dass man die Prinzessin vor die Wahl stellte, zu ihrem Gatten zurückzukehren oder ruhig im Lindenhof zu bleiben. Unter diesen Umständen war ihre Antwort nicht schwer vorauszusehen. In Wirklichkeit sehnte sie von ganzem Herzen den Tag der Freiheit herbei … Die Gattin Philipps von Coburg und Mattachich haben nur ein Ziel, und zwar ihr Leben und ihre Freiheit zu verteidigen. Man muss sich nicht einbilden, dass Mattachich der Prinzessin den Hof macht wie ein Troubadour vergangener Zeiten. Das sind keine Liebenden, sondern zu gemeinsamem Kampfe vereinte Kameraden. Es handelt sich nunmehr darum, die Prinzessin der Untersuchung kompetenter Ärzte anzuvertrauen ... Was ich von der Prinzessin selbst vernommen, gestattet mir, auf ihre vollständige geistige Gesundheit zu schließen.« (*Neues Wiener Tagblatt* vom 5. September 1904)

Und am 9. September äußerte sich Südekum folgendermaßen: »Während ihres Aufenthaltes in meinem Hause hatte ich Gelegenheit zu einer langen Konversation mit der Prinzessin. Sie ist eine lebhafte, interessante Dame und meiner Meinung nach im Vollbesitz ihres Geisteskräfte. Während der Flucht, auf welcher wir von einigem Missgeschick verfolgt waren, bewahrte sie jeden Augenblick eine bewundernswürdige Geistesgegenwart. Ich zweifle nicht, dass unparteiische, ehrliche Ärzte ihr vollständige Geistesgesundheit anerkennen werden.«

Daraufhin fühlte sich Professor Wagner von Jauregg genötigt, einen Vortrag über »Aufnahme in Irrenanstalten und Schutz vor ungerechten Internierungen« vor dem Obersten Sanitätsrat zu halten. Bekanntlich hatte er erst kurz zuvor in einem neuerlichen Gutachten Louises »Schwachsinnigkeit« bestätigt, wodurch ihre Internierung in einer Heilanstalt unbedingt geboten sei. Nun führte er aus, dass »die Frage der Internierung nicht nur ›Geistesstörung oder nicht, sondern Geistesstörung oder Kriminalität‹« sei. Das hieß: Psychiater hatten das Recht, eine drohende kriminielle Handlung durch Internierung in einem Irrenhaus zu unterbinden beziehungsweise zu verhindern, denn Kriminelle waren geistig abnorm veranlagte Menschen, die sich dem Standard der Gesellschaft nicht anpassen wollten. »Dass unter solchen Voraussetzungen Irrtümer vorkommen können, soll nicht in Abrede gestellt werden. Es wird auch in Zukunft nicht zu verhindern sein, dass ab und zu ein normaler Mensch in eine Irrenanstalt eingeliefert wird.«[89] Professor Wagner von Jauregg hatte sichtlich Angst vor einem Gutachten seiner französischen Fachkollegen.

Man muss ihm zugute halten, dass er zwar den hippokratischen Eid, den er seinerzeit geleistet hatte, mit seinem Gutachten gebrochen hatte, sich aber auch in einem großen Dilemma befand. Das Obersthofmarschallamt und damit Seine Majestät, der Kaiser, hatten ihm unmissverständlich zu verstehen gegeben, dass sie das Gutachten so und nicht anders erwarteten. Und das war in der Monarchie ein Befehl, der über Karriere und Wohlergehen entschied.

Paris

Nach einem geheimen Aufenthalt in der Nähe von Paris, währenddessen Mattachich, wie vereinbart, der Zeitung *Le Journal* ausführlich an vier aufeinanderfolgenden Tagen über die Stationen der Flucht berichtet hatte, siedelten Louise und ihr Gefolge in das Pariser Hotel Westminster über, in dem sie wie eh und je fürstlich residierten. Louise bewohnte dort ein Appartement, das aus einem Empfangssalon, einem Speisezimmer, einem Schlafzimmer und einem Zimmer für Frau Stöger bestand.

Sehr bald stellten sich auch die Geschäftsleute ein, die der nun wieder zu Ehren gekommenen Prinzessin jeglichen Kredit gewährten – galt sie doch als die Miterbin des väterlichen Besitzes und des nicht unerheblichen Vermögens ihrer Tante Charlotte, die, bekanntlich seit beinahe vierzig Jahren geistig umnachtet, inzwischen Mitte sechzig war, ein Alter, das damals auf keine hohe Lebenserwartung mehr schließen ließ.

Louise machte von ihrer neuerlichen Kreditwürdigkeit reichlich Gebrauch. Sie war immer großzügig gewesen. So waren es auch die Geschenke, die sie für Geza und Frau Stöger als Dank für ihre Befreiung bei Cartier in Auftrag gab. Das Geld, das Letztere zusätzlich erhielt, ermöglichte ihr immerhin den Erwerb eines Grundstücks in Möllersdorf, auf dem sie ein komfortables Haus bauen ließ.

Noch immer war das Interesse an dem sensationellen Fall

nicht erloschen. Dem Interview, das Dr. Pierson der Wiener *Neuen Freien Presse* gab, folgte eines mit Louise. Und Stephanie, die bis zu diesem Zeitpunkt jeden Kontakt mit ihrer skandalumwitterten Schwester vermieden hatte, stattete ihr anlässlich einer Reise nach Paris einen Besuch ab.

»Die Begegnung der beiden Schwestern war sehr rührend. Gräfin Lónyay empfing die Prinzessin mit Tränen in den Augen. Die Konversation dauerte drei Stunden. Die Gräfin gab ihrer Freude Ausdruck, dass die Prinzessin frei sei und sich wohl befinde ... Aus der freudestrahlenden Miene, mit welcher Prinzessin Louise das Hotel Bristol verließ, konnte geschlossen werden, dass die Versöhnung der beiden Schwestern vollständig sei«, berichtete das *Neue Wiener Tagblatt* am 23. September 1904. Zwei Tage später kam Louise zu Wort: »Beide Begegnungen, die ich mit meiner Schwester hatte, waren voller Zärtlichkeit, und seit meinem Aufenthalt in Paris war mir nichts so angenehm als diese Annäherung.«

Gemeinsam hatten die beiden eine Spazierfahrt in den Bois de Boulogne unternommen. Im Anschluss daran telegrafierte Stephanie ihrem ehemaligen Schwager Philipp: »Ich habe Louise gesehen. Sie ist ebenso wenig irrsinnig wie Sie. Ich bin über Ihre Ungerechtigkeit gegen eine Unschuldige empört und entrüstet. Ich werde alles aufbieten, um ihre Ehre, die Sie ihr genommen haben, wieder herzustellen.«[90] Angeblich war Stephanie über den Zustand ihrer Schwester völlig falsch informiert worden: »Die Prinzessin sei so närrisch, dass sie ihr an die Kehle fahren und sie würgen könne. Sie sitze zusammengekauert in einer Ecke und werfe mit Kartoffeln nach allen Leuten.«[91] Wie es heißt, sagte Stephanie ihrer Schwester auch zu, zum Kaiser zu gehen und ihn über Louises Zustand aufzuklären.

Doch der Mut, den sie in Paris bewiesen hatte, verließ sie sehr bald. Kaiser Franz Joseph hatte nämlich die Initiative ergriffen: »In Beantwortung Deines Schreibens, teile ich Dir mit, dass ich Dich nicht sehen werde. Dass Du Deine Schwester nach ihrer skandalösen Flucht in Paris aufgesucht hast, dass Du nach allem, was vorgefallen ist, so entschieden für sie Partei ergreifst (Beweis: Dein unqualifiziertes Telegramm an Philipp Coburg) ... macht es mir unmöglich, Dich zu empfangen ... Ich möchte noch eine recht dringende Bitte an Dich richten, nämlich, dass Du Erszi nicht besuchst, da die Aufregung, in der Du Dich momentan befindest, gewiss nachteilig auf ihre Gesundheit mit Rücksicht auf ihre Schwangerschaft einwirken würde. Ich hoffe, dass Du meinen Wunsch erfüllen wirst und mit den besten Grüßen Franz Joseph.«[91]

Mit ihrer Handlungsweise hatte Stephanie ihren eigenen Willen dokumentiert. Doch Kaiser Franz Joseph duldete keine Eigenständigkeit in seiner Familie. Und die ehemalige Schwiegertochter zählte in gewissem Maß noch immer dazu, auch wenn sie jetzt eine Gräfin Lónyay war. Ihr die eigenwillige Gattenwahl zu gestatten, war ihm schwer genug gefallen. Nun war der Bogen überspannt. Fügte sich Stephanie nicht, drohte sie, für immer in Ungnade zu fallen. Das bedeutete, dass ihr der kaiserliche Hof in Zukunft verschlossen sein würde. Eine schreckliche Vorstellung in Stephanies Augen. Da sie ein solches Risiko nicht eingehen wollte, schränkte sie den Kontakt mit Louise wieder weitgehend ein.

Louise, Mattachich und Frau Stöger lebten weiterhin aus dem Vollen und spekulierten auf das zu erwartende Millionenvermögen. Eine Schlappe hatte Louise jedoch schon hinnehmen müssen. In ihrem Testament hatte Königin Marie Henriette ihren drei Töchtern je ein Viertel ihres Vermögens vererbt. Letzteres bestand aus väterlichem Vermögen und den Erbteilen ihrer Mutter und Großmutter sowie aus dem Verfügungsrecht über ihre damalige Mitgift inklusive Zinsen, alles in allem ein ansehnlicher Betrag, dem noch ihr Anteil an dem Besitz ihres Ehegatten hinzuzufügen war. Nach ihrem Tod sollte sich jedoch herausstellen, dass der Besitz der Königin nicht mehr als eine Summe von 50 000 Francs umfasste. Wie König Leopold dem österreichisch-ungarischen Botschafter erklärte, habe nämlich keine Gütergemeinschaft zwischen ihm und seiner Gattin bestanden. Ein schlauer Schachzug des Königs? Oder war es die Wahrheit?

Die jüngste Tochter, Clementine, nahm das, was ihr zustand; Louise war noch in Dr. Piersons Obhut, doch Stephanie rebellierte. Sie ging gegen ihren Vater vor Gericht, das jedoch nach einigem Hin und Her gegen sie entschied. Die Klage, der sich Louises Gläubiger angeschlossen hatten, wurde abgewiesen.

Aber auch in Paris hatte Louise nicht zu darben brauchen. Wie das *Neue Wiener Tagblatt* vom 27. Oktober 1904 mitteilte, bekam sie die von Philipp von Sachsen-Coburg und Gotha ausgesetzte monatliche Apanage von immerhin 6000 Kronen österreichischer Währung sowie noch immer ein jährliches »Nadelgeld« von 50 000 Francs von ihrem Vater. Dennoch ließ sie durch ihren Anwalt Protest einlegen, denn trotz ihres nun zurückgezogenen Lebensstils reichte das bei weitem nicht.

Die Aufhebung der Vormundschaft

Louise war zwar wieder in Freiheit, aber sie lebte immer noch unter Vormundschaft, denn offiziell galt sie noch als geistesgestört. Es ist verständlich, dass sie diesen unerträglichen Zustand so bald wie möglich zu ändern wünschte.

Das Obersthofmarschallamt war einverstanden, allerdings verlangte man dort, dass eine erneute psychiatrische Untersuchung in Deutschland stattfinde. Dagegen protestierte Louise und forderte zudem, dass kein österreichischer Arzt der Kommission angehören dürfe. Ein längeres Tauziehen begann, das mit Louises Sieg endete. Drei namhafte französische Psychiater erklärten sich bereit, sich vor der österreichisch-ungarischen Botschaft in Paris vereidigen zu lassen, den Fall nach bestem

Wissen und Gewissen zu klären. Die Vereidigung erfolgte am 17. Dezember 1904.

Das *Deutsche Volksblatt* in Wien hatte darüber am 23. Oktober 1904 geschrieben: »So ist es denn ziemlich wahrscheinlich, dass die französischen Psychiater zu Resultaten kommen, die denen ihrer deutschen und österreichischen Kollegen diametral entgegengesetzt sind. Wenn sich Louischen, des Belgierkönigs Töchterlein, auch nicht im mindesten geändert hat ... Louischen lebt mit ihrem Geza, den sie den Grafen nennt, wie in den seligen Zeiten ... aber auch in anderer Beziehung ist sie die alte geblieben: hinsichtlich ihrer totalen Verkennung des Wertes des Geldes und ihrer wahnwitzigen Ansprüche an ein luxuriöses Leben.«

Nach mehrmonatigen Untersuchungen wurde das Gutachten endlich Ende Mai 1905 dem Obersthofmarschallamt übergeben. Darin heißt es: »›Es ist vollkommen ersichtlich, dass der gegenwärtige Geisteszustand der Prinzessin eine neuerliche Internierung nicht rechtfertigt. Dieser Punkt ist außer aller Diskussion.‹ Die beiden Psychiater stellen nun die Frage, worauf man die Maßnahmen für die Kuratelverhängung stützt. Wo entdeckt man bei der Prinzessin jenen Zustand von Schwachsinn, Wahnsinn oder Wut, den das französische Gesetz erfordert, um die Kuratelverhängung und Beraubung der bürgerlichen Rechte zu rechtfertigen? Alle diese Symptome vermissen die Ärzte bei der Prinzessin ... ›So wie sie heute ist, gibt die Prinzessin nicht das Bild einer Kranken.‹«

Nachdem eine Kommission im Obersthofmarschallamt nicht umhin konnte, den Befund der französischen Ärzte zu bestätigen, wurde amtlich bekanntgegeben: »Curatel-Aufhebung: Von Sr. k.u.k Apostolischen Majestät Obersthofmeisteramt wird hiermit bekanntgemacht, dass die über Ihre königliche Hoheit die durchlauchtigste Frau Prinzessin Louise von Sachsen-Coburg und Gotha, geb. Königliche Prinzessin von Belgien, mit h.g. Beschlusse vom 3.6.1899, Z. 715 wegen

Schwachsinns ... von uns ... verhängte Curatel am heutigen Tage aufgehoben wurde. Wien, 26. Juli 1905.«[93]

Aus einem Bericht der Wiener *Neuen Freien Presse* vom folgenden Tag geht hervor, dass Prinz Philipp nun in Gotha die Scheidung von seiner Gemahlin begehre, da diese immer noch in Gemeinschaft mit Mattachich und Maria Stöger lebe.

Das Honorar, das der Kurator in Rechnung stellte, betrug die stolze Summe von »23 706 Kronen und 97 Heller«, jenes für die französischen Psychiater »15 000 Francs«.[94] Prinz Philipp weigerte sich jedoch, Letzteres zu bezahlen, da nicht er, sondern Louise es bestellt hatte. Die Begleichung der Rechnung falle in die Kompetenz des Kuratelvermögens.

Wie Gerd Holler in seinem Buch über Louise ausführt, »wurde von nun an nur mehr gestritten«,[95] um die Bezahlung der Ärzte, um die stattliche Summe von über 134 000 Kronen, die der Gastwirt Weitzer für seinen Beitrag zur Befreiungsaktion samt Honorar vom Obersthofmarschallamt forderte. Da er es dort mangels vorliegender Belege nicht erhielt, verklagte er Louise, Mattachich und Frau Stöger. Auch Louises Anwalt schickte eine Rechnung in ähnlicher Höhe.

Erzherzogin Maria Josepha, die Schutzherrin des Sternkreuzordens, der Louises Lebensführung wohl schon längst ein Dorn im Auge war, hatte schon am 2. Juni 1905 Louise aus dem Orden ausgeschlossen.[96]

Am 3. Februar 1906 wurde vom Landgericht in Gotha die Ehe Philipps und Louises geschieden, wodurch Letztere aus der Familie ihres Gatten ausschied und nun wieder ihrer belgischen Familie angehörte. So stand es im Scheidungsurteil. Tatsächlich aber wurde Louises Antrag auf Wiedererteilung der belgischen Staatsbürgerschaft nie beantwortet. Damit war Louise staatenlos.

Prinz Philipp leistete eine einmalige Abschlagszahlung von 400 000 Kronen und verpflichtete sich, monatlich 7000 Kronen an Alimenten zu zahlen, die sie jedoch »mit niemandem teilen dürfe«.[97] Man war der Meinung, das reiche für eine alleinstehende Frau.

Ob es für Prinzessin Louise reichte, würde sich bald erweisen. Nach wie vor wurden Feste in Paris und Deauville gefeiert sowie die dort kürzlich eröffnete Spielbank besucht. Im Herbst 1906 war Louise in Monte Carlo zu sehen, selbstverständlich immer nach der neuesten Pariser Mode gekleidet. Auch Mattachich hatte sich wieder an das alte Luxusleben gewöhnt und damit lebhaften Anteil an den Ausgaben einschließlich dem Aufnehmen neuer Schulden. Man kann sich nur wundern, dass es Firmen gab, die dem Paar noch immer Kredit gewährten. Aber die Erwartung des riesigen Erbes, das Louise offensichtlich zustand, gepaart mit der Faszination einer Prinzessin und Königstochter muss damals so groß gewesen sein, dass sie jegliche Vorsicht im Keim erstickte.

An der Côte d'Azur begegnete Louise zufällig ihrem Vater, der ihre Bitte um eine Audienz kategorisch abschlug. Er ließ ihr jedoch mitteilen, dass für sie gesorgt werde, wenn sie nach Belgien übersiedle – natürlich allein. Das aber lehnte Louise ab. Vielleicht hätte sie sich anders entschieden, wenn sie geahnt hätte, welche Turbulenzen die Zukunft für sie bereithielt.

Louise hielt auch weiterhin an Mattachich fest. Dankbarkeit für ihre Befreiung mochte eine Rolle spielen, Schuldgefühle wegen seiner Inhaftierung kamen hinzu. Das ehemalige Liebesverhältnis dürfte nach ihrer Flucht jedoch nicht mehr aufgenommen worden sein. Wahrscheinlich wusste Louise auch über den kleinen Sohn von Mattachich und Maria Stöger Bescheid. Dieser wurde sogar bald nach Paris geholt und gesellschaftlich korrekt von erstklassigen Schneidern eingekleidet. Ein Dreiecksverhältnis zwischen ihr, Mattachich und Maria Stöger wünschte Louise aber anscheinend nicht. Viel später, kurz vor ihrem Tod, soll sie geäußert haben, sie und Geza hätten seit 1904 nur wie Bruder und Schwester miteinander verkehrt.[98]

Nicht nur für das Obersthofmarschallamt und damit für das Haus Habsburg und die Familie Coburg, auch für Professor Wagner von Jauregg war das Urteil der französischen Ärzte eine Riesenblamage. Der Psychiater hatte größte Mühe zu erklären, dass die Gutachter in Paris wohl recht hätten, der Patientin jetzt volle geistige Gesundheit zu bescheinigen, seine und seiner Kollegen Diagnose sei aber durchaus korrekt gewesen, aber eben zu dem Zeitpunkt, zu dem sie erstellt worden war.

König Leopold II. und der Kongo

Der immense Reichtum von König Leopold II. bezog sich hauptsächlich auf den Besitz des Staates Kongo. Die Forschungsreisen von Livingstone und Stanley hatten in Europa das Interesse an der Kolonialisierung Zentralafrikas geweckt. Bald kam es jedoch zum Streit. Unterstützt von England klagte Portugal gegen die belgische Kolonialpolitik, die König Leopold II. in der Region Kongo betrieb. Um die Auseinandersetzungen zu beenden, tagte auf dessen Veranlassung unter dem Vorsitz Bismarcks in Berlin von Ende 1884 bis Anfang 1885 die internationale Kongokonferenz.

Die nun erarbeitete »Kongoakte« bestätigte den »Unabhängigen Kongostaat« als persönliches Eigentum von König Leopold II., während Frankreichs Besitz nördlich des Kongo gegen Leopolds Wunsch als solcher anerkannt wurde. Handel und Schifffahrt auf dem Kongo sollten allgemein zugänglich sein. Ein britisches Kolonialmonopol wurde somit verhindert.

Der ehemalige Besitz Leopolds II. ist heute die *Demokratische Republik Kongo*, deren Hauptstadt Kinshasa früher Léopoldville hieß. Die ehemalige französische Kolonie, ein Teil von Französisch Äquatorialafrika, trägt heute den Namen *Republik Kongo* mit der Hauptstadt Brazzaville.

König Leopold II., der für die Verwaltung und Erforschung

des Landes gewaltige Summen aus seinem Privatvermögen investiert hatte, trachtete nun dessen Kostbarkeiten für sich zu nutzen. Sein Interesse richtete sich hauptsächlich auf die Vermarktung von Kautschuk und Elfenbein. Trotz ausdrücklichen Verbots des Sklavenhandels ließ er Methoden anwenden, die die einheimische Bevölkerung dennoch zu Sklaven machten. Erschien dem Aufseher die Ablieferung von Kautschuksaft als zu gering, wurde dies mit drakonischen Strafen geahndet wie beispielsweise dem Abhacken von Händen. Berichte von den »Kongogräueln« gelangten bis nach Europa. Leopold sah sich am Pranger stehen.

Schon in seinem Testament vom 2. August 1889 hatte er seinen Besitz an der Kongokolonie nach seinem Tod dem belgischen Staat vermacht. Angesichts der üblen Pressemeldungen, deren Wahrheitsgehalt er kaum abzuleugnen vermochte, entschloss er sich jedoch zu einem Schritt, der ihm gewiss sehr schwer wurde. Er trennte sich schon zu Lebzeiten von seinem Besitz und übertrug am 20. August 1908 die Kongokolonie an den belgischen Staat. Aus dem »Freistaat Kongo« wurde »Belgisch-Kongo«.

Noch versuchte Leopold II. zu retten, was zu retten war, nämlich die »Krondomäne«, ein Gebiet, das besonders viel Ertrag brachte und für das er die ausschließlichen Handelsrechte besaß. Aber alle Finten waren vergeblich. Letztendlich trat er sie gegen gewisse Nutzungsrechte für sich und seine Nachfolger ab.

Von großer Bedeutung war die unfreiwillige Transaktion für seine Erben: Sie hatten nun keine Möglichkeit mehr, das Testament anzufechten, um ihre Rechte geltend zu machen. Schon die Tatsache, dass es sich um Mädchen handelte, hatte Leopold II. stets als Ärgernis betrachtet. Louises Lebensführung empfand er seit langem als unzumutbaren Skandal, aber auch Stephanies zweite Heirat war nach seinem Dafürhalten eine ausgesprochene Mesalliance. Er hatte ihr nie zugestimmt.

Ohne Louises Verhalten gutheißen zu wollen, muss man zugeben, dass auch die Moral des Königs zu wünschen übrig ließ. Noch zu Lebzeiten der Königin hatte der Begriff eheliche Treue für ihn nicht existiert. Die Klatschmäuler ganz Europas lästerten über seine Liebschaften. Besonders bekannt wurde seine Liaison mit der französischen Tänzerin Cléo de Merode, die ihm den Spitznamen »Cléopold« eintrug. In England war er deswegen eine Zeitlang unerwünscht. Schließlich lernte er die siebenundvierzig Jahre jüngere Caroline Lacroix kennen, die angeblich damals in einer Gaststätte oder Bar arbeitete. Die achtzehnjährige Caroline muss wohl über Eigenschaften verfügt haben, die der alternde Mann besonders schätzte. Er schenkte seiner Geliebten Millionen, Villen und Häuser, nahm sie auf seine Reisen mit und trat ungeniert mit ihr in der Öffentlichkeit auf. Schließlich erhob er sie zur Baronin Vaugham. Sie gebar ihm zwei Söhne und ersetzte ihm die legitime Familie, die er immer abgelehnt hatte. All das hielt er für sein Recht als Mann.

Doch auch nach der Abtretung des Kongo an den belgischen Staat war König Leopold nicht arm geworden. Um seinen ehelichen Kindern seinen immer noch immensen Reichtum zu entziehen, schenkte er all seine Immobilien ebenfalls dem belgischen Staat, seine Aktien und Wertpapiere übertrug er auf geheime Konten und Stiftungen. Zugunsten der Stadt Coburg gründete er die Niederfüllbachstiftung, der er an die hundert Millionen Francs und viele Kunstschätze vermachte. In mehreren Auktionen wurden sowohl die wertvolle Einrichtung seiner Schlösser als auch die Geschenke, die seine Gattin früher bekommen hatte, versteigert. Die Millionen, die dadurch erzielt wurden, schenkte er der Baronin Vaugham, dazu eine prachtvolle Villa in unmittelbarer Nähe von Schloss Laeken, außerdem das nördlich von Paris gelegene Schloss Balaincourt. Den Rest legte er für seine beiden unehelichen Söhne an. Kurzum, er setzte seine ganze Schläue – und Bosheit – ein, um seinen Töchtern so wenig wie möglich zu hinterlassen. Er soll Caroline sogar geheiratet haben.

Leopold II. litt an Altersdiabetes, der ihn letztendlich zur Bettlägerigkeit zwang. Hinzu kam eine Dickdarmkrebserkrankung, die eine Operation nötig machte. Der König überlebte sie aber nur um drei Tage. Von seinen Töchtern ließ er nur Clementine, außerdem seinen Neffen und Nachfolger Albert und dessen Gemahlin zu sich ans Sterbebett – und natürlich die Baronin Vaugham, was zu Protesten in der Bevölkerung führte. Leopold II. starb am 17. Dezember 1909 im Alter von dreiundsiebzig Jahren. Albert erlaubte seinen Cousinen Louise und Stephanie, wenigstens an den Beisetzungsfeierlichkeiten teilzunehmen.

Für Belgien hatte sich Leopolds II. Regierungszeit jedoch als segensreich erwiesen. Nicht nur für die eigenen Belange, auch für sein Land war er ein erfolgreicher Finanzier und Unternehmer. Er hatte die Wirtschaft ungemein gefördert, Belgien zu einer bedeutenden Kolonialmacht und Brüssel zu einer repräsentativen Residenzstadt gemacht. Seinem Nachfolger hinterließ er ein blühendes Reich.

Der Kampf um die Erbschaft

Louise hatte gewiss nicht um den Verstorbenen getrauert, zu tief war die Zerrüttung. Schon in der Jugend hatten die Töchter gespürt, dass ihr Vater sie als Last betrachtete. Geliebt hatte er nur seinen früh verstorbenen kleinen Sohn. Dessen Stelle hatten dann seine illegitimen Kinder eingenommen. Der Tod Leopolds II. muss Louise daher mit erwartungsvoller Genugtuung erfüllt haben. Endlich war der Tag gekommen, an dem das große Geld fließen würde. Dessen waren auch ihre Schwestern gewiss.

Die jüngste, Clementine, die erst nach dem Tod des kleinen

Leopold geboren worden war, hatte sich zwar zeit ihres Lebens als gehorsame Tochter erwiesen, später etliche Repräsentationspflichten übernommen und sich damit abgefunden, dass ihr Vater eine Ehe mit Prinz Victor Napoleon bisher verhindert hatte. Inzwischen war sie zwar siebenunddreißig Jahre alt geworden, aber endlich frei, ihn zu heiraten.

Bald nach dem Tod des Königs veröffentliche die belgische Regierung seine Testamente. Das erste, das über den Nachlass für seine Töchter verfügte, trug das Datum vom 20. November 1907 und besagte: »Ich habe von meinen Eltern fünfzehn Millionen geerbt, welche ich trotz der vielen Schicksalsschläge immer pietätvoll bewahrt habe … Dies ist mein ganzes Vermögen. Diese fünfzehn Millionen bilden das rechtmäßige und gesetzliche Eigentum meiner Erben, welches ihnen von meinem Testamentsvollstrecker, entsprechend aufgeteilt, auszufolgen ist.«

In seinem zweiten Testament, datiert vom 18. Oktober 1908, versuchte er eine Erklärung zu geben: »Meine großen Transaktionen haben es mit sich gebracht, dass im Laufe der Jahre ungeheure Summen durch meine Hände gingen, ohne dass ich auf dieselben irgendwelchen Anspruch gehabt hätte. Ich besitze nichts als die bereits erwähnten 15 Millionen.«[99]

Fünfzehn Millionen Franken – diese Summe mag einem ungeheuer groß erscheinen, aber für den König von Belgien, der als reichster Mann der Welt galt, war sie einfach lächerlich geringfügig. Wo war das Geld geblieben, das die Versteigerungen der Kunstschätze und Möbel eingebracht hatten? Wo der Inhalt der Konten und Depots? War alles in die Taschen der Baronin Vaughan geflossen? Die Mätresse hatte sich durch ihren Hochmut und den Luxus, den sie trieb, bei der Bevölkerung längst unbeliebt gemacht.

Während Stephanie sich abwartend verhielt, Clementine, gehorsam wie immer, sich mit dem zufriedengeben wollte, was der belgische Staat ihr gab, stieg Louise auf die Barrikaden. Kein Wunder, denn die Gläubiger hefteten sich an ihre Fersen

In der Schlacht bei Focşani (Rumänien) am 21. Juli 1789 werden die Türken von den Verbündeten unter Prinz Josias von Sachsen-Coburg-Saalfeld und Graf Alexander Suworow vernichtend geschlagen. Kupferstich, altkoloriert, von Johann Hieronymus Löschenkohl.

Viktoria, Herzogin von Kent, mit ihrer Tochter Kronprinzessin Victoria. Kupferstich von William Skelton, 1823, nach einem Gemälde von Sir William Beechey.

Prinzessin Victoria, spätere Königin von Großbritannien und Irland (1837–1901) und Kaiserin von Indien (1876–1901). Gemälde von George Hayter, 1833.

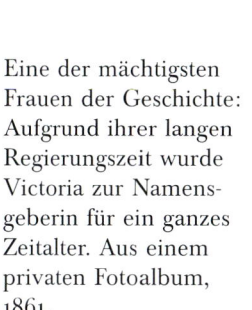

Eine der mächtigsten Frauen der Geschichte: Aufgrund ihrer langen Regierungszeit wurde Victoria zur Namensgeberin für ein ganzes Zeitalter. Aus einem privaten Fotoalbum, 1861.

»Der Einzug Königin Victorias und Prinz Alberts in Coburg
am 19. August 1845«. Im Wagen sitzen Königin Victoria und ihr
Gemahl Albert sowie Leopold I. von Belgien und seine Gemahlin.
Dahinter reitet Herzog Ernst II. von Sachsen-Coburg. Aquarell
von Ferdinand Rothbart, 1845.

Leopold I., König der Belgier. Dank seiner geschickten Vermittlung von Fürstenhochzeiten gelingt den Coburgern endgültig der Aufstieg an die Spitze der europäischen Adelshäuser. Lithografie, 1820.

Die Hochzeit Leopolds I. mit Marie-Louise von Orléans in der Kapelle von Compiègne. Gemälde von Lambert-Joseph Mathieu, 1832.

Charlotte, die ebenso schöne wie ehrgeizige Tochter Leopolds I.
Gemälde von Albert Graefle nach Franz Xaver Winterhalter, 1864.

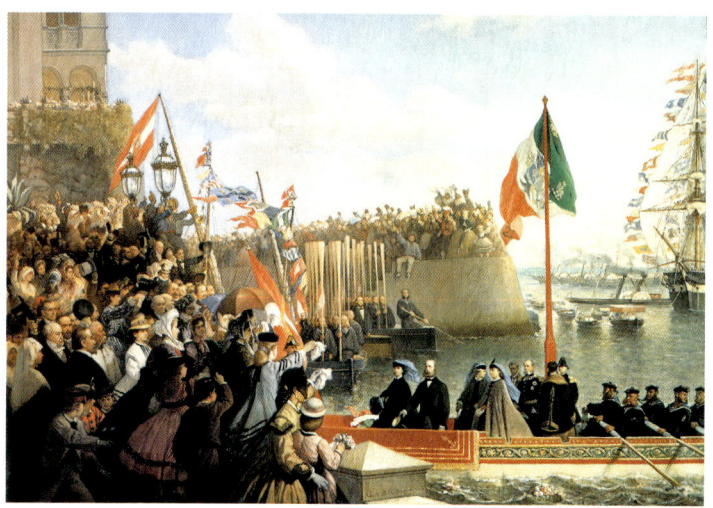

»Die Einschiffung des Kaiserpaares Maximilian und Charlotte im Hafen von Schloss Miramare an Bord der Novara nach Mexiko«. Gemälde von Cesare dell'Acqua, 1864.

»Charlotte von Mexiko im Feldlager während des mexikanischen Bürgerkriegs«. Gemälde von Jean Adolphe Beaucé, 1866.

»Die Erschießung Kaiser Maximilians von Mexiko«, das berühmte
Gemälde von Édouard Manet, in einer Fassung von 1868.
Manet malte diese Szene zwischen 1867 und 1869 mehrmals.

Leopold II., König der Belgier und Bruder Charlottes. Porträtaufnahme, 1864.

Marie Henriette, Gemahlin Leopolds II., kümmert sich um ihre erkrankte Schwägerin Charlotte, als diese nach Maximilians Tod nach Belgien zurückkehrt. Porträtaufnahme, 1863.

Louise von Belgien, Tochter Leopolds II., liebt exklusive Roben und ist stets nach der neuesten Mode gekleidet. Fotografie, 1900.

Kronprinz Rudolf von Habsburg mit seiner Braut Stephanie von Belgien. Atelieraufnahme, 1881.

Das österreichische
Kronprinzenpaar mit
seiner Tochter Erz-
herzogin Elisabeth.
Fotoreproduktion
des Gemäldes von
J. Plagemann, 1888.

Den Abschiedsbrief Kronprinz Rudolfs an Stephanie fand man in
seinem Schreibtisch in der Hofburg, Januar 1889.

Mary Baronin Vetsera, Kronprinz Rudolfs junge Geliebte. Porträt-aufnahme, 1888.

Schloss Mayerling in Niederösterreich. Am Morgen des 1. Februar 1889 werden dort die Leichen von Kronprinz Rudolf und Mary Vetsera gefunden. Holzstich aus: »Illustrirte Chronik der Zeit«, Stuttgart 1889.

Karikatur von Th. Th. Heine auf die Erbauseinandersetzungen
Leoplds II. von Belgien mit seinen Töchtern. Aus: »Simplicissimus«,
1909.

Kronprinzessin Maria von Rumänien. Porträtaufnahme, um 1910.

Marias Vater: Herzog Alfred von Edinburg wird von Königin Victoria zum Kronerben des Herzogtums Sachsen-Coburg und Gotha bestimmt. Porträtaufnahme, 1890.

Marias Mutter: Maria Alexandrowna Romanowa ist die wichtigste Bezugsperson der jungen Prinzessin. Porträtaufnahme, 1897.

Das Königspaar Carol I. und Elisabeth von Rumänien zusammen mit dem Thronfolgerpaar Ferdinand und Maria und deren Kindern Carol, Elisabeth und Maria auf Schloss Pelesch. Fotografie, um 1906.

Ex-König Carol II. mit seiner Geliebten Magda Lupescu auf einer Rundfahrt mit dem ehemaligen Hofmarschall Ernest Urdarianu in Hamilton (Bermudas). Fotografie, 1941.

Familienbild anlässlich des 75. Geburtstags von Königin Victoria am 24. Mai 1894. Sitzend, von links: Kaiser Wilhelm II., Königin Victoria, Kaiserin Friedrich. Stehend, von links: Thronfolger Nikolaus II. mit seiner späteren Gemahlin Alexandra u.a. Fotografie, 1894.

und wollten endlich Geld sehen! Sie ließ die Villa der Baronin samt allen Wertgegenständen versiegeln. Diese protestierte zwar, fügte sich jedoch, als ihr die Ausweisung aus Belgien angedroht wurde. Sie zog sich nach Frankreich zurück, wo ihr Vermögen bald zerrann.

Nun suchte Louise ihr Recht vor Gericht. Namhafte Juristen bestärkten sie in ihren Forderungen. Der belgische Staat, nun Eigentümer der gesamten Kongokolonie, habe die Verpflichtung, die rechtmäßigen Erben entsprechend zu entschädigen. Der Wert der Kolonie und der Krondomäne wurde damals auf insgesamt mindestens fünfzehn Milliarden Franken geschätzt, der der Niederfüllbachstiftung, die der Staat ebenfalls zurückgekauft hatte, immerhin noch auf mindestes achtzig Millionen Franken, ungeachtet des restlichen Vermögens des Königs.

Der Prozess dauerte mehrere Jahre, für Rechtsgutachten, Gerichts- und Anwaltgebühren mussten ungeheure Kosten aufgebracht werden. Obwohl Louise sogar den Rechtsanwalt und späteren französischen Präsidenten Poincaré engagiert hatte, verloren die Prinzessinnen den Prozess. Der belgische Staat gewährte ihnen immerhin statt der im Testament genannten fünf Millionen Franken pro Person zwölf Millionen.

Das war zweifellos viel Geld, aber für Louise war der Ausgang des Verfahrens dennoch eine Katastrophe. Hoch verschuldet wie sie war, blieb ihr nicht viel übrig von ihrem Erbe. Sie konnte nur noch auf den baldigen Tod ihrer Tante Charlotte hoffen. Auch Stephanie war enttäuscht, doch sie konnte trotzdem im Luxus weiterleben.

Die letzten Jahre

Bei Louise änderte sich zunächst kaum etwas. Sie zog weiterhin mit Mattachich, der Zofe Olga Börner und einem zusätzlichen Kammermädchen durch die berühmtesten Kurorte, wo sie in den besten Hotels logierten. Den Ausbruch des Ersten Weltkriegs erlebte sie in München. Dort traf auch im Dezember 1914 Maria Stöger ein, die sich inzwischen in ihrem Haus in Möllersdorf niedergelassen hatte. Aufgrund ihrer hohen Ansprüche war sie auf Louises Großzügigkeit angewiesen. So hatte sie beispielsweise ihre beiden Söhne im teuren Internat Kalksburg untergebracht. Ihr Verhältnis zu Mattachich war so gut wie beendet. Gegenseitige Dankbarkeit und Verpflichtung bestimmten nun das Leben in dieser seltsamen Dreierbeziehung. Schulden, mühselige Suche nach Kapital, um den immer noch viel zu großen Aufwand zu finanzieren, waren an der Tagesordnung. Seit die deutschen Truppen Belgien besetzt hatten, erhielt Louise von dort kein Geld mehr.

Am 25. August 1916 kam es zur Katastrophe. Mattachich wurde auf Antrag der österreichischen Behörden verhaftet und schließlich in Budapest interniert. Er stand im Verdacht der Spionage mit einer kroatischen Gruppe von Verschwörern. Das französische Kammermädchen wurde aus Deutschland ausgewiesen; nur Olga Börner durfte bleiben.

In ihrer Not suchte Louise Hilfe bei ihrer Tochter in Schlesien. Dort war man bereit, sie aufzunehmen, doch nur unter der Bedingung, dass sie wegen krankhafter Verschwendungssucht erneut unter Kuratel gestellt werde. Außerdem sollte sie auf ihren Anteil an dem zu erwartenden Erbe von ihrer Tante Charlotte zugunsten ihres Schwiegersohns verzichten, der sich verpflichtete, angemessen für ihren Lebensunterhalt zu sorgen. Bei der Vermögensverwaltung Charlottes sollte außerdem ein Millionenvorschuss aufgenommen werden, um die Gläubiger zu befriedigen. Eine Einigung scheiterte an der Forderung Louises, eine hohe Rente für Mattachich und Frau Stöger herauszuschlagen.

Obwohl die Verhandlungen scheiterten und ihr Schwiegersohn nicht daran dachte, für ihren Lebensunterhalt aufzukommen, wurde Louise Anfang 1917 wieder unter Kuratel gestellt.

Der Münchner Rechtsanwalt Dr. W. Zimmermann teilte dem Obersthofmarschallamt mit, dass Prinzessin Louise inzwischen völlig verarmt sei und in einer kleinen Privatpension in der Ludwigstraße in München wohne, für deren Kosten mitleidige Gläubiger aufkämen. Louises gesamte Habe war beschlagnahmt und bereits versteigert worden. Die Schuld schrieb der Anwalt Mattachich zu, der »das Erbvermögen der Prinzessin nicht zu hüten vermochte und enorme Schulden durch großen Verbrauch und Rechtsgeschäfte mit Wucherern mit Generalvollmacht« angehäuft hatte.[100]

Ein Gesuch an ihre Schwester, Fürstin Lónyay, um Unterhaltszahlungen wurde nicht beantwortet. Ende März 1917 war Louise buchstäblich am Ende. Sie hatte ihre letzten Schmuckstücke verkauft, und ihre Wirtin drohte, sie auf die Straße zu setzen. Frau Stöger, die Louise in ihrer Not um Hilfe anflehte, gelange es, ihr ein wenig Geld zu besorgen. Ein Schweizer Professor, der in derselben Pension wohnte, riet ihr dringend, sich an ihre Tochter um Hilfe zu wenden. Doch Dora weigerte sich, ihre Mutter aufzunehmen, und setzte sie gnadenlos vor die Tür.

Rettung kam überraschenderweise von Mattachich. Er hatte jemanden beauftragt, Louises Spuren zu verfolgen. »Sie möge nach Ungarn kommen, wo sie gegenwärtig auf wirksame Unterstützung und Sympathien rechnen könne.«[101]

Auf abenteuerlichem Weg erreichte Louise den bayrisch-österreichischen Grenzort Bayrisch-Gmain bei Bad Reichenhall. Ein kleiner Bach bildete die Grenze der beiden Länder. Da Louise im Gegensatz zu Olga Börner und Mattachichs Bekannten keinen gültigen Pass besaß, blieb ihr nichts anderes übrig, als hier illegal über die Grenze zu gehen. Die Flucht gelang. In Wien angekommen, wandte sie sich an ihren Anwalt, der sie nach Budapest begleitete. In einem kleinen Hotel fand sie einen Unterschlupf. Dort traf sie Geza von Mattachich wieder, der für drei Tage Urlaub bekommen hatte.

Sollte Louise aber gehofft haben, in Ungarn Hilfe zu finden, so sah sie sich sehr bald getäuscht. Das Ende des Krieges und damit der Zerfall der österreichisch-ungarischen Monarchie stand vor der Tür. In Prag wurde die Tschechoslowakische Republik ausgerufen, Kroatien und Slowenien sagten sich von Österreich los, das am 12. November 1918 Republik wurde, vier Tage später gefolgt von Ungarn. Um dem Chaos zu entgehen, floh Louise mit Olga zu Stephanie nach Orozvar. Sie fand dort jedoch keine Aufnahme. Stephanie begründete ihre Weigerung mit der Tatsache, dass ihre Schwester immer noch an Mattachich festhalte.

Am 22. März 1919 übernahmen die Kommunisten unter Béla Kun die Regierung in Budapest. Das bedeutete einen Sturm auf die Schlösser und Palais des Adels. Auch das Palais Coburg in Budapest blieb davon nicht verschont. Dorthin hatte sich Louise in ihrer Not gewandt, in der Hoffnung, Hilfe zu finden.

Hilfe fand Louise nicht, vielmehr landete sie im Gefängnis! Ein Gärtner hatte sie erkannt und als Prinzessin begrüßt. Vor dem bereits am nächsten Tag zusammengetretenen Standgericht wurde »Prinzessin Louise von Sachsen-Coburg und Gotha, Prinzessin von Belgien« der Spionage für eine ausländische Macht angeklagt. Die Verhandlung dauerte nur kurz. Das Urteil lautete: Tod durch Erschießen. Nach einer Woche, die sie in einer Einzelzelle verbrachte, teilte ihr ein Rotgardist mit, dass das Urteil am nächsten Morgen vollstreckt werde.

So weit kam es jedoch nicht. Béla Kun soll sie persönlich begnadigt haben.

Am Ende ihrer Kraft fuhr Louise nach Wien, wo Maria Stöger zunächst für sie sorgte. Schließlich erhielt sie von der belgischen Botschaft endlich wieder etwas Geld, und eines Tages fanden sich auch Mattachich und Olga Börner ein. Auch die Geschäftsleute kamen wieder, einige allerdings nur, um alte Schulden einzutreiben, andere jedoch, um Kredite anzubieten. Das Erbe der geistesgestörten früheren Kaiserin von Mexiko, die immerhin bereits achtzig Jahre alt war, konnte doch nun nicht mehr lange auf sich warten lassen.

Etwas Geld erhoffte Louise sich auch nach dem Ableben ihres früheren Gatten. Doch erneut wurde sie enttäuscht. Prinz Philipp von Sachsen-Coburg und Gotha, der 1921 starb, hatte in seinem Testament ausdrücklich Folgendes festgelegt: »Um jedem Bedenken im Voraus die Spitze abzubrechen, erkläre ich hiermit ausdrücklich, dass Ihre königliche Hoheit, die Frau Prinzessin Louise von Belgien, Prinzessin von Sachsen-Coburg und Gotha, aus meinem Nachlass unter keinen Umständen ... irgendeine Zuwendung zu erhalten hat.«[102]

Als Alleinerben setzte Prinz Philipp seinen Großneffen Prinz Josias von Sachsen-Coburg und Gotha ein. Sein und Louises einziger Sohn Leopold war 1916 nach einem Säureattentat durch eine Prostituierte gestorben. Tochter Dora erhielt neben Wertpapieren und dem Familienschmuck ein lebenslanges Wohnrecht im Wiener Palais Coburg. Der Wert des Erbes, das hauptsächlich aus Gütern in Ungarn und in der damaligen Tschechoslowakei bestand, soll um die fünfzig Millionen Goldmark betragen haben.

Das Leben der Wiedervereinten in Wien verlief nicht ungetrübt. Mattachich war nicht nur körperlich stark beeinträchtigt aus der Gefangenschaft heimgekehrt, auch charakterlich hatte er sich sehr verändert. Ständig wechselnde Frauenbekanntschaften, auch solche aus der Gosse, sorgten für Streit. Außerdem war er im Lager zum Morphinisten geworden. Offensichtlich war in einem Lazarett, in dem er wegen seiner immer wiederkehrenden Malariaanfälle behandelt wurde, zu reichlich davon Gebrauch gemacht worden. Die Beschaffung des Rauschgifts dürfte ebenfalls die Kasse der Prinzessin strapaziert haben.

Da in Österreich durch die steigende Inflationsrate das Leben noch kostspieliger geworden war, übersiedelten Louise und Mattachich im Jahr 1923 nach Paris. Sie hofften, im Siegerland Frankreich mit Louises belgischer Währung besser zurechtzukommen. Doch auch dort erwies sich das Leben als schwierig. Eine alternde Prinzessin war keine Attraktion mehr. Zu viele Angehörige des russischen Hochadels hatten als Emigranten in Paris Zuflucht gesucht und konnten sich dort nur mühsam durchschlagen.

Schon am 1. Oktober desselben Jahres starb Mattachich im Alter von erst sechsundfünfzig Jahren. Der ehemals so schneidige Ulanenoffizier, der fesche Kavalier, den die Frauen angehimmelt hatten, war auf der Straße zusammengebrochen. Sein turbulentes Leben mit seinen Höhen und Tiefen, die bitteren Jahre in der Haft und im Internierungslager, der Drogen- und Alkoholmissbrauch, aber auch Louises Misswirtschaft, die seinen ständige Einsatz erforderte, hatten ihren Tribut gefordert.

Mattachichs sterbliche Überreste ruhen auf dem berühmten Pariser Friedhof Père Lachaise. Dort hatte Louise ihn trotz ihrer Geldsorgen mit großem Aufwand bestatten lassen. Anschließend wurde in der Kirche La Madeleine ein feierliches Requiem mit Chor und Orchester der Pariser Oper für ihn abgehalten.

Louise selbst lebte nach dem Tod ihres alten Freundes in Wiesbaden, wo sie als Gast des Hoteliers Lorenz Jeschke im Nassauer Hof mit ihren beiden ständigen Begleiterinnen einige Zimmer bezog. Sie lebte von einer bescheidenen Apanage des belgischen Hofs und von Krediten auf die zu erwartende Erbschaft ihrer Tante Charlotte.

Louise starb am 1. März 1924 im Alter von sechsundsechzig Jahren an einer Venen- und Lungenentzündung. Der belgische Hof war von ihrer schweren Erkrankung in Kenntnis gesetzt worden, worauf dessen Vermögensverwalter, Baron Goffinet, nach Wiesbaden gesandt wurde. Doch er verließ die Stadt unmittelbar nach Louises Tod, ohne sich um ihre Beisetzung zu kümmern.

Am 4. März 1924 meldete die Wiener *Neue Freie Presse*: »Die

Prinzessin Louise von Belgien wurde heute nachmittags, 2 Uhr, auf dem Südfriedhof in Wiesbaden beigesetzt … Das Trauergefolge bestand aus zwanzig Personen, die zum großen Teil der belgischen Kolonie in Wiesbaden angehören … Als Einzige ihrer noch lebenden Angehörigen folgte die Tochter der Verstorbenen, die Großherzogin Theodora von Schleswig-Holstein, dem Sarg … Die Feier verlief in der schlichtesten Form und dauerte kaum länger als eine Viertelstunde. Das einfache Grab, das die Großherzogin von Schleswig-Holstein angekauft hatte, ist mit einem schlichten Kreuz geschmückt, und niemand ahnt, dass es die letzte Ruhestätte einer Frau war, die einmal der strahlende Mittelpunkt rauschender Feste in Wien war.«

In Gerd Hollers Buch ist der Grabstein abgebildet: »Hier ruht in Gott Louise Prinzessin von Belgien«, lautet die kaum mehr lesbare Inschrift.[103] Bis 1989 wurde es auf Veranlassung der belgischen Botschaft betreut. Dann endeten die Nutzungsrechte.

Im Jahr von Louises Tod erschienen ihre Memoiren unter dem Titel *Throne, die ich stürzen sah.* Die letzten Worte des Buches sind Geza von Mattachich gewidmet.

Prinzessin Stephanie von Belgien, Kronprinzessin von Österreich

Wieder eine Prinzessin

Am 21. Mai 1864 wurde dem belgischen Kronprinzenpaar auf Schloss Laeken bei Brüssel erneut ein Töchterchen geboren, das als Stephanie Clothilde Louise Hermine Marie Charlotte in das Geburtsregister eingetragen wurde. Erst ein Jahr darauf trat der Herzog von Brabant nach dem Tod seines Vaters als König Leopold II. dessen Nachfolge an.

Stephanie unterwarf sich den strengen Erziehungsmethoden ihrer Mutter, denn sie liebte sie; weniger leicht hatten es die Erzieherinnen mit ihr. Eine der wenigen glücklichen Erinnerungen des kleinen Mädchens war der Besuch am englischen Königshof, wo es Königin Victoria vorgestellt und herzlich empfangen wurde. Die Lehrer Stephanies hatten keinen Grund zur Klage. Mit zwölf Jahren sprach und schrieb sie Französisch, Englisch, Deutsch und etwas Flämisch. Als sie zehn Jahre alt war, heiratete ihre Schwester Louise, für Stephanie damals ein großer Verlust.

Die Verlobung

Stephanie steckte fast noch in den Kinderschuhen, als in ihrer Familie schon die ersten Fäden für ihre Verlobung gesponnen wurden. Im Gespräch war kein Geringerer als der Kronprinz von Österreich-Ungarn, ungeachtet der Tatsache, dass Verbindungen mit Habsburgern dem Hause Coburg bis jetzt nicht viel Glück gebracht hatten. Die gar nicht so lange zurückliegende Ehe von Leopolds Tante Charlotte mit dem Bruder Kaiser Franz Josephs, Erzherzog Ferdinand Maximilian, hatte tragisch geendet, und Leopolds eigene Ehe mit einer Habsburgerin war auch nicht gerade als Erfolg zu bezeichnen.

Dennoch faszinierte den König die Idee. Der Erbe der Donaumonarchie galt als glänzende Partie. Und die Vorstellung, seine Tochter als künftige Kaiserin von Österreich und Königin von Ungarn zu sehen, war für ihn berauschend. Welches Renommee würde das für Belgien und für das Haus Coburg bedeuten! Die geschickte Heiratspolitik seines Vaters hatte Leopold II. immer sehr beeindruckt. Da wollte er nicht zurückstehen.

Als der Heiratskandidat damals nach Brüssel kam, um seine künftige Braut zu begutachten, trug Stephanie stolz ihr erstes langes Kleid und durfte zum ersten Mal an einem großen Diner teilnehmen. »Eure Kleine ist sehr wohlerzogen, Ihr könnt zufrieden und glücklich über sie sein«, lautete der knappe und nicht gerade enthusiastische Kommentar von Herzog Ernst von Sachsen-Coburg.[104]

Obwohl Kaiser Franz Joseph König Leopold II. nicht besonders mochte, war er einer Verbindung nicht abgeneigt. Die Kaiserin war davon nicht begeistert. Sie hatte zwei Jahre zuvor bei einem Besuch in Brüssel Stephanie kennengelernt, gefallen hatte sie ihr nicht.

Mit der diskreten Fühlungnahme am belgischen Hof wurde der österreichisch-ungarische Gesandte in Brüssel, Graf Bohuslaw Chotek, betraut. Die Mission war heikel. Schließlich sollte sich der Kronprinz das junge Mädchen nur unverbindlich anschauen, eine Rückzugsmöglichkeit musste gewahrt werden.

In einem Geheimbericht schrieb er nach seiner Audienz beim belgischen Königspaar dem Kaiser nach Wien: »Seine Majestät der König schien über meine Mitteilung ganz entzückt und bat mich in gehobenster Stimmung, vor allem Eurer Majestät tief ergebensten Dank auszusprechen, … dass Allerhöchst dieselben den Blick auf seine Tochter zu werfen und dieser Verbindung, wenn sie Seiner kaiserlichen Hoheit dem Kronprinzen zusagen würde, die eventuelle Zustimmung allergnädigst zu gewähren geruht haben. Ihre Majestät die Königin schien tief ergriffen, gerührt und hocherfreut … Was dagegen den Zeitpunkt der Vermählung beträfe, da gab mir Ihre Majestät die Königin zu verstehen, dass die Prinzessin noch kaum aufgehört habe, ein Kind zu sein, und dass die physische heiratsfähige Entwicklung der Prinzessin Stephanie … kaum begonnen, geschweige denn sich entfaltet und vollendet habe.«[105]

Der Kaiser begriff sofort: Seine künftige Schwiegertochter war noch nicht zur Frau geworden. Er sah jedoch darin kein Hindernis, man musste nichts übereilen.

Stephanie war nicht die erste Heiratskandidatin, Rudolf war schon erfolglos in Spanien, Dresden und Berlin gewesen. Die Prinzessin aus dem Hause Hohenzollern hätte ihm sogar gut gefallen, aber sie war Protestantin und konnte eine der wichtigsten habsburgischen Bedingungen, die Konversion zum katholischen Glauben, nicht erfüllen. Viel Auswahl unter den heiratsfähigen Prinzessinnen gab es nicht mehr. Die Wittelsbacher, schon öfters Heiratspartner der Habsburger, kamen wegen des zu nahen Verwandtschaftsgrads diesmal nicht infrage. Rudolf war es jedoch klar, dass er mit seinen beinahe zweiundzwanzig Jahren bald heiraten musste, selbst wenn er keine große Lust dazu verspürte. Auf den Bildern, die man ihm von Stephanie geschickt hatte, fand er sie zwar nicht gerade hübsch, ihr Kleid und ihre Frisur gefielen ihm überhaupt nicht, aber sie sah jung, frisch und gut gebaut aus.

Am 2. März 1880 fuhr Rudolf über München nach Brüssel, offiziell, um seine Mutter zu besuchen, die sich gerade in Irland befand. Seine zukünftige Braut sah er zum ersten Mal beim Diner. Tags zuvor war sie von ihren Eltern informiert worden: »Der Kronprinz von Österreich-Ungarn ist hierhergekommen, um um deine Hand zu bitten«, sagte der König. »Deine Mutter und ich befürworten diese Heirat sehr. Wir haben dich ausersehen, die künftige Kaiserin von Österreich und Königin von Ungarn zu werden. Ziehe dich zurück, überlege und gib uns morgen deine Antwort.«[106] Stephanie wusste, dass sie keine Wahl hatte; eine Verbindung mit dem Erben der österreichisch-ungarischen Monarchie würde sich ihr Vater niemals entgehen lassen. Am nächsten Tag stellte sie fest, dass ihr der ansehnliche junge Mann sogar gefiel.

Man hatte die jungen Leute »ganz zufällig« allein gelassen. Stephanie berichtet darüber: »Er küsste mir die Hand, sprach mich auf Deutsch an und erzählte mir von meiner Schwester Louise, die er verehre … Und schon nach wenigen Worten stellte er mir die große Frage, die über unsere Zukunft entscheiden sollte. Hierauf reichte er mir den Arm, und so näherten wir uns meinen Eltern und baten sie, unsere Verlobung zu segnen.«[107]

»Es war ein still erhebender, weihevoller Augenblick, die höchsten Herrschaften vermochten kaum zu sprechen«, schreibt darüber Graf Chotek.[108] Allem Anschein nach hatte auch Rudolf einen guten Eindruck von seiner jungen Verlobten gewonnen. Denn noch am selben Tag schrieb er an seinen Freund Graf Wilczek: »Ich schwelge in Glück und Freude. Was ich gesucht, habe ich gefunden, einen treuen guten Engel.«[109] Dazu passt es allerdings nicht, dass in seinem Salonwagen eine hübsche Schauspielerin vom Badener Theater auf ihn wartete, die damals seine Geliebte war.

In Wien wurde die Nachricht mit gemischten Gefühlen aufgenommen. Kaiserin Elisabeth soll das Telegramm über die Verlobung folgendermaßen kommentiert haben: »Wolle Gott, dass es kein Unglück wird.«[110] Am nächsten Tag wurde die Verlobung offiziell verkündet.

Die ganze königliche Familie, das diplomatische Corps und alles, was Rang und Namen hatte, war im Schlosshof versammelt, um dem verlobten Paar die Glückwünsche entgegenzubringen. Und ganz Brüssel feierte mit.

Kaiser Franz Joseph sandte seiner künftigen Schwiegertochter ein Collier aus Brillanten und Saphiren; die Kaiserin, die über das Aussehen der Braut enttäuscht war, erwies sich als weniger generös. Sie beschränkte sich auf ein Gebetbuch und den Sternkreuzorden. Dieser stand ohnehin katholischen Damen zu, die eine entsprechend lange, hochadelige Ahnenreihe aufweisen konnten.

Eine höchst wichtige und zeitraubende Angelegenheit waren die Vereinbarungen über die finanziellen Aspekte des Ehevertrags und die Auswahl des Hofstaats der künftigen Kronprinzessin. Aufgabe der Königin von Belgien war die Zusammenstellung des »Trousseau«, der Brautausstattung. Sieben Seiten lange Listen waren allein den Schmuckstücken gewidmet. Endlos war die Aufzählung der enormen Mengen an Kleidung, Wäsche und »Weißzeug«. Eine besondere Kostbarkeit stellte der Brautschleier aus Brüsseler Spitzen dar, an dem einhundertfünfzig Arbeiterinnen drei Monate lang gesessen hatten.

Auch die Braut war viel beschäftigt, denn es gab eine Menge zu lernen. Dazu zählte vor allem das komplizierte habsburgische Hofzeremoniell und die Geschichte seiner Länder, zudem sollte die künftige Königin von Ungarn zumindest die Grundkenntnisse der Landessprache beherrschen.

Die Hochzeit

Die Hochzeit von Kronprinz Rudolf und Prinzessin Stephanie von Belgien fand am 10. Mai 1881 in Wien statt. Am 2. Mai hatte Stephanie unter Tränen Abschied von ihrer Heimat genommen. Unter den Klängen der belgischen Nationalhymne verließ der Sonderzug Brüssel. Nach einer längeren Rast in Augsburg ging es weiter nach Salzburg. Dort begrüßte der Kronprinz in der Galauniform eines Generals seine Braut. In der Residenz fand ein großer Empfang statt, die ganze Stadt war festlich erleuchtet. Dann reiste Rudolf wieder ab, um rechtzeitig zum Empfang in Wien zu sein.

Unter den Klängen der Nationalhymne waren der Kaiser und sein Sohn mit ihrem Hofstaat am Westbahnhof eingetroffen. Der Kaiser umarmte und küsste seine künftige Schwiegertochter und hieß sie willkommen. Bei dieser Gelegenheit sah er Stephanie zum ersten Mal. Einen Kommentar hat er darüber nie abgegeben. Sie schien frisch und gesund, und es stand zu hoffen, dass sie möglichst bald für einen Erben sorgen werde.

Walzerkönig Johann Strauß hatte zu dem freudigen Anlass den »Myrtenblütenwalzer« komponiert. Die Wiener ließen sich das Ereignis natürlich nicht entgehen. Sie säumten dicht gedrängt die Straßen, die für diesen Anlass mit Rosenblättern bestreut worden waren. In Schönbrunn herrschte eine wahre Volksfeststimmung; Militärkapellen spielten, eine Lotterie versprach schöne Gewinne, und nach Einbruch der Dunkelheit gab es ein prächtiges Feuerwerk.

Die Vorstellung der künftigen Kronprinzessin fand in der Großen Galerie von Schloss Schönbrunn statt. Dort stand die Kaiserin mit ihren Töchtern. Elisabeth war nun dreiundvierzig Jahre alt. Dennoch überstrahlte sie mit ihrer sagenhaften Schönheit alle anwesenden Damen.

Der Empfang war zeremoniell und kühl, kritische Blicke begutachteten das neue Mitglied der Familie Habsburg. Echte Herzlichkeit spürte Stephanie nur bei den ungarischen Verwandten ihrer Mutter. »An der Kronprinzessin ist nicht viel, fadblond, wenig Haare, Gesicht ohne Ausdruck, Nase lang«, urteilte lapidar Fürst Khevenhüller. »Sie war sehr groß, ihr stumpfes gelbes Haar sehr unkleidsam frisiert und ihre Figur geradezu kläglich. Sie hatte weder Augenbrauen noch Wimpern. Das einzig Schöne an ihr war ihr makelloser Teint«, bemerkte Gräfin Larisch, die Nichte der Kaiserin.[111] Kaiserin Elisabeth schloss sich der Kritik unverblümt und bisweilen mit harten Worten an. Auch später konnte sich Elisabeth nie für Stephanie erwärmen.

Am nächsten Tag stand ein Hofball auf dem Programm – Stephanies erster! Alles lief genau nach Protokoll: Auf die Minute pünktlich traf der Kaiser mit Königin Marie Henriette ein, dann die Kaiserin mit König Leopold II., schließlich das Brautpaar. Streng nach der höfischen Rangordnung folgten paarweise die übrigen Gäste, viertausend an der Zahl. Getanzt wurde wenig, das Gedränge war groß. Die meisten Anwesenden bevorzugten es ohnehin, sich dem opulenten Buffet zuzuwenden. Das Kaiserpaar hielt huldvoll Cercle ab, und die Kaiserin ließ sich die Debütantinnen vorstellen. Eine Viertelstunde nach Mitternacht war das glanzvolle Fest schon wieder zu Ende.

Am 9. Mai fand dann der zeremonielle Einzug in Wien unter Glockengeläut und Geschützdonner statt. An einer für diesen Anlass errichteten Triumphpforte hieß der Bürgermeister der Stadt die neue Kronprinzessin willkommen.

Im Redoutensaal wurde abends ein festliches Diner veranstaltet, dabei entfaltete der Kaiserhof alle Pracht, die einem solchen Anlass würdig war. Hundert goldene und vierundsechzig silberne Gedecke schmückten die Tafel für die illustren Gäste.

Die Trauung fand traditionsgemäß in der nächst der Hofburg gelegenen stilvoll dekorierten Augustinerkirche statt. Stephanie trug ein Kleid aus Silberbrokat mit langer Schleppe, Myrten- und Orangenblüten schmückten das kostbare Diadem der Braut, ein Geschenk des Kaisers. Kardinal Fürst Schwarzenberg, assistiert von vierundzwanzig Bischöfen und Erzbischöfen, zelebrierte die Brautmesse. Als das Brautpaar die Ringe wechselte, erklangen erneut sämtliche Glocken Wiens, donnerten die Geschütze. Die Eheringe waren dieselben, die einst die Erzherzogin Maria Theresia und Herzog Franz Stephan von Lothringen, der spätere deutsche Kaiser Franz I., getragen hatten.

Der großen Gratulationscour in der Hofburg folgte ein Galadiner. Dann hieß es für Stephanie, Abschied zu nehmen: von den Eltern, der Schwester und dem eigenen Hofstaat.

Die »Hochzeitsreise« ging nach Schloss Laxenburg. »Es war neblig und trüb. Fröstelnd und völlig erschöpft lehnte ich in den Kissen des Wagens. Allein mit einem Mann, den ich kaum kannte, überkam mich … ein Gefühl furchtbarer Bangigkeit … Wir wussten uns nichts zu sagen, wir waren uns völlig fremd. Vergeblich wartete ich auf ein zärtliches oder liebevolles Wort … Meine Ermüdung, vermischt mit den verworrensten Empfindungen von Furcht und Einsamkeit steigerte sich zu einer schweren, hoffnungslosen Verzweiflung«, schilderte Stephanie viele Jahre später ihre damalige seelische Verfassung. »Ich erwartete schöne, freundliche Appartements. In allen Zeitungen war zu lesen, es seien vierzehn Gemächer, welche man seit Wochen renoviert und neu möbliert hatte. Als wir sie betraten, schlug uns modrige, atembeklemmende, eisige Kellerluft entgegen. Nicht eine blühende Pflanze, keine Blume, um meine Ankunft zu feiern … Nirgends lagen weiche, schmeichelnde Teppiche, kein Toilettentisch, kein Badezimmer, nur ein Lavoir (Waschschüssel) auf einem dreibeinigen Schemel.«[112]

Es ist unverständlich, dass Kaiserin Elisabeth, die nach ihrer eigenen Hochzeit nicht sehr glücklich in Laxenburg gewesen war, nicht für einen freundlicheren Empfang gesorgt hatte.

Über die erste Nacht, um die sich so viele Wunschträume romantischer Mädchen ranken, schrieb Stephanie in ihren Erinnerungen: »Welche Nacht! Welche Qual, welcher Abscheu! Ich hatte nichts gewusst, man hatte mich als ahnungsloses Kind zum Altar geführt. Ich glaubte, an meiner Enttäuschung sterben zu müssen.«[113]

Auch dieser von der Frauenwelt verwöhnte Bräutigam hatte

sich anscheinend nicht die Mühe gemacht, sich in die Seele eines unaufgeklärten Mädchens zu versetzen und darauf Rücksicht zu nehmen. Und die Königin von Belgien hatte aus jener fatalen Nacht, in der Louise voll Entsetzen in die Orangerie geflüchtet war, nichts gelernt.

Nicht nur an Laxenburg, auch an der Hofburg fand Stephanie wohl mit Recht einiges auszusetzen. Vor allem am mangelnden Komfort übte sie Kritik: an den rußenden Lampen, am Fehlen eines Badezimmers und einer modernen Toilette. Stattdessen trugen Lakaien die »Leibstühle« und Nachttöpfe durch die Gänge.

Im Nu sprach sich die Kritik der Kronprinzessin herum. Die Folge davon war, dass man sie für überheblich und arrogant hielt.

Glückliche Tage in Prag

Nach einem kurzen Aufenthalt in Budapest, wo Stephanies kleine Ansprache in der Landessprache die Menschen zu stürmischer Begeisterung hinriss, reiste das junge Ehepaar nach Prag. Dort befand sich Rudolfs Regiment. Stephanie fühlte sich sehr wohl in der Burg auf dem Hradschin. Auch an das Eheleben hatte sie sich inzwischen gewöhnt, und sie war doch ein wenig stolz darauf, nun die zweite Dame des großen Habsburgerreichs zu sein.

»Ich war nie so glücklich wie heuer im Sommer, wo ich, umgeben von einer beseligenden Häuslichkeit ruhig meine Vorstudien zur ›Orientreise‹ machen konnte … Stephanie ist gescheit, sehr aufmerksam und feinfühlend … Ich bin sehr verliebt, und sie ist die Einzige, die mich zu vielem verleiten könnte«, schrieb Rudolf nach einigen Monaten an seinen alten Erzieher Latour.[114] Das eheliche Glück steigerte sich noch, als Stephanie schwanger wurde. Rudolf rechnete fest mit einem

Sohn, den er bereits liebevoll »Waclaw« nannte, die tschechische Form für Wenzel. Seine Briefe im überschwänglichen Ton der damaligen Zeit drücken Sehnsucht nach dem »Theuersten Engel« aus, wie er seine Frau nannte, und sind unterzeichnet mit »Dein Dich innigst liebender Coco«.[115] Seine Frau hieß dementsprechend »Coceuse«.

Obwohl die Ehe des Kronprinzen offensichtlich gut lief, beharrte die Kaiserin auf ihrer Abneigung gegen Stephanie: Immer noch nannte sie sie gelegentlich das »hässliche Trampeltier« oder in ihrem Tagebuch »das Trum, so groß, dick, gelb und blond«.[116]

Weniger glücklich als in seiner Ehe war der Kronprinz mit der Politik des österreichischen Ministerpräsidenten Graf Taaffe, den der Kaiser sehr schätzte. Noch weniger verstand er sich mit Schwarzenberg, dem Erzbischof von Prag, dem er vorwarf, weit mehr Fürst zu sein als ein Mann der Kirche. Der eher volkstümliche Kronprinz hatte außerdem nicht viel übrig für den Adel, unter dessen Mitgliedern es seiner Meinung viele gab, die nur ihre Zeit vergeudeten.

Kaiser Franz Joseph hielt seinen Sohn und künftigen Nachfolger bewusst von der Politik fern. Der Kaiser hätte es auch nie gestattet, dass der vielseitig und vor allem naturwissenschaftlich interessierte junge Mann ein Studium aufgenommen hätte, wie es eigentlich dessen Wunsch war. Das gehörte sich nicht für einen Habsburger und künftigen Kaiser, er musste Karriere in der Armee machen, auch gegen seinen Willen. Um seine Ansichten dennoch zu äußern, nahm der Kronprinz Zuflucht zu Artikeln, die sein Freund Moritz Szeps, der Chefredakteur des liberalen *Wiener Tagblattes*, anonym in seiner Zeitung erscheinen ließ. Darin übte Rudolf scharfe Kritik an dem Zustand der Armee, an der Rolle des Adels und an dem ultrakonservativen klerikalen System des Habsburgerreichs. Die Haltung des Kaisers seinem Sohn gegenüber war zweifellos eine der Faktoren, die eines Tages nach Mayerling führen sollten.

Die ersten Schatten

Am 2. September 1883 wurde dem Kronprinzenpaar in Laxenburg ein Kind geboren. Erwartungsvoll zählten die Menschen die Kanonensalven, die nach alter Tradition anlässlich der glücklichen Geburt abgeschossen wurden. Die Spannung wuchs, als sie die Zahl zwanzig erreicht hatten. Doch es folgte nur noch eine einzige Detonation, das hieß, es war kein Junge, sondern ein Mädchen. Wenn ein Junge zur Welt gekommen wäre, hätten die Kanoniere noch weitere achtzig Mal schießen müssen.

Auch im Kaiserhaus war man enttäuscht. Doch man tröstete sich mit der Gewissheit, dass das Kronprinzenpaar noch jung genug war, um weiteren Kindersegen zu erwarten. Eines Tages würden die Kanonen bestimmt die ersehnten hunderteins Schüsse abgeben.

Das kleine Mädchen erhielt den Namen Elisabeth und wurde nach dessen ungarischer Form Erzsi genannt. Es sollte später für einigen Skandal sorgen und nach dem Ende der Monarchie nach dem Ersten Weltkrieg ein recht ungewöhnliches Leben führen.

Im selben Jahr entsprach dem Kaiser endlich Rudolfs Wunsch, nach Wien versetzt zu werden. Die junge Familie lebte von nun an im Winter in der Hofburg, im Sommer in Laxenburg und weilte auch öfters zu Besuch in Bad Ischl, dem traditionellen Sommeraufenthalt des Kaisers.

Stephanie war gern in Ischl, obwohl ihr das sommerliche Domizil ebenfalls zu primitiv vorkam. Und nach wie vor waren die Räume in Wien Gegenstand ihrer Kritik. Niemand am Wiener Hof, nicht einmal das Herrscherpaar, zeige Interesse an alten Gemälden, antiken Möbeln, Tapisserien und Kunstgegenständen: »Alle Veränderungen, die ich vorschlug, wurden abgelehnt, sie riefen das Entsetzen der Hofleute hervor, welche diese hässlichen Möblements bei Weitem den herrlichen Antiquitäten vorzogen, die reichlich in den Hofmobiliendepots vorhanden waren.«[117]

Dessen ungeachtet ließ sie in der Hofburg ein modernes Badezimmer einrichten. Das rief die Nörgler erneut auf den Plan, denn wenn der Kaiser sich mit Leibstuhl und Gummibadewanne begnügte, dann brauchte auch die belgische Schwiegertochter nichts Komfortableres. Noch mehr eckte Stephanie an, als sie einen französischen Koch engagierte. Das Wiener Essen war ihrem Geschmack nach zu derb. Allem Anschein nach war sie recht anspruchsvoll geworden, wenn man bedenkt, dass ihr in ihrem Elternhaus die Diener öfters ein Stück Kuchen zusteckten, weil sie dort nicht einmal ein Dessert bekam.

Rudolf, inzwischen zum Feldmarschall-Leutnant avanciert, hatte ebenfalls weiterhin Grund zur Kritik. Begeistert von den vielen Neuerungen, die es auch auf militärischem Gebiet gab, war es für ihn höchste Zeit, die österreichische Armee zu modernisieren. Damit geriet er jedoch in Konfrontation mit dem Armeechef Erzherzog Albrecht, der wie Franz Joseph von Änderungen und Reformen überhaupt nichts hielt. Das trug dazu bei, Rudolf den Dienst in der Armee noch mehr zu verleiden.

Auch in der Ehe lief es nicht mehr so gut wie anfangs. Stephanie hatte sich emanzipiert, setzte immer mehr ihren Willen durch, der häufig von dem ihres Gatten abwich. Es stärkte ihr Selbstbewusstsein, als Kaiserin Elisabeth sie bat, ihr Repräsentationspflichten abzunehmen. Durch die häufige Abwesenheit der Kaiserin wurde sie praktisch zur ersten Dame im Staat.

Völlig unverständlich war der Kronprinzessin Rudolfs Vorliebe für einfache Wiener Lokale, etwa »Heurigenschenken«, in denen das Volk verkehrte. Einmal und nie wieder hatte Stephanie ihn inkognito, verkleidet als »fesches Bürgermädel«, dorthin begleitet: »Die Luft war überall erstickend; ein Geruch von Knoblauch, schlechtem Fett, Wein und Tabak betäubte mich. Man saß bis zum Morgengrauen an ungedeckten, schmutzigen Tischen, neben uns spielten Fiakerkutscher Karten, pfiffen und sangen. Man tanzte, Mädchen sprangen auf Tische und Sessel und sangen immer wieder die gleichen sentimental-ordinären Schlager, die ein furchtbares Orchester nicht müde wurde zu begleiten. Gerne hätte ich mich darüber amüsiert, den Aufenthalt in dieser verrauchten Kneipe fand ich so abstoßend, unwürdig und noch dazu langweilig. Ich begriff nicht, was der Kronprinz darin fand«, erinnerte sich Stephanie Jahrzehnte später an jenen Heurigenbesuch.[118]

Für volkstümliche Unterhaltungen hatte sie nichts übrig. Dem Volk konnte man ihrer Ansicht nach huldvoll aus einer Kutsche zuwinken. Mit ihm in näheren Kontakt zu treten hielt sie für ihrer unwürdig.

Der Weg nach Mayerling

Lange dauerte es daher nicht, bis Rudolf das ungebundene Leben seiner Junggesellenzeit wieder aufnahm. An Frauen hatte es ihm nie gemangelt. Das erregte begreiflicherweise Stephanies Eifersucht. Die Szenen, die sie ihrem Mann deswegen machte, verschlimmerten die Situation erheblich.

Eine Frau, mit der sich Rudolf regelmäßig beim Heurigen zeigte, war die hübsche, dunkelhaarige Mizzi Caspar. Der Kronprinz hatte sie durch Frau Wolf kennengelernt, eine Art von Edelkupplerin, die gut aussehende junge Frauen, die sich zu benehmen verstanden, an Herren aus höheren Kreisen vermittelte. Sie gab auch an Interessenten so manches Wissenswerte weiter, was ihr von den Mädchen zugetragen wurde, und lebte von ihrer vielseitigen Tätigkeit recht angenehm.

Mizzi Caspar begleitete den Kronprinzen sogar auf Dienstreisen in die Provinz und war oft mit ihm beim Heurigen – wofür sich der Kronprinz großzügig erkenntlich zeigte. Jedenfalls kaufte Mizzi sehr bald für die stattliche Summe von 60 000 Gulden ein Haus im vierten Wiener Gemeindebezirk und bezeichnete sich nun als »Hauseigentümerin«.

Sie war jedoch nicht die einzige Frau, mit der Rudolf intim verkehrte, was unangenehme Folgen hatte. Der Kronprinz infizierte sich mit einer Geschlechtskrankheit, einer schweren, damals unheilbaren Gonorrhö. Seine gesundheitlichen Beschwerden wurden offiziell unverfänglich als Bronchitis, Rheuma und eine Blasenerkrankung ausgegeben. Zur Erholung rieten die Ärzte zu einem Aufenthalt im warmen Süden. Man wählte die vor Ragusa gelegene Insel Lacroma (heute Lokrum bei Dubrovnik), die seinerzeit von Charlotte von Belgien, der späteren Kaiserin von Mexiko, käuflich erworben worden war.

Stephanie begleitete Rudolf nach Lacroma und steckte sich prompt bei ihm an. »Ich selbst ahnte den Grund meines Leidens nicht. Auf hohen Befehl wurde alles vertuscht. Erst später entdeckte ich, dass der Kronprinz an meinem Leiden schuld war«, gestand Stephanie später.[119] Die Folgen waren schwerwiegend, die Kronprinzessin konnte keine Kinder mehr bekommen. Diesen Schicksalsschlag verwand sie nie, denn sie wusste nun, dass sie die wichtigste Pflicht einer Kronprinzessin nicht mehr erfüllen konnte: Österreich einen Erben zu schenken. Daran war Rudolf schuld – und das durfte nicht einmal bekannt werden.

Durch diese Erkenntnis dürfte die Ehe des Kronprinzenpaars einen tiefen Riss bekommen haben, der nie wieder zu kitten war. Hinzu kam die Diskrepanz ihres Naturells und ihrer Ansichten, die in den ersten Ehejahren durch den Reiz des Neuen überbrückt worden war. Im Gegensatz zu Rudolf glaubte Stephanie fest an das Gottesgnadentum der Herrscherfamilien und die Überlegenheit des Hochadels. Sie betrachtete ihn als eine unabdingbare Stütze des Regimes, das es zu bewahren galt.

Der Hauptgrund für ihre ablehnende Haltung dürfte jedoch

vor allem Rudolfs erschreckende Veränderung gewesen sein. »In der Folge kam es vor, dass der Kronprinz erst frühmorgens in einer unerfreulichen Verfassung nach Hause kam. Unter solchen Umständen war ein wirkliches Zusammenleben nicht mehr möglich. Mein ganzes Wesen empörte sich dagegen«, äußerte sich Stephanie einmal.[120] Es ist anzunehmen, dass er betrunken war und sie ihn aus dem Zimmer wies. Laut Graf Hoyos soll sie ihm überhaupt gewisse »Rechte« verweigert haben.[121] »Jetzt war er oft überhaupt nicht wiederzuerkennen. Seine innere Zerrissenheit führte zu schrecklichen Heftigkeitsausbrüchen, zu unerträglichen und unwürdigen Szenen.«[122]

Dennoch dürfte der Kronprinz nicht alle Annäherungsversuche an seine Frau aufgegeben haben. Das geht aus einem Schreiben hervor, das er am 31. März 1888 an sie richtete: »Ich finde, wir könnten diese eine Nacht in Abbazia zusammen schlafen …, es wäre auch recht hübsch, wieder einmal im Bett zusammen herumzunutscherln …Von ganzem Herzen Dich umarmend, Dein Dich innigst liebender Coco.«[123]

Natürlich sollte niemand etwas von den Unstimmigkeiten des Ehepaars merken, vor allem nicht, wenn es sich bei Repräsentationsanlässen in Wien, in den übrigen Ländern und oft auch im Ausland zeigte, wo der Kronprinz als Vertreter des Kaisers die Monarchie vertrat. Beim Bündnispartner Deutschland etwa, dessen Repräsentant zunächst der hochbetagte Kaiser Wilhelm I. war. Auf ihn folgte am 9. März 1888 sein Sohn Friedrich III., der aber bereits drei Monate später an Kehlkopfkrebs starb. Mit ihm und seiner liberal gesinnten Gattin Viktoria, der ältesten Tochter der englischen Königin Victoria, hätte bestimmt ein besseres Einvernehmen bestanden als mit Friedrichs Sohn und Thronerben, Wilhelm II. Die Persönlichkeit des neuen deutschen Kaisers trug nicht wenig dazu bei, Rudolfs Misstrauen gegen das Bündnis mit Deutschland zu verstärken.

Stephanie liebte diese Reisen, sie verschafften ihr die Abwechslung, die sie in ihrer tristen Ehe so dringend brauchte. Sie bewegte sich sicher auf dem diplomatischen Parkett und wurde als künftige Kaiserin anerkannt. Besonders beeindruckend fand sie eine Reise über Rumänien und Bulgarien in die Türkei im Jahr 1884. Kaiser Franz Joseph wünschte ein gutes Verhältnis zu diesem Land, dessen Annäherung an Russland verhindert werden sollte, ohne dieses zu verärgern. Eine heikle Mission!

Sultan Abdul Hamid II. liebte es, zu repräsentieren. In seinen Stallungen standen eintausendzweihundert edle Pferde, ebenso viele Frauen lebten in seinem Harem. Misswirtschaft und Korruption blühten. Ungeachtet der ständig leeren Kasse lebte man aus dem Vollen, während die Wirtschaft verkam und das Militär ein trauriges Bild bot.

Noch nie hatte Stephanie eine solche Ansammlung von Schätzen, von Silber, Gold und Edelsteinen gesehen. Als sie besonders schöne Brillanten bewunderte, schenkte der Sultan sie ihr, gefasst in einem Diadem. Zudem bekam sie zwei arabische Schimmel, Seidenteppiche und noch etliche andere wertvolle Gaben. Der Eindruck, den die Kronprinzessin von der türkischen Gastfreundschaft erhielt, war überwältigend. Die Ausflüge in die Umgebung, die Feste, die den Gästen zu Ehren gefeiert wurden, der ganze Zauber des Orients, waren für sie ein nachhaltiges Erlebnis.

Es kam sogar einmal vor, dass Kaiser Franz Joseph seine Schwiegertochter damit betraute, in Triest eine Art von Werbetour für ein besseres Verhältnis zu der Monarchie zu unternehmen. Dort machte nämlich die »Irredenta« besonders viel Propaganda für eine Trennung von Österreich. Stephanie, stolz über dieses Vertrauen, empfing von Miramare aus Abordnungen und zeigte sich eifrig in der Öffentlichkeit. Tatsächlich gelang es ihr, viel Sympathie zu erwecken. Der Kaiser honorierte ihre Bemühungen, indem er sie bei ihrer Rückkehr nach Wien persönlich am Bahnhof begrüßte und ihr seinen Dank aussprach.

Wohl wissend, dass er nicht mehr lange zu leben hatte, kostete Rudolf die ihm verbleibende Spanne Zeit in vollen Zügen aus. Er bekämpfte seine Schmerzen und die quälende Bronchitis mit Morphium und Kokain, gewöhnte sich an ein Gemisch von Champagner und Kognak, um sich aufzuputschen und seine Impotenz zu bekämpfen. Man könnte auch an eine erbliche Belastung durch Inzucht denken. Nur ein Viertel habsburgischen Bluts strömte in seinen Adern, drei Viertel rührten von seiner Mutter und seiner Großmutter von den Wittelsbachern her. Heiraten zwischen den beiden Herrscherhäusern waren häufig. Obwohl Ehen unter Verwandten laut Kirchenrecht verboten waren, erteilte der Papst bereitwillig den dafür erforderlichen Dispens.

Arbeitsüberlastung mochte Rudolfs schlechte körperliche Verfassung noch verschlimmert haben. Denn er war nicht nur Generalinspekteur des Heeres und hatte etliche Repräsentationsaufgaben zu erfüllen, sondern er nahm auch seine geheime journalistische Arbeit sehr ernst. Die enge Bündnisbindung an Deutschland und der damit konform gehende Dreibund mit Italien missfielen ihm ebenso wie das österreichische Engagement am Balkan. Er hätte eine Vereinbarung mit Frankreich und Russland vorgezogen. Doch gegenüber der Politik seines Vaters war er machtlos.

Es ist nicht sicher, ob die anonyme Denkschrift *Österreich-Ungarn und seine Alliancen. Offener Brief an Seine Majestät Kaiser Franz Joseph I.* von Julius Felix (Paris 1888), Rudolfs Feder entsprang, ebenso wenig, ob der Kaiser überhaupt Kenntnis davon erhielt. Jedenfalls spiegelte sie in aller Deutlichkeit die Gedanken des Kronprinzen wider: »Sagen Sie sich doch los, Majestät, solange es noch Zeit ist! Verständigen Sie sich direkt mit Russland. Lassen Sie den Balkan, solange es noch Zeit ist! Lassen Sie Bulgarien, die Türkei und das ganze Gesindel am

Balkan, und werfen Sie denselben womöglich noch Ihr Bosnien und die Herzegowina an den Kopf.«[124]

Kannte der Kaiser den Zustand seines einzigen Sohnes? Immerhin wurden Rudolf und die anderen Erzherzöge ständig von Geheimagenten beschattet. Es ist daher anzunehmen, dass Franz Joseph sich darüber Bericht erstatten ließ. Der Kaiser wusste nämlich im Allgemeinen eine ganze Menge über das Privatleben seiner Familienangehörigen. So manche der jungen Herrschaften, die über die Stränge schlugen, wurden von ihm zur Audienz befohlen und erhielten eine Standpauke. Sollten ihm Rudolfs anstößiges Privatleben und dessen Folgen wirklich entgangen sein? Hatte er sich nie für dessen rätselhafte Krankheit interessiert?

Und die Kaiserin? Elisabeth war nur mit sich selbst beschäftigt, mit ihrer Schönheit, ihrer schlanken Linie, den Reisen, zu denen ihre Ruhelosigkeit sie trieb. Wien mochte sie nicht. Sie war froh, wenn sie es verlassen konnte. Für ihren Sohn interessierte sie sich nur sehr am Rande.

Mary Vetsera

In vielen Büchern und Filmen steht Mary Baroness Vetsera im Mittelpunkt, einige Autoren sehen sogar in Rudolfs angeblich großer Liebe zu dem damals erst siebzehnjährigen Mädchen die Hauptperson der Tragödie von Mayerling. Mit Fug und Recht kann man jedoch behaupten, dass es sich nicht so verhielt.

Die verwitwete Baronin Vetsera verfügte über großen Reichtum, ihre Brüder waren Bankiers und anerkannte Jagd- und Rennreiter, die in den berühmten Reitställen des In- und Auslands gewissermaßen zu Hause waren. Jedenfalls führte die Baronin in Wien ein großes Haus, in dem man gern ihre Gastfreundschaft genoss. Angeblich soll es ihr hauptsächlich da-

rum gegangen sein, ihre hübsche Tochter möglichst hochade-
lig und lukrativ zu verheiraten.

Auch Gräfin Marie Larisch, eine Nichte der Kaiserin, die
einer nicht standesgemäßen Ehe ihres ältesten Bruders entstammte, war ein gern gesehener Gast im Hause Vetsera, stellte
sie doch eine gewisse Verbindung zu den allerhöchsten Kreisen dar.

Zweifellos war Mary ein sehr reizvolles Mädchen. »Von der
üppigen, früh erblühten Gestalt, dem hübschen Gesichtchen
mit den zuckenden Lippen, dem kecken Stupsnäschen, den
feuchtschimmernden blauen Augen ging ein Hauch heißer
Sinnlichkeit aus, welcher umso mehr auf die Männer wirkte, je
sinnlicher ihre eigene Natur war«, gab der *Berliner Börsen-Cou-
rier* vom 24. Februar 1889 den Eindruck eines Augenzeugen
wieder. Mary, die einer levantiner Familie entstammte, konnte
ihre Herkunft nicht verleugnen. Ihre Bildung soll jedoch sehr
mäßig gewesen sein und ihr Interesse ausschließlich der Mode
und dem Rennsport gegolten haben.

Wie viele andere Mädchen auch, hatte sich Mary in den
Kronprinzen verliebt und suchte nach einem Weg, seine Bekanntschaft zu machen. Schließlich entschloss sie sich, ihm
brieflich mitzuteilen, wie sehr sie ihn liebe. Darauf soll er ihr
postlagernd geantwortet und ebenfalls den Wunsch nach einem persönlichen Treffen im Prater geäußert haben.

Für ein Mädchen aus ihren Kreisen gehörte eine ziemliche
Portion Mut dazu, auf eine solche Weise mit dem Kronprinzen
von Österreich-Ungarn Kontakt aufzunehmen, mochte dieser
auch im Ruf eines Frauenhelden stehen. Da es für ein Mädchen jedoch völlig unmöglich war, sich allein mit Rudolf zu
treffen, suchte Mary Beistand bei Gräfin Larisch, die sich Rudolf ein wenig verpflichtet fühlte. Er hatte ihr bei ihren dau-
ernden Geldschwierigkeiten schon oft aus der Klemme geholfen.

Einem Gerücht zufolge sollen die heimlichen Treffen sogar

schon seit dem Frühjahr 1888 erfolgt sein. Ein Fiaker habe damals immer um Mitternacht in der Nähe des Palais Vetsera gewartet, aus dem Mary sich mithilfe ihrer Zofe hinausgeschlichen habe. Eine abenteuerliche Vorstellung! Wann die heimlichen Treffen der beiden wirklich begannen, ist nicht bekannt. Jedenfalls hat Mary anscheinend jede Gelegenheit dazu genutzt, vor allem, wenn ihre Mutter und die ältere Schwester außer Haus waren.

Wie Brigitte Hamann in ihrem Buch berichtet, ist es »relativ gut bezeugt, dass Mary zum Zeitpunkt ihres Todes im vierten bis fünften Monat schwanger war«.[125] Ein anonym gebliebener Informant des *Berliner Börsen-Couriers* glaubte zu wissen, der Kaiser habe im November seinen Sohn dringend aufgefordert, die Liaison mit Mary sofort zu beenden. Auch Mutter Vetsera wurde energisch. Doch ihre Tochter war so besessen von ihren Gefühlen, dass alle Vorhaltungen vergeblich waren. Nun brauchte sie erst recht die Hilfe der Gräfin Larisch. Mit ihr Einkäufe zu erledigen oder Ausfahrten zu machen erregte keinen Verdacht. Aber der Fiaker der Gräfin fuhr nur an einen vereinbarten Platz hinter dem Grand Hotel, wo Rudolfs Leibkutscher Bratfisch Mary schon erwartete. Er geleitete sie zu einer unscheinbaren eisernen Tür, von der aus ein geheimer Weg zu den Appartements des Kronprinzen führte. Zur vereinbarten Zeit brachte Gräfin Larisch das Mädchen wieder nach Hause.

»Ich war gestern von 7 bis 8 Uhr bei ihm. Wir haben beide den Kopf verloren. Jetzt gehören wir uns mit Leib und Seele an«[126], schrieb Mary am 13. Januar 1889 an eine vertraute Freundin. Das sieht nach dem Beginn intimer Beziehungen aus, passt aber nicht zur angeblich bereits bestehenden Schwangerschaft. Oder war damals der Plan gefasst worden, gemeinsam in den Tod zu gehen?

Zwei Tage später kaufte Mary bei der renommierten Firma Rodeck am Kohlmarkt für 480 Gulden eine goldene Zigarettendose und ließ die Worte eingravieren: »13. Januar – Dank dem Schicksal«. Rudolf dagegen schenkte Mary einen eisernen Ehering mit der Gravierung: »I.L.V.B.I.D.T.«. Das bedeutete: »In Liebe vereint bis in den Tod«, dazu ein Medaillon, das ein Stück Leinen mit einem Blutstropfen enthielt. Mary soll es Tag und Nacht getragen haben.[127] Nach jenem denkwürdigen 13. Januar setzte die Siebzehnjährige ihr Testament auf und legte es in eine Kassette, die Andenken an Rudolf enthielt.

Als Stephanie ihren Mann nach einer Reise im Januar wiedersah, erschrak sie über sein schlechtes Aussehen: »Ich fand den Kronprinzen erschreckend gealtert, seine Haut war fahl und schlaff, sein Blick flackernd, seine Gesichtszüge völlig verändert … Es war, als lösten sie sich von innen her auf.«[128]

In ihrer Angst ließ sie sich bei ihrem Schwiegervater melden. Doch dieser beruhigte sie: »Das ist eine Einbildung von dir. Rudolf fehlt nichts. Er sieht nur blass aus, ist zu viel unterwegs, er mutet sich zu viel zu. Er soll mehr bei dir bleiben. Sei nicht ängstlich.«[129] Das war alles, was Rudolfs Vater dazu zu sagen hatte.

Mayerling

Ende Januar spitzte sich die Lage zu. Bei einer Soiree, die der deutsche Botschafter in Wien, Prinz Reuß, zu Ehren des Geburtstags seines Souveräns gab, gehörten der Kronprinz und die Kronprinzessin zu den Ehrengästen. Als sie das Defilee der Gäste abschritten, fixierte Mary Stephanie so herausfordernd, dass sie allseits Aufsehen erregte. Prinzessin Louise von Sachsen-Coburg und Gotha berichtete darüber: »Dort stand sie, strahlend wie eine Königin, die keine Rivalin fürchtete, so leuchtend und triumphierend schien ihre Schönheit. Ihr Blick … und ihre ganze sinnliche Grazie waren sich ihrer Macht bewusst.«[130] Die Baronin hatte größte Mühe, ihre Tochter zu einer korrekten Haltung zu veranlassen. Da sie inzwischen deren Kassette gefunden hatte, drohte sie ihr an, sie in ein Kloster einzusperren.

Am 28. Januar fand sich Gräfin Larisch vormittags im Palais Vetsera ein, um Mary abzuholen und sie von dort in die Hofburg zu bringen. So hatte sie es Rudolf versprochen. Als der Kronprinz sie bat, ihn mit Mary allein zu lassen, erfüllte sie ihm diesen Wunsch. Marie Larisch sollte Mary nicht mehr wiedersehen.

Verstohlen lief Mary den geheimen Weg zurück und bestieg den Fiaker, an dem Rudolfs Leibkutscher Bratfisch schon wartete, um sie nach Mayerling zu bringen.

Begreiflicherweise war Gräfin Larisch entsetzt, als Rudolf allein wiederkam und ihr auftrug, Marys Mutter zu sagen, ihre Tochter sei ihr während eines Einkaufs entwischt. Er gab seiner Cousine 500 Gulden, damit der Kutscher diese Angabe bestätigte. Der Gräfin blieb nichts anderes übrig, als nach Rudolfs Vorschlag zu handeln. Sie bestach den Kutscher, fuhr dann zur Baronin und anschließend ins Polizeipräsidium. Dort erklärte sie, dass Mary verschwunden sei, während sie bei Rodeck eingekauft habe.

Der Kronprinz wartete noch auf ein Telegramm und verabschiedete sich von seiner Frau. Sein Töchterchen sah er nicht mehr, weil es gerade auf dem Töpfchen saß. Dann fuhr er ein Stück mit einem Einspänner, schickte ihn zurück und ging zu Fuß weiter bis zu der Stelle, an der Bratfisch mit Mary auf ihn wartete. Nach Mayerling zur Jagd zu fahren war nichts Ungewöhnliches.

Rudolf und Mary blieben im Schloss allein. Die beiden Jagdgäste, Graf Hoyos und Prinz Philipp von Sachsen-Coburg und Gotha, wurden erst am nächsten Morgen zum Frühstück erwartet, wobei der Kronprinz ihnen mitteilen ließ, dass er sich erkältet habe und daher auf die Jagd verzichten müsse. Aus demselben Grund bat er am Nachmittag Prinz Philipp, ihn abends beim Familiendiner in Wien zu entschuldigen. Ein Telegramm gleichen Inhalts sandte er in die Hofburg. Prinz Philipp fuhr also allein nach Wien. Graf Hoyos übernachtete in einem anderen Gebäude. Keiner der beiden ahnte, dass Mary sich in Mayerling befand.

Rudolf hatte schon am Tag zuvor Abschiedsbriefe geschrieben, unter anderem einen an Mizzi Caspar. Die letzte Nacht in Wien hatte er bis zum frühen Morgen bei ihr verbracht und ihr später durch einen Vertrauten 30 000 Gulden übergeben lassen. Nur der Brief an seine Frau ist im Wortlaut bekannt: »Liebe Stephanie, Du bist von meiner Gegenwart und Plage befreit. Werde glücklich auf Deine Art … Ich gehe ruhig in den Tod, der allein meinen guten Namen retten kann.«[131] Leider ist der Brief an die Kaiserin nicht erhalten; Rudolf soll ihr jedoch geschrieben haben, dass er nicht wage, seinem Vater zu schreiben, denn er sei nicht würdig, sein Sohn zu sein.

Auch Mary schrieb an ihre Mutter: »Verzeih mir, was ich getan. Ich konnte der Liebe nicht widerstehen. Ich bin glücklicher im Tod als im Leben.«[132] »Wir beide gehen selig in das ungewisse Jenseits«, stand in einem Brief an ihre Schwester Hanna.[133]

Vor einiger Zeit schon hatte Rudolf Mizzi Caspar gefragt, ob sie nicht gemeinsam mit ihm sterben würde. Er wolle diesen letzten Weg nicht allein gehen. Doch Mizzi hatte ihn nur ausgelacht. Nun hatte er in der schwärmerischen und exaltierten Siebzehnjährigen jemanden gefunden, der dazu bereit war.

Nachdem Hoyos sich zurückgezogen hatte, verbrachten Rudolf und Mary den Abend mit Kutscher Bratfisch, der sie mit seinen Liedern und seiner Fertigkeit im Pfeifen unterhielt. Graf Hoyos berichtete später in seiner Denkschrift, dass der Kammerdiener Loschek ihn knapp vor acht Uhr früh geholt und ihm mitgeteilt habe, dass der Kronprinz auf sein Klopfen nicht öffne, obwohl dieser das Frühstück schon eine halbe Stunde eher bestellt habe. Danach habe Loschek in seiner Gegenwart die Tür des Zimmers gewaltsam geöffnet. Der Kronprinz und seine Begleiterin hätten tot auf dem Bett gelegen, neben Rudolf lag der Revolver. Loschek sagte hingegen aus, er habe bereits um sechs Uhr zwei Schüsse gehört, worauf er Hoyos geholt und in dessen Beisein die Tür aufgebrochen habe.

Die Reaktion in Wien

Unmittelbar nach der schrecklichen Entdeckung fuhr Graf Hoyos nach Wien, wo es Kaiserin Elisabeth auf sich nahm, dem Kaiser die schreckliche Nachricht zu überbringen. Die näheren Umstände erfuhr der Monarch aber erst am nächsten Morgen von Hofarzt Dr. Widerhofer. Besonders traf ihn die Tatsache, dass sein Sohn sich selbst erschossen habe. Ursprünglich hatte es geheißen, Mary habe ihn vergiftet. Da die Wahrheit vertuscht werden sollte, wurde der Presse gemeldet, die Todesursache sei ein Herzschlag gewesen. Das war aber nicht lange aufrechtzuerhalten. Um ein christliches Begräbnis zu ermöglichen und dem Kaiserhaus gefällig zu sein, gaben die Ärzte zu Protokoll, bei der Obduktion der Leiche »pathologische Befunde« in Rudolfs Gehirn gefunden zu haben, die häufig »abnorme Geisteszustände« verursachten.

Trotz aller Disziplin, die Kaiser Franz Joseph bewies, war er fassungslos. Das tragische Ereignis traf ihn sichtlich völlig unvorbereitet, ein Beweis dafür, wie wenig Beachtung er seinem Sohn geschenkt hatte. Vor allem schien er es als Schande zu empfinden, dass dieser sich feige aus dem Leben gestohlen hatte. Er sei wie ein »Schneider« gestorben, soll er verächtlich bemerkt haben – ein Ausdruck aus der Waidmannssprache, der einen feigen Bock oder Hirsch bezeichnet, der sich davonmacht, statt sich mutig mit dem Gegner zu messen.[134]

Auch die Kaiserin hatte sich beim Erhalt der Todesnachricht sehr beherrscht verhalten. Erst später ließ sie ihren Gefühlen freien Lauf: »Die hohe Frau ... weint viel und gibt sich fortwährend dem Grübeln über den Vorfall hin, macht sich Vorwürfe und misst dem vererbten Wittelsbacher Blut die geistige Verwirrung ihres beklagenswerten Sohnes bei.«[135] Mehr denn je wandte sie sich dem Spiritismus zu.

Die Aussagen darüber, wie die Kronprinzessin den Tod ihres Gemahls aufnahm, gehen weit auseinander. Erzherzogin Valerie, die jüngere Schwester Rudolfs, habe sie zu ihren Schwiegereltern gebracht, berichtete Stephanie in ihren Erinnerungen: »Der Kaiser saß in der Mitte des Raumes, die Kaiserin, dunkel gekleidet, schneeweiß und starr im Gesicht, war bei ihm. In meinem fassungslosen, erschütterten Zustand glaubte ich, dass man mich wie eine Verbrecherin ansah. Ein Kreuzfeuer von Fragen, auf die ich einesteils nicht antworten konnte, andernteils nicht antworten durfte, ging auf mich nieder.«[136] »Ich habe vor dieser Selbstzerstörung gezittert, gewarnt, und trotzdem war mir an diesem Tag das Geschehen ein Rätsel. Warum hatte er das getan? war die immer wiederkehrende Frage.«[137] Jahrzehnte später schrieb sie darüber: »Dennoch, der Tod hatte mich von einem angstvollen, sorgenvollen und trostlosen Zustand erlöst – allein, um welchen Preis! Alles, meine und des Landes Zukunft schienen zerschellt, für die ich vieles geduldig ertragen hatte.«[138]

Ganz anders klingt es in einem Brief an Stephanies Schwester Louise vom 30. Januar 1889: »Kaum kann ich die Feder halten, um Dir zu sagen, dass ich durch das schreckliche Unglück, das uns getroffen hat, vor Schmerz gebrochen bin ... Komm morgen, wann immer, ich brauche Dich mehr denn je. Bete für mich und für ihn, der so gut war. Bleibe bei der unglücklichsten Frau, Deiner Dich liebenden Schwester Stephanie.«[139]

»Wir fanden den Kaiser und die Kaiserin weniger krank und angegriffen, als wir glaubten«, schrieb König Leopold II. am 2. Februar 1889 aus Wien an seinen Bruder. »Wir verzichten, die Verzweiflung unserer lieben Stephanie zu schildern. Die

Königin und ich haben sogleich nach unserer Ankunft vier volle Stunden bei ihr verbracht.«[140]

Zweifellos erlitt Stephanie zunächst einen Schock. Wehmütige Erinnerungen an die erste glückliche Zeit ihrer Ehe mischten sich mit Schuldgefühlen, ihrem Mann häufig über Gebühr mit Vorwürfen zugesetzt zu haben. Angst vor der Zukunft, die Sorge, welches Los ihr und ihrem Töchterchen nun beschieden sein würde, mochte ebenfalls zu ihrer Verzweiflung beigetragen haben. In Miramare, wo sie die erste Zeit nach Rudolfs Tod verbrachte, scheint sie jedoch bald darüber hinweggekommen zu sein.

Rudolfs Leiche wurde zuerst in seinen Wohnräumen in der Hofburg, dann in der Hofburgkapelle aufgebahrt, die Kopfwunde pietätvoll verhüllt. Trotz der Januarkälte standen die Wiener stundenlang Schlange, um einen letzten Blick auf ihren Kronprinzen zu werfen. Und zwar nicht nur aus Sensationslust und Neugier. Viele spürten wohl, dass eine Hoffnung des Landes mit ihm zu Grabe getragen wurde. Das Mitleid des Volkes galt hauptsächlich dem Kaiser, kaum der Kaiserin und schon gar nicht Stephanie. Graf Hübner, österreichisch-ungarischer Botschafter in Paris, schrieb sarkastisch über die Kronprinzessin, sie höre nicht auf, »zu heulen und der Krone nachzuweinen, die ihr entgeht«.[141] Was Kaiserin Elisabeth betraf, war man sich nicht nur im Volk, sondern bis in die höchsten Kreise darüber einig, dass sie ihre Pflicht ihrem Sohn gegenüber grob vernachlässigt hatte und nun vor allem der ungeliebten Schwiegertochter die Schuld an Rudolfs Tod gab.

Stephanie selbst gestand in einem Brief an Louise: »Trotz meiner Energie und Willenskraft verfalle ich abends oft in eine schreckliche Traurigkeit. Das ist kein Wunder, wenn man seine ruinierte Zukunft und seine zerbrochenen Hoffnungen bedenkt, wenn man sich fragt, für wen und für was man sich acht Jahre lang geopfert und gearbeitet hat, um die Achtung und

Liebe des Volkes zu erringen, das einen von heute auf morgen nichts mehr angeht.«[142]

Der Leichenzug erfolgte mit allem Prunk und Pomp, den das spanische Hofzeremoniell vorsah. Am 5. Februar 1889 wurde Kronprinz Rudolf in der Wiener Kapuzinergruft beigesetzt, wie es sich für einen Habsburger geziemt.

Das Jagdschloss Mayerling ließ Kaiser Franz Joseph in ein Kloster umwandeln, in dem Nonnen Tag und Nacht für das Seelenheil seines Sohnes beten sollten.

Marys letzter Weg

Die Art und Weise, wie man mit Marys Leiche umging, war schäbig und makaber. Man kleidete sie an, zog ihr einen Pelzmantel über und setzte ihr einen Hut auf, dann platzierte man sie zwischen ihre beiden Onkel, Graf Stockau und Alexander Baltazzi, auf den Rücksitz eines Wagens. Um zu verhindern, dass sie in sich zusammensank, stabilisierte man sie mit einem ins Kleid gesteckten Stock. Ihr Tod wurde als Selbstmord bezeichnet.

Offiziell war die »weibliche Leiche« in der Gemeinde Mayerling entdeckt worden. Der wahre Ort ihres Todes sollte unbedingt verschwiegen werden. Sie wurde in einem eilig zusammengezimmerten Sarg in der »Selbstmörderecke« des Friedhofs begraben. Erst später verlegte die Familie sie in eine würdige Grabstätte. Für den Hof hat eine Baronesse Vetsera überhaupt nie existiert.

Im Lauf der Jahre wurde die Gruft mehrfach geplündert. Eine Untersuchung ihrer sterblichen Überreste lehnte das Kloster Heiligenkreuz auch noch nach dem Ende der Monarchie ab. Die Ruhe der Toten solle nicht gestört werden, hieß es. Oder trägt man dort noch heute Sorge, dass das Andenken des Kronprinzen beschädigt werden könnte?

Tausende Seiten sind über den Tod des Paares geschrieben, unzählige Schlussfolgerungen gezogen und eine Menge Gerüchte verbreitet worden. Von einem russischen Duell aus nebulösen Gründen war die Rede, von einem eifersüchtigen Förster, dessen Frau Rudolf nachgestellt habe, von den Brüdern Baltazzi, die ihn mit einer Champagnerflasche erschlagen hätten, um ihre Nichte Mary zu rächen. Viele Jahre später reihte sich Kaiserin Zita in jenen Reigen ein, als sie erklärte, ein ausländischer Geheimdienst habe Rudolf ermordet. Der Gedanke, ein so prominenter Habsburger habe als Mörder und Selbstmörder geendet, war ihr offensichtlich unerträglich.

Großen Raum nehmen in diesem Zusammenhang politische Gründe ein. Rudolf habe einer Verschwörung gegen den Kaiser angehört, um sich in Ungarn zum König ausrufen zu lassen. Als dieser Plan gescheitert sei, habe er nur noch einen Ausweg gesehen: den Tod.

Ein Romeo war er ganz gewiss nicht und bestimmt nicht der Mann, der starb, weil er seine Geliebte nicht heiraten durfte. Wenn man Gräfin Larisch Glauben schenken darf, was nicht immer einfach ist, soll er sie sogar gebeten haben, Mary zur Vernunft zu bringen. Das überspannte Mädchen, das sich in seine Liebe so hineinsteigerte, war für ihn nur eine Gefährtin, um in den Tod zu gehen.

Eine ganz interessante Version bietet der Arzt und Autor Gerd Holler, der Rudolfs Tod lediglich als Kurzschlusshandlung auslegt: Die »Hof- und Herrschaftshebamme« Therese Miller habe Mary noch in Wien einen Katheter eingesetzt, der zu einer Abtreibung führen sollte. Als diese missglückte und das Mädchen verblutete, sei Rudolf in Panik geraten und habe keinen anderen Ausweg gesehen als den eigenen Tod. Er sei »unwürdig« weiterzuleben, soll in dem verschollenen Brief an die Kaiserin gestanden haben.

Der wahre Grund für Rudolfs Tod ist vermutlich in einem Zusammenspiel verschiedener Umstände zu sehen. Der Kronprinz war mehrfach gescheitert: am Unverständnis seines Vaters, dessen Politik Österreich ins Unglück stürze, am eigenen Unvermögen, das zu ändern, und nicht zuletzt an seiner unerfüllten Ehe sowie an seiner unheilbaren Krankheit. Es ist durchaus möglich, dass konkrete politische Pläne den letzten Anstoß für die Tat gaben, etwa ein Staatsstreich, der den Kaiser entmachten und den Kronprinzen zum König von Ungarn machen sollte. Es fehlen aber jegliche Beweise dafür. Sie wurden entweder vernichtet oder so versteckt, dass sie bis heute unauffindbar sind. Alle potenziellen Mitwisser, auch die Dienerschaft, wurden unter Eid zu lebenslangem Schweigen verpflichtet, Letzteres sogar honoriert. Bratfisch, der bestimmt einiges wusste, hat zeit seines Lebens alle Versuche, ihn zu einer Aussage zu verleiten, erfolgreich abgewehrt. Gab es also doch etwas Schwerwiegendes zu verbergen? Die Mühe, die man sich machte, um sämtliche Spuren zu verwischen, wird den Verdacht nie ganz verstummen lassen.

Angeblich soll Otto von Habsburg, der derzeitige hochbetagte Chef des Hauses, erklärt haben, dass das Rätsel von Mayerling nach seinem Tod gelüftet werde. Ob der künftige Familienchef, Karl von Habsburg, dazu bereit sein wird? Im Rahmen der Fernsehdiskussion anlässlich der Ausstrahlung des Films von 2006 »Kronprinz Rudolfs letzte Liebe« über den Kronprinzen, hielt er Rudolf für einen illoyalen Verräter.

Kronprinzessin-Witwe Stephanie

»Ihre kaiserliche Hoheit die durchlauchtigste Kronprinzessin-Witwe Erzherzogin Stephanie«, lautete der neue Titel gemäß »allerhöchster Entschließung«. Dazu gehörte, dass sie im Rang vor allen Erzherzoginnen stand. Obwohl nur die Kaiserin höher rangierte, durfte Stephanie sie in deren Abwesenheit nicht vertreten. Dies stand laut Zeremoniell der Gemahlin des kaiserlichen Bruders zu, die jedoch hinter Stephanie rangierte. Witwen sollten sich von weltlichen Ereignissen fernhalten. Man war ohnehin der Meinung, Stephanie zeige sich vom tragischen Ende ihres Gatten kaum beeindruckt. Kein Wunder, dass sie es vorzog, Wien und der Hofburg öfters den Rücken zu kehren und zu verreisen.

Stephanie fuhr, wie bereits erwähnt, nach Miramare, in die Niederlande oder zu ihren Eltern nach Laeken. Das Neujahrsfest 1890 verbrachte sie in Abbazia, den Januar – folglich auch Rudolfs Todestag – in Südtirol, was ihr am Kaiserhof sehr verübelt wurde. Später reiste sie oft zu Verwandten oder zu Kuren in verschiedene Bäder.

Auch ihre Finanzen bedurften einer neuen Regelung. Sie behielt Rudolfs Wohnräume im Schweizertrakt der Hofburg und in Laxenburg, die sie aber nach ihrem Geschmack neu ausstatten ließ. Laut Ehevertrag stand ihr neben den Zinsen ihrer Mitgift und des kaiserlichen Nadelgeldes ein »Wittum« von 100 000 Gulden zu, das nach Einspruch König Leopolds II. auf 150 000 erhöht wurde. Außerdem hatte Rudolf zwar seiner Tochter sein gesamtes Vermögen vermacht, seiner Witwe stand jedoch bis zu einer eventuellen Wiederverheiratung dessen lebenslänglicher Nießnutz zu.

Erst sieben Jahre nach Rudolfs Tod wurde die höfische Rangfolge geändert. Stephanie erhielt endlich das Recht, hinter der Erzherzogin zu gehen, die die Kaiserin vertrat. Sie konnte also wieder an offiziellen Diners und an Hofbällen teilnehmen.

Anlässlich des ersten Festes, dem Stephanie beiwohnte, schrieb der Kaiser seiner Gattin: »Stephanie benahm sich korrekt und mit Takt«, und ein Jahr später, nach einem Fest bei Erzherzog Otto, erwähnte er, dass »auch reifere Damen, darunter Stephanie« sich eifrig am Tanz beteiligt hätten. Die Kronprinzessin-Witwe hatte inzwischen das für damalige Verhältnisse reife Alter von vierunddreißig Jahren erreicht![143]

Tochter Erzsi, der Liebling des Kaisers, entwickelte sich allmählich zu einem hübschen jungen Mädchen, während Stephanie den für Prinzessinnen üblichen Beschäftigungen nachging: Sie eröffnete Ausstellungen, besuchte Krankenhäuser, ging gelegentlich ins Theater, malte und nahm Gesangsunterricht. Sie hatte nun das Protektorat über das Rote Kreuz und übernahm die Fertigstellung von Rudolfs Werk *Die österreichische Monarchie in Wort und Bild*, das schließlich 24 Bände umfasste.

Eine neue Liebe?

Sie nannte ihn »Hamlet« und sich selbst »Ophelia«. Seinen wahren Namen hat sie nie verraten. Ihre einzige Vertraute war ihre Schwester Louise.

Lange blieb diese Neigung geheim. In ihren Briefen an ihre Schwester verriet Stephanie nur wenige Buchstaben von »Hamlets« Namen. Dennoch decken sie sich mit einer kurzen Notiz im Wiener *Fremdenblatt* vom 7. Mai 1889 und enthüllen somit die Identität des Mannes, in den Stephanie sich noch zu Lebzeiten ihres Gatten verliebt hatte.

Bei dem geheimnisvollen »Hamlet« handelt es sich um den polnischen Grafen Arthur Potocki, den Abkömmling eines alten, reich begüterten Magnatengeschlechts, aus dem zahlreiche staatliche und kirchliche Würdenträger hervorgingen. Stephanie dürfte ihn anlässlich einer Galizienreise kennengelernt haben, die sie mit Rudolf Ende Juni 1887 unternahm. Damals war sie dreiundzwanzig Jahre alt. Das Kronprinzenpaar wohnte in Krakau im Palast der Potocki und besichtigte auch deren Schloss in Krzeszowice.

Ein romantischer Jüngling war Arthur Potocki nicht. Zu jenem Zeitpunkt war er Ende dreißig und Witwer mit zwei halbwüchsigen Töchtern. Seine Frau, die aus der nicht minder berühmten Familie Lubomirski stammte, war mit einundzwanzig Jahren nach nur vierjähriger Ehe einige Jahre zuvor gestorben.

Graf Potocki war k.u.k. Kämmerer und auf Lebenszeit Mitglied des Herrenhauses. Seine Mutter war Trägerin des Sternkreuzordens. Trotz des riesigen Grundbesitzes, der sich bis weit nach Russland erstreckte, gehörte die Familie nicht dem elitären Kreis der souveränen Familien an, erfüllte also nicht die Bedingung für die Heirat mit einer Angehörigen des Hauses Habsburg. Aber so weit sollte es ohnehin nicht kommen.

Stephanie erwähnte den Unbekannten zum ersten Mal am 25. März 1888: »Ich halte es nicht mehr aus vor Unruhe, seit ich von der Anwesenheit Ar..t … in Wien weiß. Ophelia muss ihn sehen, aber wie es anstellen. Hamlet bleibt nur zwei Tage in Wien. Antworte mir sofort, was man erfinden kann. Trachte, etwas zu arrangieren.« Aus Abbazia schrieb sie von ihrer »unbeschreiblichen Sehnsucht« nach ihm.[144]

Unmittelbar nach Rudolfs Tod war »Hamlet« in Wien. Ob er sich mit Stephanie traf, ist nicht bekannt, auch nicht, ob er ihre Gefühle mit der gleichen Intensität erwiderte.

Aber bereits im September 1890 bekam sie eine schlimme Nachricht: »Hamlet« war schwer krank. »Armer Mann!«, berichtete sie Louise. »Meine Sehnsucht nach ihm ist unsagbar. Ich liebe ihn so sehr. Du allein weißt das, und ich könnte keinen verlässlicheren Hüter für das Geheimnis meines Herzens haben, das manchmal zerspringen will, wenn ich an ihn denke.«[145]

»Trachte vor Deiner Abreise Einzelheiten über den unglücklichen ›Hamlet‹ zu erfahren, mit dem es zu Ende geht. Mir blutet das Herz. Es scheint, dass man ihn erneut operiert hat, was ihm die Sprache geraubt hat … Es ist schrecklich. Du musst etwas in Erfahrung bringen. Schreibe es mir sofort, um meine furchtbare Aufregung zu besänftigen. Wenn ich doch bei ihm sein, ihn pflegen, ihn sehen könnte … Bete für ihn und Deine Schwester.«[146]

»Hamlet« litt offensichtlich an Zungenkrebs und war ein Todeskandidat. Anfang des Jahres 1890 ging es ihm scheinbar etwas besser, doch es war nur ein kurzes Aufbäumen. Im September musste er erneut operiert werden, wobei ihm ein Teil der Zunge entfernt wurde. Die Ärzte behaupteten, die Operation sei erfolgreich verlaufen, doch das erwies sich als Trugschluss. Am 26. März starb Graf Arthur Potocki in seinem Schloss in Galizien. Dort wurde er zwei Tage später in Begleitung von hochrangigen Trauergästen beigesetzt.

Die *Wiener Zeitung* widmete dem »hochverdienten, vorzeitig Dahingeschiedenen« einen Nachruf, Kaiser Franz Joseph ließ durch seinen Generaladjutanten Graf Paar Potockis Mutter sein Mitgefühl ausdrücken. An die hundert Kränze wurden aufgestellt, einer aus weißen Rosen und roten Kamelien stammte von Kronprinzessin-Witwe Stephanie.

Niemand kennt die Einzelheiten dieser so tragisch endenden Liebesromanze, niemand weiß, wo und wann »Ophelia« und »Hamlet« sich getroffen haben und ob es überhaupt je ohne Begleitung geschah. »Ich hoffte immer noch auf eine Heilung. Vergebens. Ich habe meinen besten Freund verloren. Einen Mann, den ich so hoch schätzte und so sehr liebte. Dieser Verlust schmerzt mich furchtbar«, steht in einem Brief an ihre Schwester.«[147]

Näheres über ihre Beziehung hat Stephanie nicht einmal Louise anvertraut. Darüber sprach man nicht, so wollte es die Konvention.

Graf Elemér Lónyay von Nagy-Lónya und Vásáros-Namény

Wann genau Stephanie Graf Lónyay kennengelernt hat, ist ebenfalls nicht bekannt. Die Berichte darüber differieren stark. War es anlässlich einer der Jagden bei Graf Heinrich Larisch in Schlesien, wo er ihr Tischherr gewesen sein soll? Oder in London, wo er Attaché an der österreichisch-ungarischen

Botschaft war? Vielleicht in Laxenburg oder gar anlässlich einer Reise zum Nordkap? Stephanie hat darüber zeit ihres Lebens geschwiegen.

An Versuchen des Kaisers, sie mit dem Erzherzog-Thronfolger Franz Ferdinand zu verheiraten, fehlte es nicht. Damit wären beide standesgemäß versorgt gewesen. Aber die Hauptbeteiligten dachten nicht daran, den Wunsch Seiner Majestät zu erfüllen, und hielten beide lieber an ihren nicht standesgemäßen Partnern fest. Denn nicht nur Franz Ferdinands Auserwählte, Gräfin Sophie Chotek von Chotkowa, war nach dem Habsburger Familiengesetz für den künftigen Kaiser von Österreich keineswegs die geeignete Braut, auch Graf Lónyay war nicht der passende Bräutigam für die Witwe von Kronprinz Rudolf. Der Ungar entstammte zwar einem alten, sehr angesehenen Adelsgeschlecht und war reich begütert, war aber bis vor kurzer Zeit nur ein Baron gewesen. Erst 1896 hatte Kaiser Franz Joseph ihn und seinen Bruder anlässlich der ungarischen Millenniumsfeier zum Grafen erhoben und zu einem erblichen Mitglied der ungarischen Magnatentafel ernannt. Seine einzige Würde war die eines k.u.k. Kämmerers.

Er war ein Jahr älter als Stephanie und, wie Gemälde dokumentieren, ein sehr gut aussehender Mann. Stephanie war seit beinahe zehn Jahren verwitwet und hatte sich wohl ziemlich heftig in den Ungarn verliebt. Das Leben hatte ihr bis jetzt nicht viel Glück beschieden – einen strengen, egoistischen Vater, der ihr vor allem Angst einjagte, eine zutiefst von ihrer Ehe enttäuschte Mutter, dann eine glänzende Heirat mit einem Mann, den sie überhaupt nicht kannte. Das Glück, das sie sich dennoch davon erhofft hatte, war von kurzer Dauer gewesen. Schließlich ein Ende mit Schrecken. Mit vierundzwanzig Jahren Witwe, war für sie am Kaiserhof, wo Protokoll und Zeremoniell übermächtig waren, eigentlich kein Platz. Witwen aus dem Kaiserhaus waren im Allgemeinen ältliche Damen, denen ein mehr oder minder abgelegener Witwensitz zugewiesen wurde, wo sie sich karitativen Werken widmeten. Für Jüngere fand man bald einen geeigneten neuen Ehepartner. Das war aber nicht so einfach, denn Stephanie war weiterer Kindersegen ja verwehrt.

Ihre kleine Tochter war ihr zwar geblieben, aber durch Rudolfs Testament waren die mütterlichen Rechte auf den Kaiser übergegangen. Mehr als früher bestimmte Franz Joseph über die Erziehung Erzsis. War es unter diesen Umständen nicht begreiflich, dass sie sich aus dem freudlosen Leben am Kaiserhof wegsehnte und Liebe und Zärtlichkeit in einer neuen Verbindung suchte? Dass sie nichts anderes wünschte, als keine Marionette mehr zu sein, an deren Fäden andere zogen?

»Hamlet« war gestorben, aber dann trat irgendwann der besagte ungarische Graf in ihr Leben, machte ihr den Hof, und sie verliebte sich. Hatten bisher andere über ihr Leben bestimmt, wollte sie es nun in die eigenen Hände nehmen und an diesem neuen Glück festhalten. Widerstand kam vor allem von ihrem Vater, für den der Graf nichts Besseres als ein »Schafhirte« war.

Kaiser Franz Joseph, welcher der Ehe seines Thronfolgers, Erzherzog Franz Ferdinand, so lange seine Zustimmung verweigerte, fand die Absicht seiner Schwiegertochter zwar keineswegs gut, aber er erklärte sich schließlich doch einverstanden. Eine kaiserliche Hoheit dürfe sie nach ihrer zweiten Hochzeit zwar nicht mehr sein, aber er gestand ihr sogar eine jährliche Apanage von 100000 Gulden zu. Der Nießnutz von Rudolfs Vermögen ging ihr zwar bei einer zweiten Heirat verloren, dennoch würde sie auch als Gräfin Lónyay ein standesgemäßes Auskommen haben.

Für den Kaiser lag der Fall viel einfacher als die beabsichtigte Ehe Franz Ferdinands – denn der würde einmal Kaiser sein und seine Frau damit automatisch in den Rang einer Kaiserin aufsteigen. Und dass eine einfache Gräfin eine solche Stellung erhielt, war für Franz Joseph völlig unvorstellbar.

Am 18. März 1900 verkündete die *Wiener Zeitung* in ihrem amtlichen Teil ihren Lesern folgende sensationelle Neuigkeit: »Ihre kaiserliche und königliche Hoheit, die durchlauchtigste Kronprinzessin-Witwe Erzherzogin Stephanie haben, nachdem Höchstdieselbe die Zustimmung Seiner kaiserlichen und königlichen apostolischen Majestät als des allerhöchsten Familienoberhauptes eingeholt und erhalten haben, höchstsich mit dem Grafen Elemér Lónyay von Nagy-Lónya und Vásáros-Namény, kaiserlichem und königlichem Kämmerer und erblichem Mitgliede der Magnatentafel des ungarischen Reichstages, verlobt.«

Vor allem die weibliche Bevölkerung, die Stephanie nie besonders geschätzt hatte, äußerte ihre Bewunderung darüber, dass eine Frau, die als arrogant verschrien war, nun um ihrer Liebe willen auf Titel und Würden verzichtete: »Man sieht etwas Romantisches, Märchenhaftes in diesem Akte der Prinzessin«, lautete auch der Kommentar der Wiener *Neuen Freien Presse* vom 22. März 1900.

Schon im Jahr zuvor hatte sich Stephanie an Königin Victoria gewandt und um Hilfe ersucht. Doch deren Vermittlungsversuch war gescheitert, König Leopold II. hatte sich nicht erweichen lassen. »Die beiden Eltern wollen Stephanies Heirat vollkommen ignorieren … brechen jeden Verkehr mit ihrer Tochter ab, verbieten ihr das Überschreiten der belgischen Grenze und haben sogar Stephanies Schwester Clementine verboten, mit ihr zu korrespondieren!«, hatte der Kaiser am 27. Oktober 1899 an Frau Schratt geschrieben.[148]

Leopold II. blieb zeit seines Lebens hart, er verzieh seiner Tochter ihre zweite, nicht standesgemäße Heirat nie. Es verwundert nur, dass auch Königin Marie Henriette, die selbst so sehr an ihrer Ehe mit einem ungeliebten Mann litt, nicht mehr Verständnis zeigte.

Wohl auf Vermittlung des Kaisers billigte Leopold II. seiner Tochter wenigstens ihre Geburtsrechte als Prinzessin von Belgien zu. Außerdem musste er ihr die im Ehevertrag zugesicherte Apanage weiterhin bezahlen. Stephanies Hoffnung, der Kaiser werde ihren zweiten Gatten im Rang erhöhen, erfüllte sich nicht. Erst der Nachfolger Franz Josephs, Kaiser Karl I., erhob den Grafen Lónyay in den Fürstenstand.

Stephanies letzter Auftritt bei Hof war der Hofball vom 9. Januar 1900. Es war zugleich der erste Ball ihrer Tochter. Das *Wiener Salonblatt* räumte in seiner zweiten Nummer den Toiletten der Damen einen breiten Raum ein. Die Kronprinzessin-Witwe kam in einem silbrigen Kleid mit Schleppe, die Corsage reich mit Silberstickerei und Diamanten verziert, mit einem Zweig von La-France-Rosen an der linken Schulter sowie mit einem Collier aus Türkisen und Brillanten und einem »hohen Diadem im wundervollen blonden Haar«.

Selbstverständlich wurde auch »unsere kleine hohe Frau«, Tochter Erzsi, gebührend gewürdigt – »eine gertenschlanke Erscheinung mit sonnigen Blauaugen und hellblonder Haarkrone, eine Lichtelfe, die berufen scheint, den Lebensabend des viel geprüften Monarchen mit Freude und Glück zu erfüllen«. Ihre Ballrobe wurde genau beschrieben: weißer Tautropfentüll mit Maiglöckchen garniert, um den Hals eine Perlenkette.

Für ihre künftigen Wiener Aufenthalte wählte Stephanie eine Villa im Vorort Kalksburg und machte umfangreiche Einkäufe für ihren neuen »Trousseau«, ihre mit einem großen S bestickte Wäsche, über dem sich die Königskrone befand.

Gräfin Lónyay

»Vorgestern Abend ist also Stephanie mit Erzsi wirklich nach Miramare abgereist und auch gestern früh glücklich dort eingetroffen. Ich war noch um 2 Uhr bei ihr und nach 8 Uhr am Bahnhof, um Abschied zu nehmen. Die Stimmung war ruhig, und es ist alles gut gegangen. Am 16. soll die Kleine von Miramare abreisen und über Venedig, Padua nach Trient reisen, worauf sie einen Séjour in Gries macht«, schrieb der Kaiser am 10. März 1900 an Frau Schratt.[149]

Am 8. März 1900 hatte Stephanie sich von ihrem Personal verabschiedet und ihre Geschenke verteilt. Punkt acht Uhr fuhr sie in Begleitung ihrer Tochter mit dem Hofwagen zum Bahnhof. Das *Wiener Salonblatt* Nr. 10/1900 berichtete: »Ihre k.u.k Hoheit, Frau Kronprinzessin-Witwe Erzherzogin Stephanie hat Donnerstag abends um 8 Uhr 25 Minuten mit dem Courierzug der Südbahn die Reise nach Miramare angetreten … Um 8 Uhr fuhr Frau Kronprinzessin-Witwe Stephanie mit der Erzherzogin Elisabeth Marie beim Portal vor. Die hohen Frauen verfügten sich alsogleich ins Vestibul. Die Kronprinzessin-Witwe trug einen Reisemantel von tiefdunkelgrünem Samt mit schwerem Pelz verbrämt. An der ehrfurchtsvoll grüßenden Menge vorbei schritten die hohen Frauen über die Freitreppe in den sogenannten Prinzensaal … Fünf Minuten nach 8 Uhr fuhr Seine Majestät, der Kaiser beim Bahnhof vor … Er begrüßte dort herzlichst die Frau Kronprinzessin-Witwe und deren Tochter. In innigem Gespräch blieben der Monarch und die hohen Frauen eine Viertelstunde lang … Fünf Minuten nach 8 reichte der Monarch Ihrer k.u.k. Hoheit den Arm und trat mit ihr auf den Perron. Seine Majestät geleitete die hohe Frau bis zum Salonwagen. Sie verabschiedete sich mit Hofknicks und einem Handkuss, der Kaiser küsste sie auf die Stirn. Die Kronprinzessin-Witwe und ihre Tochter stiegen in das Coupé, erschienen jedoch sofort wieder bei herabgelassenem Fenster, und der Monarch, Allerhöchstwelcher beim Waggon stehen blieb, wechselte mit Ihrer k.u.k Hoheit noch einige Worte. Um 8 Uhr 25 Minuten fuhr der Zug aus der Halle.«

In Miramare war es bereits Frühling. Am 17. März traf Graf Lónyay aus Venedig in Görz, dem heutigen Gorizia, ein und fuhr drei Tage später nach Triest. Am 21. März musste Erzsi abreisen. Sie durfte nicht an der Hochzeit teilnehmen. Den künftigen Gatten ihrer Mutter bekam sie gar nicht zu Gesicht. Unter Tränen nahm Stephanie von ihrem einzigen Kind Abschied. Mit einem gräflichen Paar zu leben wäre einer Erzherzogin nicht würdig gewesen.

»Fern von Wien, in jenem wundersamen Zauberschlosse … erbaut auf einem weit in die blauen Fluten der Adria hinausragenden Felsen, im stillen Miramare … hat Ihre k.u.k. Hoheit, Frau Kronprinzessin-Witwe Stephanie nach schweren Kämpfen … dem Mann ihrer Wahl, dem Grafen Elemér Lónyay, die Hand zum Bunde des Lebens gereicht, hat sie ihm reichen dürfen mit Zustimmung des immer unendlich gütigen kaiserlichen Schwiegervaters.« So beginnt der Bericht im *Wiener Salonblatt* Nr. 12 über Stephanies Hochzeit.

Kurz nach der Abreise Erzsis war Graf Lónyay um 11.45 Uhr vor dem Schloss Miramare vorgefahren. Auch das Brautbukett aus Myrten, Flieder, Maiglöckchen und Orangenblüten, umhüllt von echten Spitzen, wurde geliefert. Eine Königkrone aus weißen Orchideen bezeugte den Rang der Braut.

Die Trauung fand am 22. März 1900 in der Schlosskapelle statt. Nur wenige Hochzeitsgäste hatten sich im Salon versammelt. Weder Mitglieder des Kaiserhauses noch des belgischen Königshauses waren darunter. Punkt elf Uhr kam Stephanie. Sie trug ein silbergraues, mit Spitzen verziertes Kleid, dazu ein Brillantendiadem, ein Geschenk des Kaisers, und ein Perlencollier, ein Geschenk des Bräutigams.

Der Wiener Hof- und Burgpfarrer Laurenz Mayer nahm die Trauung vor. Stephanies Gesicht war von Tränen überströmt, dennoch gab sie mit fester Stimme ihr Jawort. In diesem Augenblick wurde vom Turm des Schlosses die rot-weiß-rote Marineflagge, Zeichen der Anwesenheit eines Mitglieds des Kaiserhauses, eingeholt. Stephanie war es nun nicht mehr, sie war nur noch eine Gräfin Lónyay.

Gleich nach der Trauung hatte Obersthofmeister Graf Choloniewski telefonisch das Obersthofmeisteramt in Wien verständigt. Nach der Gratulationscour wurde das Dejeuner serviert. Von Kaiser Franz Joseph und den übrigen Mitgliedern des Kaiserhauses waren Glückwunschtelegramme eingetroffen, besonders herzlich gehalten war das von Königin Victoria. Der belgische Hof hatte sich in Schweigen gehüllt.

Am Abend verließen Hofdamen und Dienerschaft Miramare, machten Platz für die neuen Angestellten. Am 27. März reisten die Frischvermählten an die Côte d'Azur nach Cap Martin. Auch die nächsten Jahre verbrachte das gräfliche Paar vielfach auf Reisen, zeitweise lebte es auf Schloss Austerlitz in Mähren, gelegentlich auch auf dem Besitz des Grafen Lónyay, Schloss Bodrog-Olazsi.

(Über das Verhalten König Leopolds II., der seine Töchter so gut wie enterbt hatte und ihnen sogar die Teilnahme am Begräbnis ihrer Mutter und später auch die an seinem eigenen untersagte, ebenso wie über die Prozesse, die Stephanie und Louise um ihr Erbteil führten, wurde im Kapitel über »Prinzessin Louise von Sachsen-Coburg und Gotha« bereits berichtet.)

Erzsis Heirat

Erzherzogin Elisabeth, genannt Erzsi, war noch nicht einmal ganz siebzehn Jahre alt und zu einem hübschen Mädchen erblüht, als sie ihrem zukünftigen Gatten zum ersten Mal begegnete. Das Verhältnis zu ihrer Mutter hatte sich durch deren zweite Ehe sehr abgekühlt. Dafür übertrug der Kaiser seiner Enkelin immer häufiger Aufgaben der Repräsentation, die sie mit zunehmender Routine zu seiner vollen Zufriedenheit erfüllte.

Erzsis erste Begegnung mit Prinz Otto zu Windisch-Graetz fand auf einem Ball in der Hofburg statt, die zweite, vielleicht schon entscheidende, anlässlich eines internationalen Springreiterturniers, als dessen Sieger er hervorging. Er war blond und groß gewachsen, ein ausgezeichneter Reiter und Tennisspieler. Als er in seiner Ulanenoffiziersuniform aus der Hand des Kaisers den Siegerpokal entgegennahm, machte er auf Erzsi einen unauslöschlichen Eindruck. Zum ersten Mal in ihrem Leben hatte sie sich verliebt und war fest entschlossen, diesen Mann zu heiraten. Als sie ihrem kaiserlichen Großvater ihren Wunsch gestand, antwortete er jedoch, dass sie bis zu ihrem achtzehnten Geburtstag am 2. September 1901 auf seine Entscheidung warten müsse.

Prinz Otto zu Windisch-Graetz war am 7. Oktober 1873 geboren, war also zehn Jahre älter als die Erzherzogin. Er stammte aus dem jüngeren Zweig des Hauses, das erst seit 1822 dem Fürstenstand angehörte, aber damit nicht souverän geworden war. Daher war er nach dem strengen habsburgischen Familiengesetz Erzsi nicht ebenbürtig. Da diese jedoch an ihrer Heiratsabsicht mit aller jugendlichen Leidenschaft festhielt und der Kaiser sonst an dem jungen Mann nichts auszusetzen fand, war er geneigt, den Wunsch seiner geliebten Enkelin zu erfüllen.

Wenn man einer Schwiegertochter Erzsis, Ghislaine Windisch-Graetz, der man Einblick in die familiären Verhältnisse zutrauen würde, Glauben schenken darf, soll Kaiser Franz Joseph Prinz Otto sogar zur Verlobung gezwungen haben. Otto sei nämlich von dem ehrenvollen Antrag der Kaiserenkelin nicht begeistert gewesen, weil er bereits einem anderen Mädchen das Eheversprechen gegeben habe. Dies habe er deutlich zum Ausdruck gebracht, als er zur Audienz beim Kaiser einbestellt worden war. Darauf habe ihm der Kaiser als sein oberster Dienstherr die Heirat befohlen und er habe als Offizier gehorchen müssen. Ghislaine Windisch-Graetz nennt sogar den Namen des Offiziers, dem Prinz Otto sein Herz ausschüttete und sich dabei sehr verzweifelt gezeigt haben soll: Baron Max Wenniger. Nur Ottos Vater, seine Schwester und die Familie der Braut sollen über diese Vorgeschichte der Ehe informiert ge wesen sein und das Geheimnis viele Jahre bewahrt haben. Viel später habe Ottos ältester Sohn davon erfahren.

Angeblich soll der Kaiser seiner Enkelin sogar genau über die Audienz berichtet haben, sie habe jedoch auf der Heirat bestanden. Dem Buch von Friedrich Weissensteiner über Erzherzogin Elisabeth zufolge ist diese Version jedoch nur ein Gerücht. Tatsache dürfte jedoch sein, dass Erzsi in ihrer Verliebtheit die treibende Kraft dieser Ehe war, während Otto sich zwar geschmeichelt fühlte, ihr aber nicht besonders eifrig den Hof machte.

Die Verlobung der Kaiserenkelin mit Otto zu Windisch-Graetz fand am 13. Oktober 1901 statt und wurde am nächsten Tag anlässlich eines Diners offiziell bekanntgegeben. Auch Graf und Gräfin Lónyay waren dazu geladen. Am 14. Oktober 1901 zeigte die *Wiener Zeitung* die Verlobung an.

Laut Ehevertrag wurde Erzherzogin Elisabeth von ihrem Großvater ausgesprochen großzügig bedacht. Sie bekam ein Heiratsgut von 420 000 Kronen. »Trousseau« und Juwelen waren kaiserlichen Zuschnitts. Die Zinsen der Mitgift sollten für den gemeinsamen Haushalt verwendet werden, das Vermögen, zu dem noch das Erbe des Kronprinzen und ihrer Großmutter Elisabeth kam, blieben aber das ausschließliche Eigentum der Braut. Der Bräutigam musste sich verpflichten, ihr ein jährliches Nadelgeld von 36 000 Kronen zu geben.

Prinz Otto erhielt den Titel »Fürst« und Erzsi das Recht, sich außer »Fürstin Windisch-Graetz« weiterhin »kaiserliche und königliche Hoheit« zu nennen. Sie kam dadurch in den Genuss aller damit zusammenhängenden Ansprüche.

Kaiser Franz Joseph verlangte jedoch, dass seine Enkelin auf ihre Nachfolgerechte in allen habsburgischen Ländern verzichtete. Gemäß der von Kaiser Karl VI. einst erlassenen Pragmatischen Sanktion, die die Nachfolgerechte seiner Tochter Maria Theresia sichern sollte, hätte Erzherzogin Elisabeth als einzige Tochter des Kronprinzen Rudolf nämlich durchaus An-

spruch auf den Habsburgerthron gehabt. Aber eine Frau als
Kaiserin entsprach keineswegs der herkömmlichen Vorstel-
lungswelt. Es ist durchaus möglich, dass dieser Gedanke bei
dem Entschluss Franz Josephs, die Ehe seiner Enkelin mit einem
nicht ebenbürtigen Mann zu sanktionieren, eine entscheidende Rolle spielte. »Sie [Elisabeth] hat es meiner Gemahlin
nie verziehen, dass sie nichts getan hat, um den Anspruch Elisabeths zu exemplifizieren. Wie sollte meine arme Gemahlin das
machen? Niemand hätte sich gefunden, ihr gegen den Willen
des Kaisers beizustehen.«[150]

Am Vorabend der Hochzeit luden Graf und Gräfin Lónyay zu
Ehren von Erzherzogin Elisabeth und ihrem Bräutigam zu
einem festlichen Diner in das Schloss Hetzendorf ein, an dem
neben der Familie Windisch-Graetz auch der Kaiser und etliche Erzherzöge teilnahmen. Der Abend verlief in angeregter
Stimmung, das Menü war exzellent, für die musikalische Unter-
malung sorgte eine Kapelle. Stephanie hatte in jeder Beziehung ihren auserlesenen Geschmack bewiesen.

Um 12 Uhr mittags fand in der Hofburg die »Renunziation«
statt: Erzherzogin Elisabeth Marie verzichtete in einem feierlichen Zeremoniell auf ihre Erbrechte zugunsten der ihr nach-
stehenden männlichen Mitglieder des Kaiserhauses. Sämtliche
männlichen Erzherzöge sowie etliche hohe Würdenträger hatten sich in der Geheimen Ratsstube versammelt, als der Kaiser
in einem Armsessel auf einem Podium Platz nahm. Zu seiner
Rechten stand seine Enkelin in einer hellblauen Duchesse-
toilette, vor der Estrade der Minister des Äußeren und des
Kaiserlichen Hauses, Graf Goluchowski. Nach einer kurzen
Ansprache des Kaisers, in der er die Anwesenden zu Zeugen
aufforderte, überreichte der Staatsnotar dem Minister die Ver-
zichtsurkunde. Die Erzherzogin begab sich zu einem Tisch-
chen, auf dem ein Kruzifix stand. Erzbischof Kardinal Gruscha
hielt ihr die Bibel vor, auf die sie nun zwei Finger ihrer rechten
Hand legte. Mit der linken Hand ergriff sie das Blatt mit der

Eidesformel und las laut den Text vor. Dann unterschrieb sie die Renunziationsurkunde, die der Staatsnotar mit dem Siegel der Braut und des Bräutigams versah.

Am selben Abend noch hatten Erzherzogin Valerie und ihr Gatte, Erzherzog Franz Salvator, zu einer Brautsoiree in die Hofburg eingeladen, an der die Mitglieder des Kaiserhauses, die Familie des Bräutigams und viele Gäste aus dem Hochadel teilnahmen. Die Namensliste, die das *Wiener Salonblatt* Nr. 4 streng nach Rang geordnet aufführt, füllt mehr als eine Spalte, die Schilderung der Toiletten beinahe zwei Seiten. Die Braut hatte für diesen Abend rosafarbenen Samt gewählt, ihr Dekolleté schmückte eine Rose. »Ein hohes Perlencollier umschloss den Hals, im blonden Haar saß ein mächtiges Brillantendiadem.« Auch die anderen Damen wetteiferten miteinander in der Pracht ihrer Ballroben.

Am 23. Januar folgte in der festlich geschmückten Josephikapelle der Hofburg die Hochzeit, von Bischof Mayer zelebriert. Das *Wiener Salonblatt* berichtete: »Strahlend in ihrer jugendlichen Maienschönheit hat Donnerstag Ihre k. und k. Hoheit Erzherzogin Elisabeth Marie, vor ihrem kaiserlichen Großvater, ihren Verwandten und den ersten Hofwürdenträgern in der kleinen Josephikapelle der Hofburg dem Auserwählten ihres Herzens, dem Prinzen Otto zu Windisch-Graetz, das Jawort gegeben, ihm angehören zu wollen fürs ganze Leben.«

Punkt zehn Uhr hatte sich der Hochzeitszug formiert und sich über die Schwarze Adlerstiege zur Kapelle begeben, der Bräutigam mit seinem Vater, die Braut mit ihrer Mutter. »Das schwere weiße Atlaskleid umgab mit seiner starren Pracht die schlanke Erscheinung, und die herrlichen Spitzen legten sich mit all ihrer Kostbarkeit über die Toilette … Die Diamantenkrone war mit Orangenblüten durchflochten, und das Gesicht freilassend fiel der Schleier über die Frisur bis auf den Rand der Schleppe.« Große Aufmerksamkeit widmete das Blatt auch der Toilette der Brautmutter: aus »mattrosa Satin mit Diamantmaschen bestickt, mit breitem Hermelinbesatz, dazu ein Mantel aus weißem Crepe de Chine mit einem großen Kragen aus weißem Fuchs«.

Nach der Hochzeit wurden die Neuvermählten von Kaiser Franz Joseph in Privataudienz empfangen. Ein Hochzeitsmahl scheint es nicht gegeben zu haben, denn schon um 12.55 Uhr fuhr das Paar mit einem Sonderzug der Südbahn nach Seebach bei Veldes (einem damaligen Besitz des Hauses Windisch-Graetz im heutigen Slowenien), »um daselbst die ersten Tage nach der Hochzeit zu verbringen, um von dort die Hochzeitsreise nach Sizilien und Afrika anzutreten. Die hohe Frau sah in einem grünen Reisekleid entzückend aus … Sie verabschiedete sich von ihrer Mutter in rührend herzlicher Weise und küsste dem kaiserlichen Großvater wiederholt die Hand.«

Der ganzen Pracht entsprach der Trousseau der Braut, der im Schweizerhof der Hofburg zur Besichtigung ausgestellt worden war und zu dem der Eintritt nur mit Karten gewährt wurde. In einer Vitrine befand sich der Schmuck, von dem besonders das Geschenk des Kaisers, eine aus besonders kostbaren Steinen bestehende und künstlerisch ausgeführte Brillantengarnitur, Aufsehen erregte.

»Die Hochzeit ging gut vonstatten, die Braut sah sehr hübsch und glücklich aus und war bei der Renunziation, der Soiree und der Trauung gut und elegant angezogen«, schrieb der Kaiser an Frau Schratt.[151] Und das *Illustrierte Wiener Extrablatt* meldete blumig: »Erzherzogin Elisabeth sucht in dieser Ehe nur ein reines und schönes Familienglück, das durch keinerlei andere Begleitumstände getrübt werden soll. Und in der Tat scheinen alle Vorbedingungen vorhanden zu sein, auf dass dieser Ehe der Kaiserenkelin ein volles und reines Glück beschert werde. Liebe und nur Liebe hat die zarten Fäden der Sympathie … zum festen Band verwoben … Und darin liegt allein schon die sicherste Gewähr für das Glück des jungen Paares.«

Die Zukunft würde zeigen, ob dieses prophezeite Glück der Wirklichkeit standhalten konnte.

Die Herrin von Oroszvàr

Schloss Oroszvàr wurde in der zweiten Hälfte des 18. Jahrhunderts von einem Grafen Zichy errichtet und später von Graf Emmanuel Zichy-Ferraris im englischen Tudorstil umgebaut. Im Jahr 1872 wurde das Gut, das außer dem Schloss mit seinem fast zweihundert Hektar großen Park auch beinahe dreitausend Hektar Grund umfasste, schließlich an Graf Hugo Henckel von Donnersmarck verkauft.

Am 23. Januar 1906 berichtete die *Neue Freie Presse* aus Wien: »Graf und Gräfin Elemér Lónyay haben aus der Verlassenschaft der Gräfin Laura Henckel von Donnersmarck die Herrschaft Karlsburg bei Pressburg gekauft.« Das Blatt nannte auch den Preis der Karlsburg oder, wie sie nun hieß, Oroszvàr: Er belief sich auf vier Millionen Kronen. Der Besitz sollte den Lónyays als künftiger Aufenthalt dienen. Das Gut zerfiel durch die Donau in zwei Teile. Das Schloss, eine hufeisenförmig gestaltete dreiflügelige Anlage, umfasste respektable zweihundert Zimmer!

Wie Stephanie selbst berichtet, befand sich alles in einem ziemlich vernachlässigten Zustand, was ihr und ihrem Gatten aber die Gelegenheit gab, Schloss und Park nach eigenem Geschmack zu gestalten. Im Erdgeschoss gab es eine riesige Halle, die bis zur Terrasse und dem daran anschließenden Park reichte. Im ersten Stock, zu dem eine marmorne Prunktreppe führte, befanden sich der riesige neugotische Rittersaal, der große und kleine Speisesaal, einige in verschiedenen Farben gehaltene Salons – einen roten, einen blauen und einen gelben – und die Privatzimmer des Paares. Alle Räume waren mit kostbarem Mobiliar und vielen Kunstgegenständen ausgestattet. Vieles stammte aus Stephanies Eigentum, das sie aus Laxenburg oder aus der Hofburg mitgebracht hatte, einiges hatte Graf Lónyay, ein großer Kunstliebhaber, auf seinen Reisen und seinen verschiedenen diplomatischen Posten gesammelt. Moderne Technik war auf Oroszvàr selbstverständlich, es gab elektrischen Strom, ausreichende Wasserversorgung für neuzeitliche sanitäre Anlagen und Zentralheizung.

Eine Augenweide war der Park, dessen Gestaltung nicht zuletzt der Schlossherrin zu verdanken war: das Rosarium, der Steingarten und der große im holländischen Stil gehaltene Teil mit seinem Reichtum an Blumen in allen Farben und den mit Efeu bewachsenen Backsteinhäusern, die als Gewächshäuser und Gärtnerwohnungen dienten. Besonders stolz war Stephanie auf den Garten, vor allem das Rosarium und die kunstvoll angelegten Blumenbeete. Pflanzung und Pflege überwachte sie persönlich. Bei der Größe des Parks und seiner Anlagen benötigte sie dazu einen Wagen, den sie selbst kutschierte. Aber auch ein Gemüsegarten, eine Baumschule, eine Geflügelzucht und eine Meierei wurden eingerichtet. Stephanie betätigte sich nicht nur erfolgreich als Gartenarchitektin, sondern dürfte auch von ihrem Vater dessen praktischen Sinn geerbt haben. So wurden die landwirtschaftlichen Erzeugnisse, die in der Schlossküche nicht verbraucht wurden, zum Verkauf angeboten. Ganz ging die Kasse jedoch fast nie auf.

Obwohl die ehemalige zweite Dame der österreichisch-ungarischen Monarchie – mit der Aussicht, einmal deren erste zu werden – nun eine einfache Gräfin Lónyay geworden war, hatte sie ihre Herkunft nicht vergessen. Sie verlangte, dass man sie als »Königliche Hoheit« und in der zweiten Person Mehrzahl ansprach, Damen vor ihr den Hofknicks machten, Anwesende aufstanden, wenn sie aufstand. »Je länger wir sie beobachteten, je vertrauter wir mit ihren Gedankengängen wurden, umso mehr erfasste man die Welt, aus der sie stammte und die sie, wenn auch im verengten Maß, um sich erhalten hatte … Sie sprach vom Stil des englischen ›Countrylife‹, den sie vom Zwang der Hofburg befreit, in Oroszvàr eingeführt hatte. Es war aber nur ein gelockertes spanisches Zeremoniell«, urteilte Juliane von Stockhausen, die die Unterlagen für Stephanies Autobiographie sichtete und mit ihrem Gatten, dem Grafen Gatterburg, monatelang auf Schloss Oroszvàr lebte.[152]

Beträchtlichen Aufwand erforderte Stephanies Kleidung. Sie ließ sich von den Kammerzofen mehrmals am Tag umziehen; auch wenn keine Gäste bei Tisch waren, erschien sie zum abendlichen Diner stets in großer Toilette.

Aus dem pummeligen und unvorteilhaft gekleideten Mädchen, über das Kaiserin Elisabeth so gespottet hatte, war eine gut aussehende, elegante, selbstbewusste Dame geworden. Gemäß der damaligen Mode umrahmte weich aufgestecktes Haar ihr Gesicht, ihr Teint war immer noch ohne Makel, ihre Figur sportlich schlank. »Ich habe nie eine eleganter angezogene Frau gesehen«, bemerkte Frau von Stockhausen. »Alles, was sie trug, war in Schnitt, Form und Farbe vollkommen. Ihre Abendkleider wurden in Rom, ihre Tageskleider in Paris und ihre Kostüme in London angefertigt. Blusen und Hüte lieferte Wien. Im Verlauf von zwei Monaten sollten wir sie kaum je zwei Mal in der gleichen Toilette sehen.«[153]

Im Vergleich zum Umgang vieler anderer Großgrundbesitzer hatte das Ehepaar Lónyay ein gutes Verhältnis zu seinem Gutspersonal. Zu Weihnachten wurden die Kinder, die Gutsbeamten und das Dienstpersonal von der Herrschaft persönlich beschenkt. Die Lónyays gründeten ein Armenhaus, einen Kindergarten und einen Arbeiterleseverein. Stephanie war Gründerin und Protektorin eines Mutterschutz- und eines Säuglingsheims in Budapest, die sie gelegentlich auch besuchte.[154]

Vom Wert des Geldes hatte sie nach wie vor nur wenig Ahnung. Wie ihr Enkel sich erinnert, gab Stephanie einmal nach einem opulenten Essen im Hotel Sacher in Wien dem Oberkellner ganze 30 Groschen Trinkgeld![155] Das entsprach in den Dreißigerjahren des 20. Jahrhunderts dem Preis von drei Eiern!

Daher dürften auch die Löhne, die auf Gut Oroszvàr bezahlt wurden, ziemlich dürftig gewesen sein.

Stephanie hat ihren Mann zweifellos geliebt. Sie hat mit Kaiser Franz Joseph um ihn gekämpft und den Bruch mit ihrem Elternhaus riskiert. Aber wie kam er mit ihr zurecht, die einer Welt entstammte, die sich von der eines Grafen stark unterschied? Vor der Heirat hatte er den diplomatischen Dienst aufgeben müssen und damit Beschäftigung und Lebensinhalt verloren. Nun beschränkte sich seine Tätigkeit auf Geschichtsstudien, Klavierspiel, das Legen von Patiencen, Spazierfahrten und Tennisspielen. Wie Juliane von Stockhausen berichtet, soll er aus Langeweile öfters die Möbel in den Räumen haben umstellen lassen. Ob er damit wirklich zufrieden war?

Zum Glück ging das Paar oft auf Reisen: nach Sizilien, an die Riviera, nach St. Moritz, Paris, Rom oder London. Immer mit einer großen Anzahl von Koffern und mit zahlreichem Personal. Es mangelte nicht an Geld, auch wenn manche Einkünfte nicht mehr flossen. Stephanie hatte geschafft, was ihre Schwester Louise vergeblich erhofft hatte: Sie hatte ihre Tante Charlotte, die 1927 verstorben war, beerbt.

»Es war nicht immer leicht, mit einer kaiserlichen und königlichen Hoheit verheiratet zu sein«, gestand Graf Lónyay einmal Frau von Stockhausen und ihrem Gatten.[156]

»Onkel Elemér war ein Heiliger, das Liebste, was man sich denken kann«, schrieb Stephanies Enkel Franz Joseph zu Windisch-Graetz, der mit seinen drei Geschwistern oft auf Oroszvàr zu Besuch war.[157] Für Gräfin Gatterburg-Stockhausen war er ein Edelmann vom Scheitel bis zur Sohle.

Erzherzog-Thronfolger Franz Ferdinand

Gäste gab es oft auf Schloss Oroszvàr. Der Besitz, der sich auch über Teile der Donauauen erstreckte, war reich an Wild und bot Gelegenheit zur Jagd. Zu den beliebtesten Jagdgästen gehörte der Erzherzog-Thronfolger Franz Ferdinand, der sehr gern mit seiner Gattin Sophie, seit 1909 Herzogin von Hohenberg, dort weilte, wo sie nicht als »die Morganatische« wie am Kaiserhof, sondern als seine ebenbürtige Frau behandelt wurde. Der Erzherzog, der unter der Zurücksetzung seiner Gattin litt, mochte seine Cousine sehr und war ihr für die Wertschätzung dankbar, die Sophie auf Oroszvàr genoss.

Als Stephanie erfuhr, dass der Erzherzog und seine Gemahlin am 28. Juni 1914 in Sarajevo einem Attentat zum Opfer gefallen waren, war sie tief betroffen. »Man hat sie umgebracht«, sagte sie zwanzig Jahre später, erfüllt von Zorn und Trauer. »Franz Ferdinand und Sophie hatten es gewagt, dem Kaiser zu trotzen ... Sie mussten mit ihrem Leben dafür bezahlen ... Sarajevo war nur möglich mit dem Wissen der Minister. Es war dem Kaiser klar, welche Gefahr der Thronfolger lief; er sah einfach zu.« Und Graf Lónyay bestätigte: »Der Thronfolger hat dem Kaiser getrotzt. Er war ihm gewachsen. Bei seinem Tod atmete der Kaiser auf. Er heuchelte nicht die geringste Trauer.«[158]

Wie einst Kronprinz Rudolf erkannte auch Franz Ferdinand, dass so manches in der Monarchie im Argen lag, und brannte darauf, es zu ändern. Doch der Kaiser liebte keine Reformen und Neuerungen. Auseinandersetzungen blieben daher nicht aus. Nur äußerst widerwillig hatte er nach langen Kämpfen zumindest einer morganatischen Ehe seines Neffen zugestimmt, nicht ohne diesem wesentliche Einschränkungen auferlegt zu haben. Die drei Kinder, die dieser dennoch äußerst glücklichen Ehe entstammten, sah er ein einziges Mal nach dem Tod der Eltern. Die Missachtung des immerhin anlässlich einer »Dienstreise« ermordeten Paares hatte nicht einmal vor dem Tod haltgemacht. Die Beisetzung, deren Gestaltung der Kaiser völlig seinem Obersthofmeister Montenuovo überließ, war eine Schande nicht nur für den Monarchen, sondern für das ganze Reich.

Einen Monat später brach der Erste Weltkrieg aus, ein Krieg, den Franz Ferdinand nie gewollt hatte. »Ich habe alles geprüft und erwogen«, stand im Manifest des Kaisers, nachdem er die Kriegserklärung an Serbien unterschrieben hatte.

Kaiser Franz Joseph überlebte das schmähliche Ende der Monarchie nicht. Er starb am 21. November 1916 im hohen Alter von sechsundachtzig Jahren und nach einer achtundsechzigjährigen Regierungszeit. Unter den bevorzugten Trauergästen befanden sich auch Stephanie und ihre Tochter. Auf dem Katafalk lag ein Kranz, dessen Schleife die letzten Grüße von Graf und Gräfin Lónyay trug.

Zwei Jahre später war der Erste Weltkrieg zu Ende, die österreichisch-ungarische Monarchie wurde zerschlagen, ihr letzter Kaiser, Karl I., ins Exil getrieben. Die über sechshundert Jahre währende Habsburgermonarchie war Vergangenheit.

Königreich ohne König

Durch die Friedensverträge von Saint-Germain-en-Laye und Trianon hatte Ungarn 68 Prozent seines Staatsgebietes und 59 Prozent seiner Bevölkerung verloren. Die Nutznießer waren das neu entstandene »Königreich der Serben, Kroaten und Slowenen«, später Jugoslawien genannt, die ebenfalls neu gegründete Tschechoslowakei und vor allem Rumänien, das sich zunächst neutral verhalten hatte, schließlich aber zur Entente gewechselt hatte.

Gleich nach Kriegsende wurde Ungarn Republik, jedoch

Ende 1921 wieder Monarchie. Allerdings ohne König, denn der befand sich bereits im Exil; an seine Stelle trat »Reichsverweser« Admiral Nikolaus von Horthy. Er hatte erfolgreich zwei Versuche des damals noch in der Schweiz lebenden Königs Karl IV. (in Österreich Kaiser Karl I.) abgewehrt, wenigstens Ungarn für die Habsburger zu retten.

Um den Wirren der kurzlebigen kommunistischen Räterepublik Béla Kuns zu entgehen, hatten die Lónyays Zuflucht in der Schweiz gesucht, waren aber bald wieder nach Oroszvàr zurückgekehrt. Auch während der langen Jahre der Lebensmittelknappheit hatten sie dort nie Not gelitten.

Materiell brachte ihnen das Ende der Monarchie hingegen fühlbare Einbußen, vor allem, was die Apanage aus Österreich betraf. Auch die in der Nachkriegszeit um sich greifende Inflation hatte ihr Vermögen gemindert. Die Apanage aus Belgien kam jedoch pünktlich bis zum Einmarsch der deutschen Truppen in Belgien im Jahr 1940. Schädlich wirkte sich zudem die ungarische Bodenreform aus, in deren Folge vierhundert Hektar an das österreichisch gewordene Burgenland abgetreten werden mussten.

Dennoch dürften die materiellen Verhältnisse des nunmehr fürstlichen Ehepaars immer noch mehr als zufriedenstellend gewesen sein, dessen Lebensstil Juliane von Stockhausen in ihrem Buch anschaulich schildert. Ganz im Stil der vergangenen Jahre wurden Reisen weiterhin mit viel Personal unternommen, denn einer Königlichen Hoheit war es natürlich nicht möglich, sich selbst anzukleiden; Gäste in Oroszvàr waren eine Selbstverständlichkeit, und der Aufwand im Speisesaal war eines fürstlichen Paares würdig.

Die Memoirenschreiberin

Vermutlich angeregt durch die Literatur, die nach dem Krieg über die Monarchie und ihre Repräsentanten erschienen war, festigte sich in Stephanie Anfang der Dreißigerjahre der Gedanke, ebenfalls ihre Memoiren zu schreiben. Ein Rechtfertigungsbuch sollte es werden und das falsche Bild korrigieren, das so viele von ihr hatten.

Eine Unmenge von Briefen und Tagebuchnotizen auf Deutsch und auf Französisch hatte sich in Schachteln und Koffern angesammelt. Stephanie hatte darum gemeint, dass sie die Niederschrift leicht bewältigen würde. Es stellte sich jedoch im Lauf der Zeit heraus, dass es sich empfahl, professionelle Hilfe in Anspruch zu nehmen.

Zunächst wandte sie sich an den Schriftsteller Egon Cäsar Graf Corti, der durch einige Werke über die Habsburger bekannt geworden war. Doch der Plan zerschlug sich. Dann bestimmte sie, dass die Gräfin Gatterburg, die als Schriftstellerin unter dem Namen Juliane von Stockhausen tätig war, die Memoiren lektorieren und deren Gatte als Herausgeber fungieren sollte.

Beide mühten sich einige Monate lang auf Oroszvàr, um den ziemlich schwülstigen Stil der ehemaligen Kronprinzessin in eine angemessene Form zu bringen. Denn Stephanie, die sich für eine begnadete Stilistin hielt, kämpfte um den Erhalt jedes einzelnen Satzes. Auch mit dem Inhalt waren die Verlage, denen Graf Gatterburg das Werk anbot, nicht zufrieden. Sie hatten sich neue Erkenntnisse, vor allem über Mayerling, erhofft, zumindest einige Histörchen, aber nicht nur endlose Reisebeschreibungen.

Endlich fand Graf Gatterburg in dem Leipziger Verlag Koehler und Amelung einen ernsthaften Interessenten. Doch die Schwierigkeiten nahmen kein Ende. Sie kamen teils vom Verlag, teils von Stephanie selbst, die das Manuskript schließlich ganz zurückziehen wollte. Nicht nur monarchistisch gesinnte Kreise, sondern sogar die österreichische Regierung, die dort um ihren Einfluss fürchtete, hatten das Erscheinen der Memoiren in ihrem Land verboten. Stephanies Tochter versuchte sogar, es per Gerichtsbeschluss zu verhindern.

Da verlor Stephanie die Geduld und verbot das Erscheinen ihrer Memoiren. Der Verlag bestand aber auf Erfüllung des Vertrags. Nach einigem Hin und Her erschienen die Memoiren unter dem Titel *Ich sollte Kaiserin werden* am 16. Oktober 1935 im deutschen Buchhandel. Sie wurden auch in verschiedene Sprachen übersetzt.

Die Auseinandersetzungen um die Memoiren hatten das Verhältnis zu den Gatterburgs schwer getrübt, ein geplanter zweiter Band kam nie zustande. Die entsprechenden Unterlagen befinden sich in der ungarischen Abtei Pannonhalma, sollen aber auch kaum Interessantes enthalten.

Mutter und Tochter

Stephanie hatte seit langem keine Verbindung mehr zu ihrer einzigen Tochter. Obwohl Erzsi ihrem Gatten vier Kinder geboren hatte, war ihrer Ehe kein Glück beschieden. Schon während des Kriegs hatte sie ein leidenschaftliches Liebesverhältnis mit dem U-Boot-Kapitän Egon Lerch unterhalten, der aber von einer Feindfahrt gegen das inzwischen auf Seiten der Entente kämpfende Italien nicht mehr zurückkehrte. Nach dem Krieg verwandelte sich die Enkelin Kaiser Franz Josephs in eine glühende Sozialdemokratin, die sich im Jahr 1924 von Otto zu Windisch-Graetz scheiden ließ, um mit dem sozialdemokratischen Abgeordneten Leopold Petznek zusammenzuleben. Das Paar wohnte zuerst in Erzsis Schloss und Gut Schönau an der Triesting in Niederösterreich, später in einer Villa in der Linzer Straße 452 in Wien-Hütteldorf.

Ein beschauliches Leben war ihr dort nicht lange vergönnt. 1934 war Petznek aus politischen Gründen verhaftet worden, 1938, nach dem »Anschluss« Österreichs an Deutschland, kam er erneut in Haft, schließlich in das Konzentrationslager Dachau. Von dort kehrte er nach Kriegsende schwer krank nach Hause zurück. Doch auch dort gab es Schwierigkeiten. Die »Windisch-Graetz-Villa« war zuerst von der russischen, dann von der französischen Besatzungsmacht beschlagnahmt worden. Sie diente bis 1953 als Residenz des französischen Hochkommissars. Elisabeth, die Petznek 1948 geheiratet hatte, wurde ein kaum bewohnbares Ersatzquartier zugewiesen.

Petznek starb 1956 an den Folgen seiner Leiden, seine Frau, die an schwerer Gicht litt, verschied 1963. Ihre Villa verkaufte sie noch bei Lebzeiten an die Gemeinde Wien, behielt aber das Nutzungsrecht. Ihre Kunst- und Wertgegenstände vererbte sie ebenfalls der Gemeinde Wien. Erbe des Windisch-Graetz-Besitzes wurde ihr Sohn Franz Joseph. Auf das angeblich riesige Vermögen bei der Bank von England hatte er jedoch keinen Zugriff, die Unterlagen waren den Bomben zum Opfer gefallen.

Von der Welt hatte sich Erzsi seit Petzneks Tod völlig zurückgezogen. Ihr einziger Umgang waren acht Schäferhunde. Als die »rote Erzherzogin« wurde sie Geschichte. Man kann sich mühelos vorstellen, wie die stockkonservative Königliche Hoheit Stephanie auf das Leben ihrer Tochter reagierte. Mutter und Tochter haben einander nie mehr wiedergesehen.

Die letzten Jahre

In Oroszvàr schien die Zeit stehengeblieben zu sein. Was immer draußen vor dem Parktor geschah und wie sehr sich die Welt verändert hatte, dort war alles noch so wie früher.

Um die Lónyays war es still geworden. Sie waren nun alt geworden und lebten, umsorgt von treu gebliebenen Dienern, immer mehr in der Vergangenheit. Gäste waren selten geworden, doch am Lebensstil hatte sich nichts geändert. Obwohl meist nur zu dritt gespeist wurde – das Ehepaar Lónyay und der Hofkaplan –, erschien Stephanie wie stets in großer Abendrobe zum Diner.

Im Herbst 1944 beschlagnahmte die deutsche Wehrmacht den größten Teil des Schlosses. Der Krieg hatte auch auf Ungarn übergegriffen, die russischen Truppen rückten immer weiter vor. Auch wenn angeblich in England ein großes Vermögen lag, waren die Lónyays in Oroszvàr geblieben, sie waren zu alt, um noch zu fliehen. Überdies fühlten sie sich nicht bedroht.

Stephanie, inzwischen achtzigjährig und krank, saß aufrecht in ihrem Bett, während ein Stockwerk unter ihr die eindringenden Russen rumorten. Unter ihrer Bettdecke hatte sie zwei junge Mädchen versteckt, die sich zu ihr geflüchtet hatten. Der Fürst saß ruhig daneben. Anfang Mai organisierte der Erzabt von Pannonhalma einen Krankenwagen, der das alte Fürstenpaar in die Abtei brachte. Das tausend Jahre alte Benediktinerkloster stand unter dem Schutz des Roten Kreuzes.

Stephanie starb am 23. August 1945 im Alter von einundachtzig Jahren, ihr Gatte folgte ihr ein Jahr später nach. Beide wurden in der Krypta von Pannonhalma beigesetzt. Zuletzt hatte Lónyay noch die Bibliothek und das Archiv von Oroszvàr nach Pannonhalma schaffen lassen, damit sie nicht in tschechische Hände fielen.

Tatsächlich wurde Schloss Oroszvàr zunächst der Tschechoslowakei zugeschrieben; jetzt ist es im Besitz der wiedererstandenen Slowakei, beherbergt ein slowakisches Volkskunstensemble und ist nicht allgemein zugänglich. Die alte Einrichtung wurde restlos geplündert. Nichts erinnert dort mehr an Kronprinzessin Stephanie, die Frau, die beinahe Kaiserin von Österreich und Königin von Ungarn geworden wäre.

Prinzessin Maria von Großbritannien und Coburg, Königin von Rumänien

Kindheit in England

Maria wurde an 29. Oktober 1875 in Eastwell, Kent, als älteste Tochter von Herzog Alfred von Edinburg und Großfürstin Maria Alexandrowna geboren. Herzog Alfred war ein Sohn der englischen Königin Victoria und des Prinzgemahls Herzog Albert von Sachsen-Coburg und Gotha, Marias Mutter die Tochter des russischen Zaren Alexander II. Die kleine Missy, wie sie im Familienkreis genannt wurde, war also keine reine Coburgerin. Da ihr Vater jedoch als zweitgeborener Sohn der englischen Königin als Thronerbe des Herzogtums Sachsen-Coburg und Gotha vorgesehen war, kann man sie wohl mit Recht als diesem Hause zugehörig betrachten.

Während der einzige Sohn des Herzogspaars, nach seinem Vater Alfred genannt, in Coburg erzogen wurde, verbrachten Maria und ihre Schwestern eine unbeschwerte Kindheit hauptsächlich an ihrem Geburtsort und im Sommer auf der Insel Wight. Osborne Cottage war ein von Geißblatt umwachsenes, typisch englisches Landhaus in der Nähe des königlichen Parks. Weniger beliebt bei den Kindern war Clarence House, die Londoner Residenz des Herzogs von Edinburg. Sie vermissten dort ihre gewohnte ländliche Bewegungsfreiheit. Bedingt durch ihr Leben in England und die englische Umgangssprache ist es daher verständlich, dass sich Maria vor allem als Engländerin fühlte. Ihre Bezugsperson war hauptsächlich ihre Mutter, der Vater war als Marineoffizier oft abwesend. Am besten verstand sie sich mit ihrer um ein Jahr jüngeren Schwester Melita, genannt Ducky.

Bestimmend in der Familie war »Großmama Königin«. »Die großartige kleine alte Dame mit der weißen Witwenhaube und dem bauschigen schwarzen Seidenkleid war eine ungeheure, manchmal fast furchtbare Macht. Ihre Söhne und Töchter lebten bis in die reifsten Jahre in Angst vor der ›teuersten Mama‹ ... Sie gingen Diskussionen mit ihr aus dem Weg, vor ihrem Widerspruch zitterten sie. Man näherte sich ihr stets mit ›ehrfürchtiger Scheu‹«, schrieb Maria in ihren Erinnerungen.[159] Seit dem frühen Tod ihres »lieben Albert« im Jahr 1861 trug Königin Victoria nur noch Witwenkleidung.

Bleibende Eindrücke gewannen die Kinder von ihren Aufenthalten in der russischen Heimat ihrer Mutter. »Wild aussehende, phantastisch-malerische Kosakenregimenter auf unübersehbaren Plätzen, prunkvolle Riesenpaläste, Parks und Brunnen; windschnelle Pferde mit leuchtenden Flanken so blank wie Spiegel, bis an die Zähne bewaffnete Gardekosaken vor den Türen ihrer Herren, in langen roten Kaftanen mit hohen Pelzmützen und über der Brust gekreuzten Patronengürteln ... Durch unendliche Korridore, Hallen und Wohnräume von unwirklicher Größe trugen uns unsere trippelnden Füßchen. Die Fußböden waren so unermesslich und kalt und so glatt poliert, dass wir das Gefühl hatten auf Eis zu gehen. Und um alles schwebte das Duftmerkmal zaristischer Paläste, die charakteristische Mischung von Terpentin, Juchtenleder, Zigarettenrauch und Parfüm. Wie prächtig doch dem Kind dies Kaiserreich erschien! Wie legendär, wie märchenhaft, wie phantastisch! Kein Superlativ ist zuviel, die überwirkliche Wirklichkeit der Paläste zu beschreiben.«[162]

Die Familie war groß, die Mutter hatte fünf noch lebende Brüder, die Feste waren prächtig. »Die russische Hoftracht war außerordentlich malerisch. Sie bestand aus einer reich geschnittenen Robe, manche waren ganz aus Silber- oder Goldstoff ... hatten lang herabhängende Ärmel und eine Schleppe. Dazu gehörte ein heiligenscheinartiger ›Kakoschnik‹ mit rückwärts herabhängendem Schleier. Diese Tracht gestaltete alle russischen Hoffeiern zu wahren Augenfesten voll Farbenfreude und Formenpracht. Oder ein russischer Gottesdienst! ... Überall schimmert dir Gold entgegen und eine Unzahl hoher Wachskerzen spendet ihr weißes Licht ... Und Weihrauchwolken erhoben sich zwischen mir und dem Glanz und Geglitzer ... Ein Zug Priester kommt. Ihr Haar ist lang, ebenso ihre Bärte. Ihre Gewänder aus Gold und Silber sind mit alten Mustern durchwebt, die juwelenbesetzten Kreuze auf ihrer Brust blitzen wie Feuer.«[161]

Den Augen der Kinder bot sich ein überwältigendes Schauspiel.

Zar Alexander II. und Katja Dolgorukaja

Marias zweiter Besuch in Russland stand im Schatten einer Tragödie. Ihr Großvater, Zar Alexander II., war 1881 dem Attentat einer Gruppe von sozialrevolutionären Anarchisten zum Opfer gefallen.

Der Zar hatte große Reformen im Rechtswesen und in der Verwaltung durchgeführt und 1861 die Leibeigenschaft aufgehoben. Gebiete in Asien wurden erobert, der Hafen von Wladiwostok ausgebaut. Missy bewahrte an ihn nur einige Kindheitserinnerungen; ihre Großmutter, eine Prinzessin von Hessen-Darmstadt, hatte sie als blasse und leidend aussehende Frau im Gedächtnis. Erst später erfuhr sie die Ursache.

Alexander II. hatte anlässlich eines Besuchs im Smolny-Institut, einem Internat für adelige Mädchen, die junge Katja Dolgorukaja kennengelernt und sich in sie verliebt. Eine jahrelange Beziehung war die Folge: »Ich bin nicht frei, aber ich heiratete Dich bei erster Gelegenheit, denn ich betrachte Dich für jetzt und immer als meine Frau vor Gott«, schrieb der Zar an Katja nach ihrer ersten intimen Begegnung.[162] Er schrieb ihr jeden Tag, beispielsweise Folgendes: »Vergiss nicht, dass in Dir mein ganzes Leben liegt, Engel meiner Seele, und dass das einzige Ziel dieses Lebens darin liegt, Dich so glücklich zu sehen, wie man es in dieser Welt sein kann.«[163]

Von Diskretion schien Alexander II. allerdings nur wenig zu halten. Denn Katja hatte über eine Geheimtreppe Zugang zu den Privaträumen ihres Geliebten im Winterpalais. Es konnte daher nicht ausbleiben, dass die Beziehung bald publik wurde. Doch alle Versuche, das Paar zu trennen, waren vergeblich – im Gegenteil, Katja wurde sogar zum Ehrenfräulein der Zarin ernannt. Und sie wurde zu einer wichtigen politischen Beraterin, die Alexander II., im Gegensatz zu seiner Gemahlin, in seinen Reformbestrebungen, Russland in eine konstitutionelle Monarchie umzuwandeln, unterstützte.

Der Tod der Zarin im Jahr 1880 ermöglichte Alexander II. endlich, nach vierzehn Jahren, die Erfüllung seines Herzenswunschs. Am 18. Juli fand die Hochzeit mit Katja statt. Der Senat billigte ihr den Titel einer Fürstin Jurjewskaja zu. Sie und ihre beiden Kinder durften sich »Erlauchte Hoheiten« nennen.

Am 1. März 1881 unterzeichnete der Zar eine konstitutionelle Charta, die drei Tage später vom Ministerrat gebilligt werden sollte. Dazu kam es jedoch nicht mehr. Der ersten Bombe einer Gruppe von Anarchisten war der Zar ebenso entkommen wie den vier vorangehenden Attentatsversuchen. Als er jedoch aus seinem Wagen ausstieg, um nach den Verwundeten zu sehen, traf ihn die nächste. Sie hatte tödliche Folgen. Die Krönung Katjas zur Zarin, die Alexander geplant hatte, kam nicht mehr zustande.

Alexanders II. Nachfolger, Alexander III., ließ an der Stelle, wo sein Vater am 1. März 1881 ermordet worden war, die prunkvolle Auferstehungskathedrale errichten. Die innenpolitischen Reformen setzten weder er noch sein Sohn Nikolaus II. fort.

Fürstin Katja Jurjewskaja überlebte Alexander II. um vierzig Jahre, sie starb am 15. Februar 1922 in Nizza. Die Geschichte ihrer Liebe wurde zwei Mal verfilmt.

Die Coburger Jahre

Zu den schönsten Jugenderinnerungen Marias zählten die Jahre auf der Insel Malta. Von 1814 bis zu ihrer Unabhängigkeitserklärung im Jahr 1964 hatte Malta den Status einer britischen Kronkolonie. Der Herzog kommandierte dort die britische Mittelmeerflotte. Nach drei Jahren fiel allen der Abschied schwer. Herzog Alfred war nämlich nicht nur Marineoffizier, sondern auch der künftige Erbe des Herzogtums Sachsen-Coburg und Gotha. Sein Onkel, Herzog Ernst, der den Thron noch innehatte, war kinderlos geblieben.

Das Coburger Haus, das die Familie nun bewohnte, befand sich auf dem zentral gelegenen Schlossplatz und wurde »Palais Edinburg« genannt. Maria fand es »geräumig und gemütlich«. Dennoch zogen alle das kleine Landschloss »Rosenau« vor. Das ockergelbe Gebäude stand auf einem Hügel, war von Rosenbeeten umgeben und besaß einen runden Turm. Das darin befindliche Turmzimmer mit seinen tiefen Fensternischen richteten die Mädchen liebevoll ein und kamen sich darin vor wie Dornröschen.

Das Schloss war mit alten Möbeln ausgestattet, an den Wänden hingen romantisch anmutende Bilder, im Erdgeschoss befand sich ein gewölbter weißer Stuck-Marmorsaal in gotischem Stil. Die Herzogin ließ mit viel Geschick das vernachlässigte Gebäude wieder herrichten, wobei sie sowohl den behaglichen als auch den verträumten Charakter des Hauses zu wahren verstand. Um die Atmosphäre des Hauses nicht zu beeinträchtigen, verzichtete sie sogar auf elektrisches Licht.

»Der herzogliche Hof von Coburg erfreute sich zu jener Zeit

keines rühmlichen Ansehens«, schrieb Maria später in ihren Erinnerungen. »Die Lebensweise des regierenden Fürsten ... zog Abenteurer, Komödianten und andere zweifelhafte Existenzen an, deren Charakter und Betragen besser ungeprüft bleibe.«[164] Sein besonderes Interesse galt den Damen vom Theater.

Herzog Ernst, der ältere Bruder des englischen Prinzgemahls, war standesgemäß mit Prinzessin Alexandra von Baden verheiratet, »er genoss den Ruf großer Gelehrsamkeit, aber seine Ausschweifungen verschlangen große Summen und trieben ihn in die Hände von Geldleuten, denen er sich zuvorkommend erweisen musste, was nicht dazu beitrug, Ansehen und Niveau seines Hofes zu heben. Meine Eltern mieden infolge dieser Sachlage jede Hoffestlichkeit«, berichtete Maria über ihn. »Herzog Ernst war ein gewaltiger Jäger ... Zu Wein, Weib und Gesang gesellten sich erlegte Hirsche, Rehböcke, Fasanen und Gemsen. Einen großen Teil seiner Einkünfte verwendete er für die Instandhaltung ungeheurer Jagdreviere, und in allen Teiles seines malerischen kleinen Reiches besaß er einladende Jagdhäuschen. Eine Schar Jäger, Forstbeamte und Würdenträger umgab ihn, die alle das traditionelle Grün trugen. Seine letzte Liebe war die Schwester eines dieser ›Grünröcke‹, der aus diesem Grund in hoher Gunst stand.«[165]

Der Herzog führte also ein lockeres Leben, hatte eine Menge Liebschaften und lebte weit über seine Verhältnisse. Seine Gattin tolerierte alles, obwohl er sie laut Aussage Marias sehr hart behandelte.

In dem kleinen Fürstentum gab es selbstverständlich ein Hoftheater mit einem breit gefächerten Programm. Das Publikum war anspruchsvoll und wünschte ein großes Angebot. Auch die jungen Prinzessinnen besuchten die Vorstellungen zwei Mal die Woche, meist donnerstags und sonntags. Allerdings wurde sorgfältig darauf geachtet, dass der Inhalt der aufgeführten Stücke nicht den leisesten Anflug von Unmoral aufwies. Das galt auch für die Bücher, die sie lasen, einschließlich einiger Stellen der Bibel.

»Wir wuchsen in einem Wahnparadies auf. Unsere Welt war Täuschung, das wirkliche Leben ver- oder entstellt«, befand die spätere Königin von Rumänien nach Jahrzehnten.[166]

Die Hohenzollern in Rumänien

Prinzessinnen mussten früh heiraten, das galt nicht nur für den Hochadel, sondern auch für das gehobene Bürgertum. »Nachdem sie die Zwanzig überschritten haben, machen sie sich zu viel Gedanken und bekommen eigene Ideen. Das kompliziert die Dinge«, war die gängige Meinung.[167] Darum wurden die Mädchen früh in die Gesellschaft eingeführt, in der sie sich von Kindesbeinen an gewandt zu bewegen lernten.

Maria war sechzehn Jahre alt, als sie ihrem späteren Gatten zum ersten Mal auf Schloss Wilhelmshöhe bei Kassel begegnete, wo Kaiser Wilhelm II. mit seiner Gattin während der Truppenmanöver wohnte. Das Paar hatte die Herzogin von Sachsen-Coburg und Gotha mit ihren zwei älteren Töchtern eingeladen. Unter den Gästen kannten Maria und ihre Schwester Ducky lediglich Prinz Friedrich von Hohenzollern-Sigmaringen, den Kommandierenden General der Stadt Kassel. Prinz Friedrich war ein jüngerer Bruder König Carols von Rumänien.

Das Schicksal des heutigen Rumänien verlief ebenso wie das des benachbarten Bulgarien. Mitte des 16. Jahrhunderts geriet es unter türkische Herrschaft. Mit dem Verfall des Osmanischen Reichs wurde es zum Teil ein russisches Protektorat, während Siebenbürgen, Banat und Bukowina dem Hause Habsburg zugesprochen wurden.

Nach der Niederlage Russlands im Krimkrieg kam es in den bisherigen Donaufürstentümern Moldau und Walachei zur Wahl von Oberst Cuza. Unter dem Namen Fürst Alexandru Joan I. proklamierte er am 24. Januar 1862 die Vereinigung der Gebiete unter dem Namen Rumänien mit Bukarest als Hauptstadt. Die Bojaren, die grundbesitzende Oberschicht des Landes, waren jedoch mit den Reformen ihres Herrschers nicht zufrieden und nötigten ihn 1866 zur Abdankung. Eine neuerliche Abstimmung wählte Prinz Karl von Hohenzollern-Sigmaringen zum Fürsten Karl I., der auf Rumänisch Carol I. hieß.

Rumänien wurde zur konstitutionellen Monarchie. Wie bereits erwähnt, war es üblich, in neu gegründeten Ländern Abkömmlinge europäischer Herrscherfamilien einzusetzen, weil deren verwandtschaftliche Beziehungen zu anderen Fürstenhäusern dem Land nützlich sein konnten.

Karl von Hohenzollern-Sigmaringen wurde 1839 als zweiter Sohn des Fürsten Karl Anton von Hohenzollern-Sigmaringen und dessen Gattin Josephine von Baden geboren. Als Folge der deutschen Revolution von 1848/49 und zum Schutz des Landes unterstellte Fürst Karl Anton die vorher unabhängigen Fürstentümer Hohenzollern-Hechingen und Hohenzollern-Sigmaringen dem König von Preußen als dem Chef des Hauses Hohenzollern. Hohenzollern-Sigmaringen war als Regierungsbezirk Sigmaringen bis zum Jahr 1945 Bestandteil von Preußen.

Karl, bis dahin preußischer Offizier, war von der Wahl völlig überrascht worden. Da er nicht der Landessprache mächtig war, hielt er seine Begrüßungsansprache auf Französisch. Dennoch schienen die Menschen viel von ihrem neuen Herrscher zu erwarten. Begeisterte Hochrufe einer unübersehbaren Menschenmenge empfingen ihn, sämtliche Häuser der Hauptstadt waren festlich geschmückt. Nach dem Tedeum in der Hauptkirche leistete Karl I., den wir nun mit seinem rumänischen Namen Carol nennen wollen, den Eid darauf, Rumäniens Gesetze zu achten und seine Rechte und territoriale Integrität zu schützen: »Durch den freien Willen der Nation zum Fürsten von Rumänien gewählt, habe ich ohne Zaudern mein

Vaterland, meine Familie verlassen, um dem Ruf dieses Volkes, das mir seine Geschicke anvertraut, Folge zu leisten. Indem ich den Fuß auf dessen geheiligten Boden setze, bin ich Rumäne geworden«, erklärte er danach.[168]

Carols erster »Palast« war ein einfaches, einstöckiges Haus; zwei Lakaien, zwei Kutscher, zwei Hausknechte und ein Verwalter waren sein Personal. Speise und Trank besorgte ein Restaurant auf Kosten des Fürsten, vier Pferdegespanne und drei Wagen ergänzten das Inventar. Im Sommer logierte Carol I. wegen der großen Hitze in der Stadt in einem nahe gelegenen Kloster. Geld war knapp, Bescheidenheit stand auf dem Programm.

Der Fürst widmete sich seiner neuen Aufgabe mit Hingabe und strenger Pflichterfüllung. 1877 wurde die Unabhängigkeit Rumäniens erklärt und ein Jahr später auf dem Berliner Kongress voll anerkannt. Am 14. März 1881 proklamierten beide Kammern Rumänien zum Königreich und Carol I. zu dessen König, der das Land erfolgreich dem russischen und türkischen Einfluss entzog. Er machte Rumänien zu einem westeuropäischen Staat und das vorher stark orientalisch-türkische Bukarest zu einer modernen Stadt. Von Mauern umgebene Bojarenhäuser, höchstens einstöckige Behausungen von Händlern und Handwerkern, oft noch in der Nachbarschaft von einfachen Lehmhütten, hatten bislang ihr Bild geprägt.

Seit 1869 war Carol I. mit Prinzessin Elisabeth zu Wied verheiratet, die bekannt wurde unter dem Namen Carmen Sylva, den sie als Dichterin verwendete. Sie schrieb Gedichte und Romane, beschrieb rumänische Landschaften und Bräuche und übersetzte rumänische Dichtungen ins Deutsche. Die Universitäten von Budapest und St. Petersburg verliehen ihr die Ehrendoktorwürde. Kaiserin Elisabeth von Österreich verehrte ihre Namensschwester sehr und fand in ihr eine verwandte Seele. Bei ihren Standesgenossen erntete Carmen Sylva mit ihren Werken allerdings nicht nur Begeisterung: »Eines Abends, gebeten, etwas vorzulesen, war sie schnell dazu bereit, aber das war für viele ein Zeichen, eiligst in die Trinkstube zu entkommen«, schrieb Frau von Redwitz, Hofdame im Haus von Herzog Karl Theodor in Bayern, die die Königin anlässlich einer Hochzeit in Sigmaringen kennengelernt hatte.[169]

Im Unterschied zu der Kaiserin von Österreich war sich die Königin von Rumänien ihrer Verantwortung für das Land durchaus bewusst. Soweit es in ihrer Kraft stand, unterstützte sie Wohlfahrt und Krankenversorgung und widmete sich den Armen und Behinderten. Ihr besonderes Augenmerk galt den Blinden. Für sie organisierte sie eine Spendenaktion, mit deren Erträgen sie Arbeits- und Ausbildungsstätten errichten ließ. Als begeisterte Anhängerin der Volkskunst war sie von der Farbenpracht der rumänischen Volkstracht besonders angetan. Auf ihre Anregung hin begann das Tragen rumänischer Nationaltracht auch in der Gesellschaft Mode zu werden. Die Königin finanzierte aus eigenen Mitteln die Errichtung einer Stickereischule und unterstützte die Entwicklung der rumänischen Textilindustrie durch Beschaffung staatlicher Aufträge.

Am 8. September 1870 brachte Königin Elisabeth ein Töchterchen zur Welt, das den Namen Maria erhielt. Das Glück war jedoch nur von kurzer Dauer. Die kleine Prinzessin starb bereits im Frühjahr 1874 an Scharlach. Da dem Königspaar kein weiterer Kindersegen mehr vergönnt war, erwog König Carol I. beizeiten eine Regelung der Nachfolge im Sinne seiner Familie. Mit dem Einverständnis des deutschen Reichskanzlers Bismarck wurde Carols Neffe Ferdinand zum Thronfolger bestimmt.

Der Prinz wurde am 24. August 1865 in Sigmaringen geboren. Nach dem Abitur trat er in Kassel in die Kriegsschule ein und studierte nach seiner Ernennung zum Leutnant an der Universität Tübingen. Anlässlich eines Besuchs in Rumänien wurde er 1886 in das rumänische Heer aufgenommen und begann, Rumänisch zu lernen. Drei Jahre später erklärte ihn das rumänische Parlament zum Thronerben. Ferdinand übersiedelte in seine zukünftige Heimat, wo ihm das Königspaar, die politische Prominenz und eine große Menschenmenge einen herzlichen Empfang bereiteten.

Dennoch fühlte er sich noch lange einsam und fremd in der neuen Umgebung. Zu schüchtern fand man ihn, zu willensschwach. Da er auch nicht besonders redegewandt war und jede Frage erst einmal wiederholte, ehe er sie beantwortete, mochte bisweilen mancher an seiner Intelligenz zweifeln.

König Carol I. stellte ihn zwar überall vor, weihte ihn jedoch nicht in die Probleme der Regierung ein. Erfüllt von seinen königlichen Pflichten, verlangte er auch von seinem Nachfolger widerspruchslosen Gehorsam. »Ferdinand unterwarf sich in allen Forderungen seinem Onkel, bestätigte blind seine Ansichten«, schrieb die Königin später. Und Ferdinand selbst bekannte: »Ich bin von Natur aus fügsam, ich fühlte Kampfesstimmung nie im Einklang mit meinem Wesen.«[170]

Er wusste nicht, dass seine Unterwürfigkeit später zu einem ernsthaften Eheproblem führen würde.

In einem Brief nach Sigmaringen zu Weihnachten 1889 bekannte er: »Ich feiere es zum ersten Mal hier in meiner neuen Heimat, wenn auch nicht weniger von Liebe umgeben durch den Onkel und die Tante, so doch ferne von Euch, liebe Eltern, und fern der alten Heimat.« Und seinem Vater gestand er: »Was mich betrifft, so möchte ich mir bald eine eigene Häuslichkeit schaffen, weil es sonst in Bukarest – bei aller Liebe des Onkels und der Tante – doch recht einsam ist.«[171]

Er ahnte nicht, dass in dieser Hinsicht bereits Fäden gesponnen wurden. Alix von Hessen, die später Russlands letzte Zarin werden sollte, war ebenso im Gespräch wie die beiden Töchter des Herzogs Alfred von Coburg, die allerdings damals erst vierzehn beziehungsweise fünfzehn Jahre alt waren.

Gespannt verfolgte Königin Elisabeth diese Pläne. Sie hatte die Schwäche ihres Neffen längst erkannt und fürchtete, dass er einmal als König dem Einfluss einander widerstreitender

Parteien nur zu leicht erliegen könnte. Sie wünschte sich daher eine energische Frau für ihn und glaubte auch, sie bereits gefunden zu haben: keine europäische Prinzessin, sondern eine Rumänin, Helene Vacarescu, die Tochter eines Bojaren und einer ihrer Hofdamen.

Weit davon entfernt, das nicht standesgemäße Liebesverhältnis zu verbieten, das Ferdinand mit Helene eingegangen war, tat sie alles, um es zu fördern. Ihrer romantischen Art entsprechend, führte sie die beiden sogar zu nächtlicher Stunde in eine Kirche, um sie dort angesichts der Ikonostase miteinander zu verloben.

Es versteht sich von selbst, dass der König die Beziehung verbot, als ihm sein Neffe seine Heiratspläne gestand. Eine morganatische Ehe – nur eine solche wäre möglich gewesen – kam für den König nämlich nicht infrage. Ferdinand wurde schleunigst auf Reisen geschickt – ein immer wieder angewandtes Mittel, um jungen Menschen die Flausen aus dem Kopf zu vertreiben.

Ferdinand besuchte die Niederlande und Belgien und hielt sich anschließend in Deutschland auf, vor allem in seiner Heimat Sigmaringen, aber auch in Potsdam, Berlin und Kassel. Die Familie war aktiv geworden. Sie fand es an der Zeit, den jungen Mann zu verheiraten – und zwar standesgemäß, besser gesagt mit einem Mädchen erstklassiger Herkunft, dessen Familie über beste Beziehungen zu den europäischen Großmächten verfügte.

Hochzeit in Sigmaringen

Die Manöver der preußischen Armee in Anwesenheit Kaiser Wilhelms II. boten die beste Voraussetzung für eine Begegnung von Ferdinand mit den beiden Töchtern der Herzogin von Edinburg und Coburg. Die Mädchen hatten natürlich keine Ahnung, dass ihre Mutter über die Heiratspläne des rumänischen Kronprinzen genau informiert war.

»Zum großen Diner auf Wilhelmshöhe erschienen wir in malvenfarbigen Kleidern. Eine ebensolche Orchidee, die ich in einer Vase des Festsaales erblickte, steckte ich an meine Schulter und war sehr stolz über diese Bereicherung meiner Toilette ... Ich kam neben dem Kronprinzen von Rumänien zu sitzen. Er war ein hübscher, junger Mann und fortwährend bestrebt, seine Schüchternheit durch leises Lachen zu überwinden ... Über Rumänien erzählte er uns nichts, und wir fragten auch gar nicht danach. Dieses Land war uns gänzlich unbekannt, wir hatten nur einen vagen Begriff von seinem Platz auf der Landkarte. Der anspruchslose Kronprinz gefiel uns ganz gut, er war überaus liebenswürdig und außerdem ›Onkelchens und Tantchens‹ Neffe.«[172] Mit »Onkelchen und Tantchen« waren Prinz Friedrich von Hohenzollern-Sigmaringen und seine Gattin, Prinzessin Louisa von Thurn und Taxis, eine Nichte der Kaiserin Elisabeth von Österreich, gemeint. Beide schätzte Missy sehr.

Die nächste Begegnung fand in München statt und war von der Herzogin sorgfältig geplant worden, denn die beiden noch völlig unwissenden Heiratskandidaten sollten sich möglichst oft sehen. Seltsamerweise gefiel Missy gerade Ferdinands Schüchternheit und sein Bestreben, es durch Lachen zu verbergen. »Sie ließ ihn mir so jung, unterdrückt lebhaft und ein wenig hilflos erscheinen. Ich spürte eine leise Regung, ihn davon zu befreien, er weckte mütterliche Gefühle, ich hätte ihm gern geholfen ... Wir waren beide noch so jung, die Luft war ahnungsbang von Frühling und Liebe ... ein roter Rosenstrauß ... eine Plauderei am offenen Kamin, während der Mond gespenstisch über die Dächer der Stadt heraufstieg«, schrieb sie viele Jahre später über die Erinnerung an jene Tage.[173]

Im Mai 1892 wurde im Neuen Palais zu Potsdam die Verlobung von Prinzessin Maria und Kronprinz Ferdinand von Rumänien gefeiert. »Wie er den Mut fand, den Antrag zu stellen, ist mir bis heute rätselhaft. Aber er tat es, und ich nahm an. Ich sagte ›Ja‹, wie man das alltägliche ›Ja‹ sagt, als ob nichts einfacher wäre. ›Ja‹, und ich besiegelte mein Geschick. Die Tür zum Leben ging auf.«[174]

Zu Ehren der Verlobten gab Kaiser Wilhelm II. auf der Pfaueninsel ein großes Bankett. Und doch lag bereits der Schatten drohender Trennung von allem, was ihr lieb und gewohnt war, über der jungen Braut. Auch dass ihr Vater mit ihrer Wahl nicht recht einverstanden war, bedrückte sie. Es gefiel ihm nicht, seine Tochter in ein so fremdes und weit entferntes Land ziehen zu lassen.

In Sigmaringen, der Heimat Nandos, wie Ferdinand in der Familie genannt wurde, wurde Maria ihrer künftigen Schwiegermutter vorgestellt; ihren Schwiegervater hatte sie bisher nur flüchtig kennengelernt.

Auf der Burg Hohenzollern kam es zu einem Treffen mit Kaiser Wilhelm II. Noch viele Jahre später erinnerte sich Maria an den merkwürdigen Trinkspruch König Carols I. auf die Neuvermählten: »Ich trinke auf Euren Honigtag!«, sagte er. Ferdinand war außer sich vor Entsetzen. »Begreifst du nicht, was er meint?«, sagte er zu Missy. »Er will uns nicht einen Honigmond, sondern nur einen Honigtag gestatten! Das sieht ihm ähnlich. Er kümmert sich nicht um die Gefühle anderer. Bei ihm zählen nur Pflicht und Arbeit, jahrein, jahraus und zu allen Tageszeiten … und er erwartet von jedem das Gleiche. Er hat kein Gefühl und kein Verständnis für die Bedürfnisse der Jugend. Er ist immer so.«[175] Erst allmählich sollte Maria Ferdinands Ärger verstehen lernen.

Und natürlich stand ein Besuch bei Königin Elisabeth auf dem Programm. Sie war erkrankt und befand sich bei ihrer Mutter in Neuwied. Weder Nandos Beziehung zu Helene Vacarescu war ein Geheimnis geblieben noch die Rolle, die die Königin dabei gespielt hatte. Der Ärger, der sich darüber in der Öffentlichkeit verbreitete, war derart, dass König Carol I. seine Gemahlin bewogen hatte, zu ihrer Mutter nach Deutschland zu reisen. Die übersensible Frau hatte sich zudem die ganze Angelegenheit und ihre Folgen so zu Herzen genommen, dass sie ernstlich erkrankte. Eine psychosomatische Krankheit, würde man heute die Lähmung nennen, die sie befallen hatte und die zwei Jahre lang anhielt.

Maria fuhr mit ihrer Mutter und ihrer Schwester Ducky nach Neuwied. Königin Elisabeth lag, gestützt von vielen Kissen, im Bett, in dem sie sich die Zeit vor allem mit Malerei vertrieb. »Sie umarmte mich und nannte mich ›Lieb-Kindchen‹ … Horizontal über ihr hing ein schwarzes, glänzendes Brett, auf das die Kranke ebenso übermäßig vergrößerte Blumen malte, wie sie in der Halle unten zu sehen waren … Bei der Mahlzeit saß sie ganz in weißen Kaschmir gehüllt, in ihrem hohen Rollstuhl und blickte schwermütig-weihevoll auf uns herab. Die Atmosphäre war mittelalterlich-legendär«, beschrieb die spätere Königin ihre erste Begegnung mit Carmen Sylva.[176]

Kein Wunder, dass die Ehe der romantisch-überschwänglichen ehemaligen Elisabeth zu Wied mit dem nüchternen König Carol I. nicht besonders glücklich war! Auch die Herzogin von Kent fand keinen Zugang zu der künftigen Schwiegermutter ihrer Tochter.

Erfreulicher, aber ebenfalls überschattet von der nahenden Trennung, war die Reise nach England, wo das Brautpaar Königin Victoria seine Aufwartung machte und herzlich empfangen wurde.

Die Hochzeit war für den 10. Januar anberaumt worden. Erst nach langem Hin und Her war man übereingekommen, sie in Sigmaringen zu feiern. Dem Wunsch Königin Victorias, dass auch diese Enkelin in der St. Georgs-Kapelle von Windsor getraut wurde, war aus kirchlichen Gründen nicht stattgegeben worden. Die Sigmaringer Hohenzollern waren katholisch, die

Braut Protestantin. Der Vatikan hatte Dispens zur katholischen Hochzeit geben müssen.

Auch der »Onkel« sollte ihr beiwohnen. Es fiel Maria auf, dass eine gewisse Angst in Nandos Augen trat, wenn er von ihm sprach. Das stellte sie erneut fest, als sie neben ihm und mit vielen anderen auf dem Bahnhof stand, wo König Carol I. eben aus dem Zug stieg. Sein ausdrucksvolles Gesicht mit den durchdringenden Augen wirkte ruhig und hoheitsvoll. Man merkte, dass er gewohnt war zu herrschen.

Unter dem großen Gefolge des Königs befanden sich auch zwei rumänische Damen, beide bereits verwitwet, deren Familien zu den beiden großen, meist aber uneinigen Parteien Rumäniens zählten. Maria Cantacuzino wurde zu einer von Marias zuverlässigsten Beraterinnen. Im Gegensatz zur Braut sprachen alle Rumänen fließend französisch, etliche auch deutsch, aber kaum jemand war des Englischen mächtig.

Neben den vielen Angehörigen europäischer Herrscherfamilien war auch Wilhelm II. erschienen. »Der Kaiser hatte Gewicht darauf gelegt, dies bedeutende Familienereignis mit seiner hohen Gegenwart zu beehren«, schrieb Maria in ihren Erinnerungen. »Er kam mit einem ungeheuren Gefolge riesiger Herren in glänzenden Uniformen. Alles, was sich um den deutschen Kaiser scharte, war groß und laut. Der Monarch unterließ es keinen Augenblick, zu zeigen, dass er der Erste war. Er wechselte seine Uniform mehrmals am Tag wie eine elegante Frau die Kleider. Seine Art, durch die er in seinem Leben so viele, sicherlich ohne es zu wollen, beleidigt hatte, machte ihn oft schwer erträglich … Durch sein lautes Wesen brachte er seine eigenen Verwandten in Verwirrung und beleidigte, was noch schlimmer war, sogar Fürsten anderer Länder.«[177]

Maria trug ein Brautkleid aus schwerer Seide, dessen glockiger Rock in einer langen Schleppe endete. Ein Diamantendiadem mit einem Orangenblütenkranz hielt den Schleier fest. Eigentlich gab es nicht nur eine, sondern drei Hochzeitszeremonien: eine zivile, eine katholische und eine nach anglikanischem Ritus, die ein englischer Marinegeistlicher vollzog. Alle drei fanden am gleichen Vormittag statt und endeten in einem glanzvollen Hochzeitsdiner.

Eine Hochzeitsreise war den Neuvermählten nicht bewilligt worden, nur einige Tage traute Zweisamkeit in dem kleinen Jagdschloss Krauchenwies in der Nähe von Sigmaringen. Die letzten Tage verbrachten sie in Coburg. Sie waren trotz allem Bemühen der Herzogin, sie fröhlich zu gestalten, überschattet vom Abschied, der immer näher rückte.

Und dann war es soweit. Die ganze Familie, Freunde, Dienerschaft standen winkend am Bahnhof, als der Zug sich langsam in Bewegung setzte und die vertrauten Gestalten im Schneetreiben verschwanden.

Als Kronprinzessin in Rumänien

Die Fahrt durch die winterliche Landschaft nach Rumänien, wenn auch im Salonwagen, war lang. Die Reisenden empfanden es daher als sehr angenehm, dass sie auf Wunsch des »Onkels« in Wien die Fahrt unterbrechen durften, um Kaiser Franz Joseph ihre Aufwartung zu machen. Wie alles, was Carol I. unternahm, hatte der Höflichkeitsbesuch vor allem einen politischen Hintergrund.

Übrigens sah der König es gar nicht gern, wenn Maria und Ferdinand verreisten; er gestattete es nur ganz selten, wenn sie, außer zu den Eltern, zu verwandten Herrscherfamilien fuhren. Es genügte ihm, dass der Kronprinz in eine einflussreiche Familie eingeheiratet hatte. Wie Maria in ihren Erinnerungen schrieb, mussten sie sich jede Reise hart erkämpfen. Anscheinend wünschte der König, seine Nachfolger ständig unter Aufsicht zu haben.

Fahnen und Musik, Ehrenkompanien, Würdenträger und

eine festlich gestimmte Bevölkerung in langen, bunt bestickten Mänteln und Frauen mit farbenfrohen Kopftüchern erwarteten das Kronprinzenpaar schon in Predeal, der Grenzstation zwischen der Habsburgermonarchie und Rumänien. Und so ging es weiter bis Bukarest, wo der Zug der starken Schneefälle wegen erst mit mehrstündiger Verspätung ankam.

Für ihre Ankunft hatte die Herzogin ihrer Tochter ein »weidengrünes Samtkleid mit einem veilchenblauen, goldschillernden Samtmantel, der mit weißem Fuchs besetzt war ... und eine kleine mit Amethysten besetzte Goldtoque« ausgewählt.[178]. Stets elegant gekleidet zu sein, betrachtete sie als die Pflicht einer Prinzessin.

Hurrarufe mischten sich mit den Klängen der Musik. Den größten Lärm verursachten die angetretenen Soldaten. Nando, der anlässlich seiner Heirat zum Major befördert worden war, bezeichnete sie stolz als »seine Jäger«. Das trug dazu bei, auch bei seiner jungen Frau das Gefühl von Fremdheit ein wenig zu mindern.

König Carol I. begrüßte seinen Neffen, der als erster ausstieg, dann streckte er Maria die Arme entgegen, um ihr über die hohen Stufen zu helfen, und drückte sie an sich. Anschließend stellte er ihr die Würdenträger vor. Der Bürgermeister von Bukarest reichte ihr traditionsgemäß Brot und Salz, Damen mit riesigen Blumensträußen hatten Mühe, sich ihr zu nähern. Missys ängstliche Verwirrung ließ ein wenig nach, der rauschende Empfang gab ihr das Gefühl, wirklich willkommen zu sein.

In einer prächtigen, von vier schwarzen Hengsten gezogenen Kutsche fuhr das junge Paar an der Seite des Königs zur Metropolitankirche, wo ein Tedeum abgehalten wurde.

Das königliche Palais, das es inzwischen gab, erwies sich zwar als nicht besonders eindrucksvoll, aber auf der Marmortreppe standen weiß gekleidete Kinder. Sie sangen Begrüßungslieder und streuten Blumen, während der König die Kronprinzessin hinaufgeleitete und mit den wartenden Honoratioren bekanntmachte. Dann führte er sie in ihr neues Heim. Eine Enttäuschung für die junge Frau. Die steife Pracht ließ jegliche Behaglichkeit vermissen.

Eine Fülle von Festlichkeiten folgte diesem Ankunftstag, eine Vielzahl von Menschen kam, um die Kronprinzessin zu ehren und ihr Geschenke zu überreichen. Mit so mancher Dame hätte sich Maria gern unterhalten, doch der König und Nando wussten es zu verhindern – der eine aus politischen Gründen, der andere aus Gehorsam gegenüber dem Onkel, aber wohl auch aus Eifersucht. »Ich durfte nur offizielle Besuche, und auch diese nur in Gruppen empfangen, sonst niemanden«, gestand Maria später in ihren Erinnerungen. »Selbst meine Ehrendame, Frau Greceanu, durfte nur dienstlich zu mir kommen. Sie wollten mich jedem Einfluss von außen fernhalten. Seit dem von Tante Elisabeth heraufbeschworenen Ärgernis mit Elena Vacarescu waren Onkel und Neffe voll wachen Misstrauens; sie hielten mich fast wie eine Gefangene. Der König erließ strenge Verordnungen, die mein Mann gewissenhaft beobachtete; sie deckten sich übrigens vollends mit seinen eigenen Wünschen. Unter solchen Umständen konnte sich mein Leben nicht heiter gestalten … Ich war eine ratlose, hilfsbedürftige, junge Frau. Sie umgaben mich mit Verordnungen und Gesetzen, Verboten und Programmen.«[179]

Es besteht kein Zweifel daran, dass Missy ihren Gatten liebte. Nur sein bedingungsloser Gehorsam, ja, seine Unterwürfigkeit gegenüber dem »Onkel« waren ihr unverständlich.

Die junge Familie

Schon seit einiger Zeit hatte sich die Kronprinzessin nicht recht wohl gefühlt, doch sie führte das vor allem auf das ungewohnte Essen und ihre labile Gemütsverfassung zurück. Dass es sich um die Beschwerden einer Schwangerschaft handeln könnte, ahnte sie nicht. Wie die meisten jungen Frauen war sie niemals darüber aufgeklärt worden. Erst Lady Mousan, eine Ehrendame ihrer Mutter, die nach Rumänien mitgekommen war, um Maria die Eingewöhnung zu erleichtern, holte diese Aufklärung nach. Maria war darum einigermaßen schockiert, als sie nun offen auf ihren Zustand angesprochen wurde. In ihrer neuen Heimat betrachtete man eine Schwangerschaft nämlich als etwas ganz Selbstverständliches und Hochwillkommenes.

Ein wenig Abwechslung in die tägliche Langeweile, unter der die junge Frau besonders litt, brachte der Aufbruch in die königliche Sommerresidenz Sinaia. Der Monarch konnte sich selbstverständlich keine Ferien leisten und hatte seinen ganzen Hofstaat mit der gewohnten Arbeit mitgebracht, aber die Kronprinzessin genoss von ganzem Herzen die herrliche Gebirgslandschaft und die frische Luft der Karpaten. Sogar ihr pflichtbewusster Gatte gönnte sich ab und zu ein wenig Freizeit.

Eine große Freude für Missy war die Ankunft ihrer Lieblingsschwester Ducky, der einige Zeit später auch ihre Mutter mit den jüngeren Mädchen folgte. Im Gegensatz zum »Onkel« sah die Herzogin dem freudigen Ereignis recht sorglos entgegen. Seine Überlegungen und zeremoniellen Bedenken waren ihrem praktischen Sinn völlig fremd.

Schwierigkeiten blieben daher nicht aus. »Es gab Missverständnisse und Aussprachen. Überlegenen Spott auf der einen, Verdruss auf der anderen Seite. Den Verdruss hatte der Onkel. Und zwischen beiden stand Nando, ein Zünglein zwischen zwei ruhelosen Waagschalen. Der gesunde Menschenverstand in ihm neigte zu Mama, der Gehorsam riss ihn an die Seite des Onkels ... Mama ließ sich durch nichts bewegen ... dem Onkel zu gestatten, auch bei der Auswahl der Ärzte, Pflegerinnen und selbst der Zimmer ein wenig Politik zu machen«[180], erinnert sich die Kronprinzessin. Schließlich griff

Königin Victoria in die Debatten ein. Sie schickte kurzerhand einen englischen Arzt. Da gab auch der »Onkel« nach.

Am 15. Oktober 1893 um ein Uhr morgens kam das sehnlich erwartete Kind in Sinaia zur Welt. Hundertundein Kanonenschüsse zeigten an, dass es ein Junge war. Er wurde nach seinem Großvater Karl, auf Rumänisch Carol, genannt.

Am 29. Oktober, dem achtzehnten Geburtstag der Kronprinzessin, wurde der kleine Carol getauft. Nach orthodoxem Ritus wurde er dabei ganz unter Wasser getaucht. Der Brauch wollte es auch, dass die Mutter der Taufe fernblieb. Sie durfte nur nach dem Gottesdienst in ihrem Zimmer, nun mit dem Täufling auf dem Arm, die Glückwünsche der Gäste entgegennehmen.

Die Kronprinzessin hatte ihre wichtigste Pflicht erfüllt, sie hatte einen Sohn zur Welt gebracht. Das Kind war gesund und gedieh prächtig. Dennoch war das Leben am rumänischen Königshof nicht immer eitel Sonnenschein.

Das große Problem der jungen Eheleute war nach wie vor der »Onkel«. Es konnte nicht ausbleiben, dass die junge Frau und der König, der ständig in deren Privatsphäre eingriff, etwas aneinandergerieten. Das Gebot sklavischen Gehorsams provozierte Rebellion: »Der Mittelpunkt unseres Hauses war König Carol. Der schweigsame Willensmensch zerstörte in sich jeden Trieb, unterdrückte jede Leidenschaft, verbot sich jeden gefühlsmäßigen Wunsch. Von seinen Angehörigen erwartete er dasselbe ... Der König wollte mich zähmen ... Ich aber wollte Herrin meiner selbst sein, ein eigenlebiger, selbstdenkender Mensch sein ... Womit ich mich nie versöhnen konnte, war die Forderung blinden Gehorsams ... Es wurde uns nicht einmal in der Auswahl unseres Dienstpersonals freie Hand gelassen. Die Erzieher unserer Kinder wurden uns aufgezwungen. Um die Anstellung eines Turnlehrers gab es endlose Debatten, und gar die Auswahl eines Deutschlehrers wurde so umständlich erwogen, dass man jahrelang zu keinem Entschluss kam und der

Junge in seiner frühen Kindheit die Sprache seines Vaters nicht lernte … So gelangten Personen in unsere Dienste, die uns Misstrauen einflößten, deren Nähe uns eine Qual war. Diese Leute waren dem Onkel ergeben … und versahen Informationsdienst für ihn«[181], schrieb die spätere Königin Maria.

Es war für sie schwierig zu begreifen, dass der Kronprinz die Forderungen seines Onkels widerspruchslos erfüllte; dies führte zwangsläufig in ihrer Ehe zu Auseinandersetzungen.

Da Mädchen früh zu heiraten pflegten und Königin Victoria Ehen mit nahen Verwandten bevorzugte, ehelichte Marias Schwester Melita, ebenfalls mit siebzehn Jahren, ihren Cousin, den jungen Großherzog von Hessen, der als glänzende Partie galt.

Die Hochzeit von Prinzessin Victoria Melita mit dem Großherzog Ernst von Hessen-Darmstadt, die am 20. April 1894 in Coburg stattfand, vereinigte eine Menge hochrangiger Gäste, allen voran das Familienoberhaupt, die greise Königin Victoria, ihren Enkel Kaiser Wilhelm II. und dessen Mutter, die früh verwitwete älteste Tochter der englischen Königin, den Zarewitsch und etliche andere Mitglieder regierender Häuser. So ungern König Carol I. dem Kronprinzenpaar erlaubte, auf Reisen zu gehen, diesmal musste er es ihnen gestatten. Jene großartige Familienfeier der Coburger wurde zugleich zum Rahmen für die überraschende Verlobung des Zarewitsch Nikolaus mit Prinzessin Alix von Hessen.

Leider wurde die Ehe Duckys nicht glücklich, sie wurde 1901 in beiderseitigem Einverständnis aufgelöst. Vier Jahre später ging Ducky unter dem russifizierten Namen Victoria Feodorowna eine zweite Ehe mit dem Großfürsten Kirill von Russland ein. Auch dieser war ein naher Verwandter; der Vater Kirills war ein Bruder von Duckys Mutter.

Noch ehe der kleine Carol sein erstes Lebensjahr vollendet hatte, wurde dem Kronprinzenpaar am 11. Oktober 1894 ein Töchterchen geboren, das nach der Königin Elisabeth genannt wurde. Diese war kurz zuvor aus Deutschland zurückgekehrt. Maria kam zwar mit »Aunty«, gut aus, aber innerlich blieb sie ihr doch eher fremd.

Wie schon ihr Brüderchen kam die kleine Prinzessin etwas zu früh, sodass die Herzogin von Coburg, die ihrer Tochter eigentlich beistehen wollte, nicht rechtzeitig eintraf. Ihr Aufenthalt gestaltete sich auch kürzer als beabsichtigt, denn ihr Bruder, Zar Alexander III. von Russland, lag damals gerade im Sterben. Er verschied kurz darauf, am 1. November 1894, in Liwadija auf der Krim.

Ganz Petersburg trauerte noch um den verstorbenen Zaren, als Nikolaus II. und Alix, die jetzt den Namen Alexandra Romanowa trug, heirateten. Die Liebesheirat – es war tatsächlich eine – stand jedoch unter keinem guten Stern. Der überraschende Tod seines Vaters hatte Nikolaus II. viel zu früh zum Zaren gemacht. Er fühlte schon jetzt die schwere Bürde dieses Amtes und ahnte, dass er ihr nicht gewachsen war.

Nach alter Tradition wurden die Zaren in Moskau gekrönt. König Carol I. kam nicht umhin, seinem designierten Nachfolger und dessen Gattin die Reise dorthin zu gestatten.

Die Kronprinzessin genoss die unerwartete Freiheit. »Am Hof des Onkels galt Freude als frevelhaft, Freiheit war nicht erlaubt, Selbständigkeit unterdrückt. Dort war nichts mein, nicht einmal mein Heim und meine Kinder. So kam es, dass ich mich schmerzlich fremd fühlte in dem fremden Land … Und siehe da, plötzlich dieses jubelnde Moskau einer Kaiserkrönung … Mir war wie ein Vögelchen zumute, das, nach einem langen schweren Winter unverhofft erlöst, seine Flügel zum Aufstieg in den Frühlingshimmel breitet«, schilderte sie ihre Empfindungen. »Auch für Nando war dieser Aufenthalt in Russland ein unvergleichliches Ereignis. Doch er konnte sich nie so tief wie ich der Lust zu leben hingeben.«[182]

Als Erster kam der junge Zar. Er wirkte klein und schmächtig auf dem großen Pferd. Im Abstand folgten zwei vergoldete Wagen, im ersten die Kaiserinmutter, im zweiten die künftige Zarin, die erst durch die Salbung in ihre neuen Rechte eingesetzt wurde. Dann stand sie neben dem jungen Zaren. Ihre Gewänder schimmerten golden ebenso wie die Kathedrale, in der eine Atmosphäre märchenhaften Prunks herrschte.

Fröhliche Tage folgten, in denen nichts die Freude am Leben trübte, und es fiel gar nicht leicht, sich zu Hause wieder in Pflichterfüllung und strenge Ordnung zu fügen. »Dass ich mich geschmackvoll kleidete, wurde mir als Putzsucht vorgehalten, meine Vorliebe für Landschaft und Bewegung im Freien galt als Freizügigkeit, meine Sportlust als Überspanntheit, mein ungezwungenes Benehmen als Missachtung der Konventionen und Hofsitten. Kurz, ich war alles in allem zu frei, eben zu ›englisch‹. Mit der Behauptung, ich sei zu jung und töricht, entzogen sie mir das Recht, die Erziehung meiner Kinder zu leiten.«[183] Ihr Mann schien Maria keine große Hilfe gewesen zu sein. Er bat sie nur immer wieder um Geduld.

Das Jahr 1896 brachte einen großen Staatsbesuch, in dem auch das Kronprinzenpaar eine repräsentative Rolle zu spielen hatte. Kaiser Franz Joseph kam am 28. September nach Rumänien und wurde entsprechend seinem hohen Rang und der damaligen Bedeutung Österreich-Ungarns empfangen.

Das Programm war auf die Minute genau festgelegt. An der rumänischen Grenze stand schon eine Ehrenkompanie bereit, donnerten die Geschütze zum Salut, drängte sich die Bevölkerung. Auf dem Bahnhof in Crajova erwarteten König Carol I. und sein Gefolge unter den Klängen der österreichischen Hymne seinen hohen Gast. »Kaiser Franz Joseph conversierte in liebenswürdigster Weise mit einigen Damen und Herren. Es herrschte großer Enthusiasmus«, schrieb die *Wiener Neue Freie Presse* vom 29. September 1896 über dieses Ereignis.

König Carol I. geleitete den Gast zum Sonderzug nach Bukarest. Die Reise war keineswegs geruhsam. Der Zug hielt mehrmals, überall gab es Empfänge, sangen Schulkinder, wurden

Honoratioren vorgestellt und drängte sich die Menge. Am Bahnhof der Hauptstadt wurde der Kaiser von der Königin, dem Thronfolgerpaar und den Mitgliedern der Regierung sowie den anderen Honoratioren des Landes feierlich begrüßt. Auf dem Flügel des königlichen Palais, in dem der Monarch logierte, wurde die Kaiserstandarte gehisst.

Mit Befriedigung stellte die Zeitung fest, dass »die rumänische Presse einmütig den Gast bewillkommnete und den Besuch als ein Ereignis von großer Bedeutung und glückbringend für Rumänien feierte«. Die national-liberale *Gazeta* nannte den Kaiserbesuch »einen denkwürdigen Markstein in der Entwicklung Rumäniens. Er beweist die Wertschätzung, die unser erlauchter Gast für die rumänischen Länder und für den König hegt und lässt den hervorragenden Platz erkennen, den wir in Europa einnehmen.«

Zur Ruhe kamen die Herrschaften kaum, denn Empfänge, Audienzen, Galadiners folgten aufeinander beinahe pausenlos, den Abend krönte ein Fackelzug mit Musik. Am nächsten Tag fuhren die beiden Monarchen nach Cotroceni zur großen Truppenrevue, der auch das Thronfolgerpaar sowie Marias Vater, Herzog Alfred von Sachsen-Coburg und Gotha, beiwohnten. Ein vom König bestellter Maler hat die Szene verewigt. Das Bild war für das königliche Schloss bestimmt. In der *Neuen Freien Presse* vom 30. September 1896 war zu lesen: »Die Königin, in hellgelber Robe mit Mantilla saß in einem vierspannigen Wagen, die Kronprinzessin Maria war zu Pferd in dunklem Reitkleid und Zylinder und ritt an der Seite des Kaisers und ihres Gemahls … Der Wagen der Königin hielt gegenüber der Diplomatentribüne, der Kaiser hielt mit seinem Pferd dicht neben dem Wagen, ihm zur Seite die Kronprinzessin. Er unterhielt sich lebhaft mit beiden Damen … Unter klingendem Spiel schritten die Truppen vorüber und wurden mit stürmischem Applaus begrüßt.«

Der Kaiser lobte gebührend die Vorführung der Armee. An

Truppenparaden fand er von jeher großen Gefallen. Anschließend ging es nach Sinaia, wieder begleitet von Truppen, Ovationen und wartenden Honoratioren, die Menge in schönstem Sonntagsstaat. Der 30. September 1896 war einem Besuch in der romantischen Umgebung des Schlosses vorbehalten, mit Dejeuner in einem eigens zu diesem Zweck erbauten Pavillon. Nach einem abendlichen Konzert in Schloss Pelesch trat der Kaiser um zehn Uhr abends die Heimreise an.

Abwechslung und ein Leben mehr nach dem Geschmack der Prinzessin brachte der Besuch von Ducky und ihrem Gatten. Der Großherzog Ernst von Hessen war ein fröhlicher Gesellschafter, der auch den ernsten Nando ein wenig aus der Reserve zu locken vermochte. Ganz wohl fühlte er sich allerdings nie dabei, denn er wusste, dass Tadel und Ermahnungen seitens des »Palastes« nicht ausbleiben würden.

Das Jahr 1897, das mit so viel Fröhlichkeit begonnen hatte, brachte im Frühsommer schwere Tage. Kronprinz Ferdinand erkrankte lebensgefährlich an Typhus. Als nach langem Bangen endlich die Krise überwunden war, musste er noch lange das Bett hüten und erholte sich nur langsam. Als der Winter nahte, rieten die Ärzte zu einem Aufenthalt im Süden. Das Kronprinzenpaar reiste daher nach Nizza, wo die Herzogin von Coburg das inmitten eines herrlichen Gartens gelegene Schloss Fabron besaß.

»Bevor wir aufbrachen, wurde uns eingeschärft, dass Nizza ein Ort der Verderbtheit, ein wahres Sodom und Gomorrha ist, und dass wir nicht hinführen, um uns zu unterhalten, sondern der Gesundheit wegen.«[184] Und da Vertrauen zwar gut, Kontrolle aber weit besser ist, wurden verlässliche Begleitpersonen ausgewählt, die angewiesen wurden, jeden Tag einen Bericht nach Bukarest zu senden. Mit anderen Worten, sie hatten vor allem Maria zu bespitzeln. An Gelegenheiten dazu fehlte es wohl nicht. Denn die Ankunft einiger recht lebenslustiger Verwandter erschütterte nur zu bald alle Gebote, zurückgezogen und unauffällig zu leben. Sogar das Casino in Monte Carlo, ein besonders berüchtigter Ort, wurde einmal aufgesucht. Natürlich erfuhren auch die »Spitzel« davon und meldeten es pflichtschuldigst ihren Auftraggebern.

In Bukarest nahte neues Ungemach. Dem König schien es an der Zeit, für den bereits siebenjährigen Prinzen Carol eine geeignete Erzieherin zu suchen. Seine Wahl fiel auf eine Engländerin, die früher die Erziehung der Königin der Niederlande geleitet hatte und eine Freundin des Hauses Wied war.

Der Kronprinzessin war sie von Anfang an unsympathisch. Zwar mochte Nando sie auch nicht, aber wie immer trug sein Gehorsam den Sieg davon. Leider scheint es Maria in ihren Erinnerungen ein wenig an Aufrichtigkeit zu fehlen. »Sie verschweigt natürlich, dass ihr skandalöser Lebenswandel und ihre fortwährenden Liebschaften Anlass zu beanstanden gaben. Als der König sie durch eine Hofmeisterin bewachen ließ und ihr Vorhaltungen wegen ihres Lebenswandels machte, packte sie die Koffer und reiste nach London. Erst als ihre Aufpasserin entlassen wurde, kehrte sie zurück.«[185]

Die Ehe des Kronprinzenpaars machte damals eine große Krise durch. Maria war wieder schwanger. Das wäre an sich nicht erstaunlich gewesen, denn gerade in solchen Kreisen wünschte man sich möglichst viele Kinder, um die Thronfolge abzusichern, weil die Sterblichkeitsrate bei Kindern besonders hoch war. Doch pikanterweise mutmaßte man in der Bukarester Gesellschaft, dass der Vater des zu erwartenden Kindes gar nicht der Kronprinz sei. »Nicht nur die jüngste Affäre der Prinzessin mit Leutnant Zizi Cantacuzino wurde aufgefrischt, sondern es waren auch andere Liebhaber im Gespräch, wie ihr russisscher Vetter Großfürst Boris Wladimirowitsch. König Carol I., der durch dieses ›unzüchtige‹ Leben das Ansehen der Monarchie kompromittiert sah, drängte auf Scheidung. Die Verwandtschaft aber war konzilianter. Leopold von Hohenzollern meinte, man müsste einen Modus vivendi zur Rettung der

Ehe finden. Dies sollte vor allem so weit wie möglich vertuscht werden und Ferdinand sich als Vater des zu gebärenden Kindes bekennen.«[186]

Man könnte diese Geschichte dennoch als Gesellschafts-tratsch ablegen, aber ein Brief der Herzogin von Coburg liefert den Beweis dafür, dass sie auf Wahrheit beruhte. »Solange Nando Dir verzeiht und Dich noch liebt, hat niemand etwas zu sagen, sogar der König muss mit seinen fürchterlichen Intrigen aufhören. Du musst aber darauf achten, dass das Kind, das Du erwartest, nicht etwa nicht von Nando ist.« Und in einem anderen Brief schrieb sie: »Jetzt aber, liebe Missy, sollte Dir diese traurige Erfahrung für Dich und die Geburt des nächsten Kindes der Anfang eines neuen Lebens sein … Du hast stark gesündigt, aber die Zukunft ist noch nicht verloren, dass Du eine gesetzte Frau wirst. Du musst Dir ernsthaft und entschlossen vornehmen, ein ernsteres Leben anzufangen und mit Abscheu und Ekel nach rückwärts zu blicken.«[187] Dann empfahl die Herzogin ihrer Tochter, zur Entbindung nach Coburg zu kommen.

»Auf Schloss Friedenstein bei Gotha ist Montag Ihre Hoheit, die Gemahlin des Prinzen-Thronfolgers Ferdinand von Rumänien, Prinzessin Maria, geborene Prinzessin von Sachsen-Coburg und k. Prinzessin von Großbritannien und Irland, glücklich einer Tochter genesen«, teilte das *Wiener Salonblatt* in Nr. 2/1900 seinen Lesern mit.

Das kleine Mädchen kam als drittes eheliches Kind am 9. Januar 1900 zur Welt und erhielt den Namen Maria, wurde aber meist Mignon genannt. Die Mutter selbst begnügte sich mit folgendem Satz: »Ich hatte mir prophezeit, dass mein drittes Kind ein ›Tränenkind‹ sein würde, da ich um jene Zeit fast jede Nacht weinend einzuschlafen pflegte. Aber siehe, als es geboren wurde, war es ein Freudenkind.«[188]

Maria war also nicht ganz das Opfer des überstrengen Onkels, als das sie sich darstellte, und ihre Ehe war weit davon entfernt, so harmonisch zu sein, wie sie in ihren Erinnerungen glauben machen will.

Es ist sogar anzunehmen, dass der Kronprinz von Rumänien Maria gefiel. Aber sie waren völlig verschiedene Charaktere: Ferdinand war schüchtern und unsicher, nachgiebig und gehorsam, in seiner Lebensführung bescheiden. Maria hingegen war selbstbewusst, willensstark, oft rebellisch. Gegen Bevormundung begehrte sie auf. Sie liebte es, Geld auszugeben und sich zu amüsieren. Sie wusste, dass sie hübsch war, und es gefiel ihr, wenn ein Mann das bemerkte. Es musste nicht unbedingt der eigene sein. Den fand sie wohl allmählich ziemlich langweilig, und seine Unterwürfigkeit konnte sie kaum noch ertragen.

Wie Maria es bei der Wachsamkeit des Hofs, der ständigen Anwesenheit von Ehrendamen und Dienstpersonal anstellte, sich nicht nur mit anderen Männern zu treffen, sondern auch intim zu werden, ist erstaunlich. Vielleicht bieten ihre Ausflüge zu Pferd eine Erklärung. Sie war eine ausgezeichnete und kühne Reiterin und liebte es, weite Spazierritte zu unternehmen. Dass Nando seine Gattin ebenfalls betrogen haben soll, überrascht.[189] Da war wohl gekränkte Eitelkeit und der Wunsch nach Vergeltung mit im Spiel.

Erst im Frühjahr verließ Maria Gotha, um Nando und Onkel und Tante in Abbazia zu treffen. Diese hatten den kleinen Carol und seine neue Erzieherin, eine Irin, mitgenommen. Es schien also zumindest äußerlich wieder alles in Ordnung gekommen zu sein am rumänischen Hof. Maria selbst erwähnte ihr »glückliches Familienleben«. Allerdings waren immer noch Gerüchte über ihre Liebesabenteuer in Umlauf: »Sie hat damit für weitere Jahrzehnte Gesprächsstoff geliefert und sicherlich kein gutes Beispiel für ihre Kinder abgegeben. Zunächst war es ein gewisser Astor Waldorf, der Sohn eines reichen Unternehmers, und ein junger Marineoffizier namens Joan Andrei. Auf das Jahr 1907 geht die Liebesaffäre ihres Lebens mit dem verheirateten Barbu Stirbey, einem Bojarensprössling und einem der reichsten Unternehmer des Landes, zurück. Er war nicht nur ihr Liebhaber, sondern hat sie auch in das politische Leben Rumäniens eingeführt und wurde einer ihrer wichtigsten Berater.«[190] Maria selbst erwähnt nur, dass Prinz Barbu Stirbey 1913 zum Verwalter der Krongüter bestellt wurde. »Die ihn näher kannten, hatten eine hohe Meinung von ihm und nur Worte der Bewunderung für seinen Charakter und seine Intelligenz. Seine Frau Nadèje Bisbescu, ebenfalls aristokratischer Herkunft, war eine vornehme Erscheinung von bezaubernder Wirkung. Sie hatten vier Töchter und lebten in ihrem Kastell ... in der Nähe von Bukarest. Barbu Stirbeys Großvater, seinerzeit regierender Fürst der rumänischen Länder, zählte zu denen, die für die Wahl des Onkels zum rumänischen König gestimmt hatten. Der König erklärte, dass nun die Jugend zu beachten und für die vorzusorgen sei, die ihn ablösen sollten. Seine Nachfolger sollten einen vertrauenswürdigen Menschen zur Seite haben, einen Mann, dessen Abstammung, Charakter und Vergangenheit seine Wahl rechtfertige, und der imstande sein würde, kraft seiner Jugend auch in Zukunft mit ihnen Schritt zu halten.«

Dem Kronprinzenpaar wurden noch drei Kinder geboren: am 17. August 1903 Söhnchen Nicolae, am 4. Januar 1909 Ileana und 1913 noch ein Junge, Mircea. Wie Kroner berichtet, soll Barbu Stirbey Ileanas Vater und Astor Waldorf Nicolaes Vater gewesen sein.[191]

Die Kinder wuchsen als patriotische Rumänen auf und waren die Freude ihrer Eltern und Großeltern. Denn trotz Marias Liebesabenteuern dürfte sich im Zusammenleben der Familie einiges zum Guten verändert haben. Wie Maria berichtete, war »König Carol, der unerbittliche Herrscher, im Alter sanft geworden, er liebte unsere Kinder und behandelte nun um ihretwillen auch uns günstiger. Wir indessen hatten ihn zu verstehen begonnen und hegten tiefe Bewunderung für unsere begnadeten Vorgänger, die ihr Leben in einzig dastehender Weise ihrem Volk gewidmet hatten, nicht nur um es zu lenken, sondern auch um ihm zu dienen. Ich darf es aussprechen und tue es mit Freuden, dass unsere letzten Jahre im Zeichen der Eintracht standen, und dass wir uns alle von dem Zauber traulichen Familienlebens umfangen fühlten.«[192]

Besonders willkommen in Sinaia war im Juli 1909 der Besuch des österreichisch-ungarischen Thronfolgers und seiner morganatischen Gattin Sophie, Fürstin von Hohenberg, die erst im Oktober desselben Jahres von Kaiser Franz Joseph zur Herzogin ernannt wurde.

Österreich und Rumänien waren nicht nur seit 1883 durch einen Geheimpakt verbunden; eine besondere Gemeinsamkeit zwischen Erzherzog Franz Ferdinand und König Carol I. bestand in ihrer Gegnerschaft zu Ungarn. Bei der Gründung von Österreich-Ungarn im Jahr 1867, die aus dem Kaiserreich Österreich eine Doppelmonarchie gemacht hatte, waren den Ländern der ungarischen Krone viele Rechte zugestanden worden. Der Erzherzog hatte nichts gegen das ungarische Volk, aber umso mehr gegen die Vorherrschaft der ungarischen Führungsschicht, einer Oligarchie von reichen, adeligen Großgrundbesitzern, die vor allem um die Aufrechterhaltung ihrer alten Privilegien bemüht war und eine weitgehende Magyarisierung des gesamten Herrschaftsbereichs anstrebte. Das betraf nicht nur die deutsche Minderheit in Siebenbürgen und im Banat, die seit Jahrhunderten dort lebte, sondern auch die der rumänischen Bevölkerung, die sich immer wieder bitter bei König Carol I. über die Unterdrückung durch die Ungarn beklagte.

Eine Änderung der untragbaren Verhältnisse lag sowohl dem Erzherzog als auch dem König sehr am Herzen. Da aber von dem beinahe achtzigjährigen Kaiser Franz Joseph in dieser Hinsicht nichts zu erwarten war, richtete sich die Hoffnung König Carols I. auf dessen Nachfolger. Unter anderem plante dieser, in Ungarn eine Änderung des bestehenden Wahlrechts durchzusetzen, um die Rechte der Bürger gerechter zu verteilen. Dadurch sollte die herrschende Schicht entmachtet werden.

Es bestand damals große Eintracht in Sinaia. Große Pläne wurden entworfen, auch Nando durfte an den Beratungen teilnehmen. Ob es dem künftigen Kaiser Franz II., wie Franz Ferdinand sich nennen wollte, je gelungen wäre, sie zu verwirklichen, steht in den Sternen. Das Attentat von Sarajevo hat es verhindert.

Das Empfangszeremoniell war nicht viel anders als das, mit dem Kaiser Franz Joseph vor über zehn Jahren geehrt worden war. Die rumänische Delegation, an der Spitze Thronfolger Ferdinand, seine Gemahlin Maria und der Ministerpräsident, hieß die Gäste am Grenzbahnhof Predeal willkommen, um mit ihnen weiter nach Sinaia zu reisen. Dort am Bahnhof empfingen König Carol I. und die Königin mit ihrem Gefolge das österreichische Paar mit großer Herzlichkeit.

Wie die *Wiener Zeitung* vom 11. Juli 1909 berichtete, war der Weg zum Schloss Pelesch prachtvoll dekoriert, vor dem Eingang zum Park war ein Triumphbogen errichtet worden. Zahllose begeisterte Zuschauer säumten die Zufahrt und akklamierten stürmisch der Wagenkolonne, zu der auch die Fürstin von Hohenberg gehörte, die den Beifall mit großer Freude zur Kenntnis nahm. Fürstin Sophie saß zur Rechten des rumänischen Königs, ein eklatanter Unterschied zum strengen Protokoll der Hofburg mit seinen verletzenden Nadelstichen, die dem Thronfolger und seiner nicht ebenbürtigen Gattin so oft den Aufenthalt dort verleideten, die ihr die Teilnahme an Einladungen versagten, bei denen ihr Gatte verpflichtet war, und die ihr an der kaiserlichen Tafel einen minderen Platz zuwiesen, weil sie keine Erzherzogin war.

»Fern vom Wiener Hofzeremoniell und verwöhnt von der Liebenswürdigkeit ihrer Gastgeber verbrachten Franz Ferdinand und Sophie in Rumänien erholsame Tage, an die sie sich noch lange mit Freude erinnerten.«[193] Jedenfalls dürfte das gute Zeugnis, das der Fürstin über ihr Auftreten ausgestellt worden war, nicht unwesentlich zu ihrer Ernennung zur Herzogin beigetragen haben.

Am nächsten Tag unternahm man nach einem Dejeuner beim Kronprinzenpaar einen Ausflug ins Prehova-Tal, wobei auf dem ganzen fünfzig Kilometer langen Weg die Bevölkerung in festlicher Kleidung Spalier stand und Kinder die österreichische Hymne sangen. Die Fahrt wurde mit dem »Automobil« zurückgelegt, einer Erfindung, die inzwischen Eingang in die entsprechenden Kreise gefunden hatte. Diners, eine Vorstellung im Schlosstheater, ein ländliches Fest, eine musikalische Soiree – das Königspaar tat sein Möglichstes, um die Gäste zu ehren und zu unterhalten.

Oberst Margutti, Flügeladjutant Kaiser Franz Josephs, schrieb allerdings nach dem Ende der Monarchie in seinen Erinnerungen, »er habe aus sicherer Quelle vernommen, dass die gegenwärtige Königin von Rumänien [die damalige Kronprinzessin] in einer geradezu ostentativen Weise zu verstehen gab, es sei denn doch ein gewaltiger Unterschied zwischen der morganatischen und der ebenbürtigen Gemahlin eines Thronfolgers, zumal wenn Letztere vom englischen und russischen Königshaus direkt abstamme«.[194]

Mit größerem Vergnügen erinnerte sich Kronprinzessin Maria an den Besuch des deutschen Kronprinzen Wilhelm, ebenfalls im Jahr 1909:

»Da ging alles viel ungezwungener vor sich, farbenreicher und ganz angemessen der schönen Jahreszeit. In dieser Zeit ließ ich mir im Urwald von Sinaia von dem Architekten de Nouy ein Lufthäuschen erbauen, ein richtiges in der Luft stehendes Ding, dessen Stützpfeiler mächtige Baumstämme waren. Es enthielt drei Kammern, eine breite Galerie und hatte auch einen kleinen Erker, aus dem man in die Tiefe herunterblicken konnte … Eine Kettenbrücke führte in meine hohe Wohnung.«[195] Eine recht extravagante Idee, mit welcher der sparsame König gewiss nicht ganz einverstanden war. Aber auch Königin Elisabeth hatte im Schlosspark von Pelesch ein Teehaus errichten lassen, das sich zehn Meter über dem Boden im Geäst von vier Fichten befand und nur über eine Strickleiter erreicht werden konnte.

1907 kam es infolge von Ausbeutung und Korruption zu einer Revolte der Bauern. Sie wurde mit Waffengewalt niedergeschlagen, hatte aber zur Folge, dass die Regierung den Forderungen der Landbevölkerung ein wenig entgegenkam. Neue Gesetze zum Schutz der Kleinbauern und Landarbeiter wurden geschaffen und eine Landreform durchgeführt. Eine landwirtschaftliche Kreditanstalt sollte den Bauern helfen, mindestens fünf Hektar Land zu erwerben. Eine entscheidende Agrarreform ließ jedoch noch auf sich warten.

Auf dem Weg zum Ersten Weltkrieg

An dem 1912 ausgebrochenen Ersten Balkankrieg nahm Rumänien nicht teil. Die vereinigten bulgarischen, griechischen und serbischen Truppen konnten zwar die Türken besiegen, gerieten aber bald über die Aufteilung Mazedoniens in Streit. Das führte kurz darauf zum Zweiten Balkankrieg, in dem Griechenland und Serbien nun Bulgarien angriffen. Dies veranlasste Rumänien, ebenfalls einzugreifen. Die »Kriegspartei« hatte den König überstimmt. Zum Kommandanten wurde Kronprinz Ferdinand bestimmt, auch sein neunzehnjähriger Sohn sollte daran teilnehmen. Es kam jedoch zu keinen Kämpfen mehr. Bulgarien war bereits besiegt. Es hatte fast alles verloren, was es im Ersten Balkankrieg gewonnen hatte; nun musste es auch die südliche Dobrudscha an Rumänien abtreten. Das von Russland unterstützte Serbien war indessen zur stärksten Balkanmacht geworden.

Ein anderes Übel hingegen sollte Rumänien schwer zu schaffen machen: die Cholera, die sich im Nu zu einer furchtbaren Epidemie ausweitete. »Ich muss dieses furchtbare Erlebnis als eine neue Wendung in meinem Leben bezeichnen«, bekannte die Kronprinzessin später, entsetzt über die Zustände in den Lazaretten, die sie besuchte. »Ich begab mich eiligst nach Sinaia, um mich mit dem Onkel zu verständigen ... Er erteilte mir die Erlaubnis, die Leitung des Choleralagers von Zimnicea zu übernehmen, einem der wichtigsten Punkte, bei dem sich unsere aus Bulgarien heimkehrenden Regimenter zu versammeln hatten. Carol [ihr Sohn] begab sich zu mir und bewies dabei viel Geschicklichkeit, Fleiß und eigene Energie. Wir lebten in jenem Lager vierzehn schwere, arbeitsreiche und gefahrvolle Tage. Alle Kräfte des Körpers und der Seele wurden gefordert ... Nun hatte ich Gelegenheit, zu zeigen, dass ich auch etwas anderes als nur eine heitere Prinzessin sein konnte.«[196] Marias Einsatz während der Cholera hatte sicher dazu beigetragen, ihr Ansehen bei König Carol I. beträchtlich zu erhöhen.

Im Jahr 1914 erneuerte der König den mit den Mittelmächten geschlossenen, von ihm aber geheim gehaltenen Bund. Noch immer hielt er an ihm fest, obwohl die Unterdrückung der rumänischen Minderheiten in Ungarn ihn schwer belastete und seine Loyalität auf eine harte Probe stellte. Da Proteste sowohl in Wien als auch in Berlin auf taube Ohren stießen, fand die russisch-französische Propaganda im Land immer mehr Gehör. Was die Kronprinzessin betraf, so gestand sie selbst freimütig, sich hauptsächlich als Engländerin zu fühlen, daher dem Dreibund eher ablehnend gegenüberzustehen. Auch ihre Haltung sollte später Rumäniens Entschlüsse mit beeinflussen.

Russland bemühte sich offensichtlich, das kleine Rumänien zu umwerben. Man versuchte es dort wieder einmal mit der bewährten Heiratspolitik: Im Gespräch war eine Heirat zwischen Großfürstin Olga, der ältesten Tochter des Zarenpaars, und Carol, dem Sohn des rumänischen Kronprinzenpaars. Anlässlich eines Besuchs von Ferdinand und Maria in St. Petersburg kam es jedoch zu keiner Vereinbarung. Längst war es kein Geheimnis mehr, dass der Zarewitsch an Hämophilie litt, einer durch Erbfaktoren bestimmten Krankheit des Blutes, bei der die Blutgerinnung gestört ist. Frauen dienen dabei nur als Überträgerinnen, ihre Söhne dagegen laufen Gefahr, dass die Krankheit bei ihnen ausbricht. Die Zarin hatte die verhängnisvolle Anlage von ihrer aus dem englischen Königshaus stammenden Mutter geerbt und sie in die russische Herrscherfamilie gebracht. Jede ihrer Töchter hätte ebenfalls zu einer Überträgerin werden und ihre Söhne damit gefährden können.

Zu dem russischen Versuch, Rumänien für sich zu gewinnen, gehört auch der Besuch des Zaren im Juni 1914. Er kam mit seiner ganzen Familie par Schiff von der Krim nach Constanza. Obwohl der Aufenthalt nur einen Tag dauerte, war er von großer Bedeutung für den rumänischen König und sein Land. Kronprinzessin Maria war als Verwandte der Zarenfamilie besonders involviert. »Es war ein wundervoller, ereignisreicher Tag«, schrieb sie in ihren Erinnerungen. »Ich stand noch lange am Kai und blickte der kleinen Flotte nach. Aber die dort heimkehrten auf ihren prächtigen Schiffen sollte ich nie wiedersehen.«[197]

Bedingt durch die Schwäche des Osmanischen Reichs und die Verschiebung der Kräfteverhältnisse hatte sich der Balkan zu einem wahren Pulverfass entwickelt. Österreich-Ungarn war daran nicht unbeteiligt. Die Niederlage von Königgrätz gegen das siegreiche Preußen hatte zum Verlust des Einflusses in Deutschland geführt. Dagegen hatte der Berliner Kongress 1878 unter Reichskanzler Bismarck Österreich das Recht erteilt, Bosnien und die Herzegowina zu besetzen. Allerdings blieb das Gebiet weiterhin unter türkischer Oberhoheit. Die Annexion der Gebiete durch Österreich im Jahr 1908 löste eine europäische Krise aus. Vor allem dem durch die Balkankriege erstarkten Serbien, das davon träumte, sein im Mittelalter verlorenes Reich wieder aufzurichten, war die österreichische Nachbarschaft ein Dorn im Auge.

Der österreichische Generalstabschef Conrad von Hötzendorf befürwortete einen Präventivkrieg gegen Serbien. Doch Kaiser und Thronfolger hielten an ihren Friedensplänen fest. Vor allem der Thronfolger wusste nur zu gut, dass hinter Serbien das mächtige Russland stand. Unglücklicherweise galt aber gerade er als der wahre Feind Serbiens. Es fiel einer Gruppe von nationalbewussten serbischen Offizieren nicht schwer, fanatisierte Studenten für ein Attentat zu gewinnen. Die Schüsse von Sarajevo am 28. Juni 1914, die Thronfolger Franz Ferdinand und seine Gemahlin tödlich trafen, lösten schließlich den Krieg aus. Er wurde kein »Spaziergang«, wovon eine kriegsbegeisterte und leider sehr einflussreiche Clique in Wien überzeugt war, sondern dauerte vier Jahre und veränderte die Landkarte Europas gründlich.

Rumänien im Ersten Weltkrieg

Die rumänische Königsfamilie befand sich in Sinaia, als vier Wochen nach dem Attentat von Sarajevo der Krieg ausbrach. Am 28. Juli 1914 erklärte Österreich-Ungarn Serbien den Krieg, am 1. August begannen die Feindseligkeiten zwischen Frankreich und dem Deutschen Reich. Italien erklärte sich vorerst als neutral.

Am 3. August 1914 berief König Carol I. den Thronrat ein. Er glaubte fest an den Sieg der deutschen Waffen. Der Kronprinz dachte wohl ebenso, doch er schwieg später auch seiner Frau gegenüber, von der er wusste, dass sie auf Seiten der Entente stand.

Der Wunsch des Königs, an der Seite seines Geburtslandes in den Krieg einzutreten, fand im Kronrat keinen Widerhall. Man spürte dort, dass sich das Volk der anderen Seite zuwandte. Vor allem mit Frankreich fühlten sich die Rumänen herkunftsmäßig besonders verbunden. Jonescu, einer der Parteiführer, äußerte offen seine Meinung: »›Schließlich können wir auch den Krieg an der Seite Frankreichs ohne den König mitmachen.‹ Der König erwiderte: ›Also, so weit ist es schon gekommen! Ich danke Ihnen, aber ehe ich das Schwert ziehe gegen meine ehemaligen Verbündeten, lieber packe ich meine Koffer und gehe dahin, woher ich gekommen bin. Adieu meine Herren!‹«[198]

Der Kronrat entschied sich schließlich für die Neutralität des Landes. Gerüchte von einer Abdankung des alten Königs kamen auf. Sie wurde unterstützt von Königin Elisabeth. Sie fand, »dass der König recht tun würde, den Staub dieses undankbaren Landes von den Sohlen zu schütteln, um ferne von jeglichem Hader seine letzten Jahre in Muße zu verbringen«.[199]

Maria dachte nicht an Exil. Sie spürte, dass sie inzwischen in ihr neues Vaterland gehörte, und wurde darin bestärkt durch einen der Führer der liberalen Partei, der sie bat, »mich durch nichts und niemanden von unserem Lande trennen zu lassen, wie immer auch die Beschlüsse anderer sein mögen … Selbst wenn der Kronprinz, Eurer Königlichen Hoheit Gemahl, es für recht finden sollte, seinem Onkel in das selbst gewählte Exil zu folgen, versprecht uns, mit Eurer Königlichen Hoheit Sohn Carol und wenn möglich mit allen Kindern bei uns zu bleiben, um das von dem greisen König begonnene Werk weiterzuführen.«[200]

Im Land wurde gegen den König gehetzt. Er war nun wieder »der Deutsche«, alles, was er für Rumänien getan hatte, war plötzlich vergessen. Er selbst verlor ebenso wenig den Glauben an sein altes Vaterland wie die Königin. »Wer einen Augenblick am Sieg Deutschlands zweifelt, der kennt es nicht! Und wenn die ganze Welt ihm dräut, es wird stehen!«[201]

Das negative »Wunder an der Marne«, der Rückzug der schon knapp vor Paris kämpfenden deutschen Armee, bedeutete für den nun fünfundsiebzigjährigen König Carol I. einen schweren Schlag und eine große Enttäuschung. Seine Hoffnung auf einen baldigen Sieg Deutschlands schwand. Schon seit längerer Zeit litt er an Gallensteinen. Dennoch kam sein Tod am frühen Morgen des 10. Oktober 1914 unerwartet. Er wurde in der Gruft der Klosterkirche von Curtea de Arges beigesetzt. Seine Gattin Elisabeth, die Dichterin Carmen Sylva, folgte ihm ein gutes Jahr später, am 2. März 1916, in den Tod.

Trotz der vielen Unstimmigkeiten, die so lange ihr Zusammenleben mit dem König beeinträchtigt hatten, empfand Maria ein tiefes Gefühl von Trauer. Sie wusste, wie viel König Carol I. für Rumänien getan hatte. Er hatte die Voraussetzungen für ein modernes Verkehrsnetz und eine Donauflotte geschaffen und aus dem verschlafenen Bukarest eine ansehnliche Stadt gemacht. Umso mehr spürte sie die Last einer großen Verantwortung, die in dieser schweren Zeit nun auf sie und Nando zukam.

Königin Maria von Rumänien

Einen Tag nach dem Tod König Carols I. legte der Thronfolger, nun als König Ferdinand I., seinen feierlichen Eid vor den gesetzgebenden Körperschaften ab, die sich zu einer gemeinsamen Trauersitzung versammelt hatten. Sein »Aufruf an mein Volk«, in dem er versprach, sein Leben Rumänien zu weihen, löste großen Beifall aus. »Ich stand etwas abseits, von meinen Kindern umgeben. Ein langer Trauerflor bedeckte mein Gesicht. Mein Herzschlag ging laut wie der Schritt des Schicksals. Kaum konnte ich die Stimme des Königs und seine Worte unterscheiden, doch vernahm ich den Beifall, der sie überwogte ... Ein alles übertönender, lang anhaltender Jubelruf. Ein Beifallssturm, der die Kuppel dröhnen ließ. ›Traiasca Regele! Traiasca Regina Maria‹ ... Da musste ich mein Gesicht enthüllen, ich fühlte, dass ich meinem Volk frei gegenübertreten musste, Auge in Auge ... Das war meine Stunde. Das rumänische Volk sah in mir nicht nur eine Idee, eine Tradition und ein Symbol, sondern auch den lebenden Menschen, den es nun voll begeisterten Verständnisses ins Herz schloss«, erinnerte sich die Königin.[202]

Eine fieberhafte diplomatische Tätigkeit folgte auf den Thronwechsel. Während jeder Kurier aus Berlin den neuen König an seine deutsche Herkunft und Heimat erinnerte, setzte nun auch eine lebhafte Befürwortung des Kriegseintritts zugunsten Frankreichs ein. Agenten und Spione beider Seiten kamen nach Bukarest, selbst Bestechungsgelder flossen, um die Bevölkerung zu beeinflussen. Für den König begann eine schwere Zeit inneren Ringens. Obwohl er König von Rumänien war, hing er noch seiner alten Heimat nach. Er war sich jedoch im Klaren darüber, dass auch ein Thronverzicht zugunsten seines Sohnes an dem gewünschten Kriegseintritt des Landes nichts ändern würde.

»Ich befinde mich in einer schlimmen Lage«, ist in einem Brief zu lesen, den Ferdinand I. im Januar 1915 an den deutschen Kaiser schrieb: »Trotz meiner eigenen persönlichen Sympathien bin ich in erster Linie eins mit meinem Volk, das nach der Befreiung der unter ungarischer Herrschaft lebenden Rumänen schmachtet ... Ich werde mein Volk nicht hindern können, für die Wahrung seines Rechts einzutreten. Trotz meiner bisherigen treuen Anhänglichkeit bin ich in allererster Linie der König meines Landes und eidlich gebunden, ihm selbst unter Opfern zu dienen. Sollte Italien seine Neutralität Deutschland gegenüber brechen, so werde ich wahrscheinlich Rumänien nicht hindern können, denselben Schritt zu tun.«[203]

Während Ferdinand I. noch an der Neutralität seines Landes festhielt, machte die Geheimdiplomatie nicht halt. Regierungschef Bratianu ging es vor allem darum, Siebenbürgen, das Banat und die Bukowina im Fall eines Siegs der Entente für Rumänien zu sichern. Und die Kriegsparteien überboten einander an Versprechungen von Gebietserweiterungen.

Die Lage verschlimmerte sich, als Italien am 23. Mai 1915 Österreich-Ungarn und am 28. August 1916 dem Deutschen Reich den Krieg erklärte. Denn nun wurde man bei den Mächten der Entente Rumänien gegenüber sehr deutlich: Wenn ihr nicht eingreift, werden wir uns beim Friedensschluss nicht um Rumänien kümmern. Und aus Russland vernahm man: »Wir gestehen euch Siebenbürgen, das Banat und die Bukowina zu. Wollt ihr? Wenn nicht, marschieren wir sofort mit 100 000 Mann in Rumänien ein!«[204]

Wie konnte der König da noch zögern? Die Lage an den Fronten sprach für die Entente. Auf russischer Seite machte die große Brussilow-Offensive den deutschen und österreichischen Truppen schwer zu schaffen, der Kriegseintritt Italiens band starke Kräfte an der Isonzo-Front und in den Alpen, und im Westen wogte der Stellungskrieg um läppische Geländegewinne hin und her. Es sah nicht gut aus für die Mittelmächte. »Gott ist immer an der Seite der stärksten Bataillone«, schrieb einst Friedrich der Große.[205] Konnte der König es da verantworten, dass Rumänien am Ende mit leeren Händen dastand? Und wusste nicht schon Ludwig XIV., dass »die ganze Kunst der Politik darin bestehe, sich der Zeitumstände richtig zu bedienen«?[206]

Am 17. August 1916 schloss Rumänien einen Vertrag mit Frankreich, Russland und England. Darin verpflichtete es sich, binnen zehn Tagen Österreich-Ungarn den Krieg zu erklären. Dafür sollte Rumänien jene Provinzen bekommen, die mehrheitlich von Rumänen bewohnt waren. Bei der Ratifizierung im Kronrat waren auch Thronfolger Carol und Königin Maria anwesend. Maria trug nicht unwesentlich zum Kriegseintritt Rumäniens bei.

Krieg

Am 27. August 1916 erklärte Rumänien Österreich-Ungarn den Krieg, und seine Armee marschierte in Richtung Siebenbürgen. Die Kriegserklärungen Deutschlands, Bulgariens und der Türkei an Rumänien folgten binnen weniger Tage.

Doch die Euphorie eines frühen Sieges währte nur kurz. Bereits am 6. September 1916 erlitt das rumänische Heer durch Feldmarschall von Mackensen eine vernichtende Niederlage in der Dobrudscha, während deutsche und österreichische Truppenverbände die rumänische Armee in Siebenbürgen zum Rückzug zwangen. Am 6. Dezember wurde Bukarest eingenommen. Die Königsfamilie und die Regierung flohen nach Jassy. Epidemien brachen aus, nächtliche Luftangriffe forderten zahlreiche Opfer. Selbst die Königsfamilie erlitt einen schweren Verlust: Prinz Mircea war bereits in Bukarest einer Typhuserkrankung erlegen. Die Oktoberrevolution in Russland verhinderte die zugesagte Hilfe für das bedrängte Land, ihre Parolen drangen auch zur rumänischen Bevölkerung, deren Kriegsbegeisterung sehr bald in regierungsfeindliche Demonstrationen umschlug.

Besonders schlimm stand es um das Sanitätswesen. Mit Entsetzen und Abscheu bemerkte die Königin, wie verkommen die Lazarette waren, und sie tat ihr Möglichstes, um die Situation zu verbessern. Denn es fehlte an allem, an Feuerholz und warmer Nahrung, die Betten starrten vor Schmutz und Ungeziefer, Flecktyphus war an der Tagesordnung.

Um die Moral der Soldaten zu heben, versprach der König eine baldige Agrarreform und ein allgemeines Wahlrecht. Rumänien blieb keine andere Wahl, als um Waffenstillstand zu ersuchen und schließlich Friedensverhandlungen anzubieten.

Trotz der harten Bedingungen wurde am 7. Mai 1918 in Buftea bei Bukarest der Sonderfriede zwischen dem besiegten

Rumänien und den Mittelmächten geschlossen. Der Vertrag wurde jedoch weder vom König noch vom Parlament ratifiziert.

Und Rumänien hatte Glück. Der Kriegseintritt der Vereinigten Staaten von Amerika auf Seiten der Entente mit ihren überlegenen Ressourcen an Truppen und Kriegsmaterial hatte inzwischen die Lage vollkommen verändert. Im Herbst 1918 waren die Mittelmächte besiegt. Es gab keine Reserven mehr, die hungernde Bevölkerung und große Teile der Truppen wünschten nur noch ein Ende des Kriegs.

König und Königin von Großrumänien

Rumänien hatte auf der richtigen Seite gestanden. Obwohl im Kampf unterlegen, gehörte es nun zu den Siegermächten. Es bekam alles, was es sich gewünscht hatte: Siebenbürgen, das östliche Banat, die Bukowina, sogar Bessarabien.

Während Österreich-Ungarn zerfiel, Habsburger und Hohenzollern ins Exil gezwungen wurden, die Zarenfamilie im Kugelhagel der Revolutionäre zu Tode kam, feierte Rumänien seinen größten Triumph. Es hatte sein Staatsgebiet auf mehr als das Doppelte vergrößert und die Bevölkerung ebenfalls mehr als verdoppelt. König Ferdinand, der so schweren Herzens in den Krieg eingetreten war, galt nun als Begründer »Großrumäniens«.

In Karlsburg, im südwestlichen Siebenbürgen, rumänisch Alba Julia, fand am 15. Oktober 1922 die feierliche Krönung des Königspaars statt. Alba Julia ist eine geschichtsträchtige Stadt. Dort hatte im Jahr 1600 Michael der Tapfere die Vereinigung der Fürstentümer Moldau und Walachei proklamiert, dort verkündete im Dezember 1918 der Große Rumänische Nationalrat den Anschluss Siebenbürgens und sicherte den Minderheiten Kulturautonomie zu. Deren größte Gruppe bildeten noch vor den Deutschen die Ungarn, die sich nur schwer mit der neuen Lage abfanden.

An der Spitze des festlichen Krönungszugs befanden sich Kronprinz Carol und Prinz Nicolae, ihnen folgten die beiden Prinzessinnen Elisabeth und Maria, die inzwischen mit den Kronprinzen von Griechenland und Jugoslawien verheiratet waren. Dann kam der von Schimmeln gezogene Wagen mit dem Königspaar.

Nach dem Hochamt in der orthodoxen Kathedrale begab sich das Königspaar auf die Tribüne, die davor errichtet worden war. König Ferdinand I. legte seinen Eid auf Großrumänien ab und setzte sich die schwere Stahlkrone auf. Die Königin ließ sich vor ihrem Gatten auf ein Knie nieder. Ferdinand krönte sie mit der goldenen Königinkrone.

»Ich will, dass das Bauerntum von nun an ewig Herr seiner Fluren sei, die es erwerben [kann] … Ich will, dass die Arbeiterschaft ihr mehr und mehr sich besserndes Schicksal treu dem Vaterland in liebevoller Harmonie und sozialem Recht finde … Ich will, dass innerhalb der Grenzen Großrumäniens alle guten Söhne des Vaterlandes ohne Unterschied des Glaubens und des Volkstums sich der gleichen Rechte aller Rumänen erfreuen, damit sie mit allen Kräften den Staat schützen mögen … Ich will, dass in der Zeit meiner Regierung unser Vaterland durch eine starke und hohe kulturelle Entwicklung seine zivilisatorische Sendung erfülle, die ihm in der Wiedergeburt des europäischen Ostens nach so vielen Jahrhunderten fürchterlichster Erschütterung zukommt«, sagte der König in seiner Thronrede.[207]

Alle Glocken läuteten, Salutschüsse donnerten über den Platz, als die große Parade begann. Als Erster führte Kronprinz Carol sein Regiment vorbei, »dann bestieg Königin Maria in der Uniform ihres Regimentes ihren Grauschimmel und galoppierte mit gezogenem Degen zur Tribüne, bevor sie schließlich unter dem brausenden Jubel des Publikums mit militärischem

Gruß wie aus Erz gegossen stehenblieb«.[208] Den Abschluss der Krönungsfeierlichkeiten bildete eine Festvorstellung der Oper *Aida*.

Doch die Menschen verlangten mehr als schöne Worte. Soziale Reformen waren dringend erforderlich. Dazu gehörte vor allem eine moderne Arbeitergesetzgebung mit Regelung der Krankenfürsorge und der Altersrente sowie die Einführung des Achtstundentags.

Die versprochene Agrarreform ließ allerdings einiges zu wünschen übrig. Vor allem die neuen Gebiete wurden benachteiligt. Während dort der Großgrundbesitz nahezu verschwand, behielten in Altrumänien die Bojaren mehr als ein Drittel ihres Bodens, denn Waldungen, Teiche, Wein- und Obstgärten wurden in die Anbauflächen nicht eingerechnet. Die Königsfamilie selbst ging mit gutem Beispiel voran durch Zuteilung von dreihunderttausend Hektar Staats- und Kronländereien sowie zwei Millionen Hektar aus Privatbesitz. Doch die Reform hatte auch viele Kleinbauern geschaffen, die sich keine modernen Geräte leisten konnten. Sie bebauten ihr Land weiterhin mit primitiven Mitteln und erwirtschafteten nur geringe Erträge. Hungersnöte nach Missernten waren daher keine Seltenheit. Die unter den gering bezahlten Beamten des Altreichs grassierende Korruption machte sich bald auch in den neuen Provinzen breit.

Rumänien orientierte sich nach dem Krieg hauptsächlich an Frankreich und England. Daran dürfte auch die Königin nicht unbeteiligt gewesen sein. Gespannt blieben die Beziehungen zu Ungarn und der Sowjetunion, die den Verlust Bessarabiens nicht verwinden konnte. Doch das ist inzwischen Geschichte – der Zweite Weltkrieg hat die damaligen Gebietsverhältnisse völlig verändert.

Der mächtige Mann im Staat war Ion Bratianu, der Vorsitzende der National-Liberalen Partei. Denn König Ferdinand I. war, im Unterschied zu seinem Vorgänger, keine Kämpfernatur und überwand nie Hemmungen und Schüchternheit. »Die Anwesenheit von zwei oder drei Personen lähmte ihn solchermaßen, dass er sich nicht getraute, mehr als ›Ja, ja‹ zu sagen. Ich hatte den Eindruck, dass die Königin alles tat, um ihn im Zustand dieser seelischen Impotenz zu halten, und ich habe diesbezüglich peinliche Augenblicke erlebt«, äußerte der renommierte rumänische Politiker Constantin Argetoianu, nach dessen Ansicht König Ferdinand I. Bratianu förmlich gehasst haben soll. Von seinen Kindern habe er Carol und Elisabeth vorgezogen, die Einzigen, von denen er sicher war, dass sie von ihm stammten.[209]

Bratianu war mehrmals Ministerpräsident und verfolgte eine Politik forcierter Industrialisierung und Zentralisierung. Außenpolitisch schloss er Rumänien im Sinne Frankreichs an die sogenannte Kleine Entente an, einen Bündnisvertrag mit der Tschechoslowakei und Jugoslawien mit dem Ziel, die durch die Friedensverträge nach dem Ersten Weltkrieg geschaffenen Grenzen zu sichern. Sie richtete sich auch gegen eine eventuelle Wiedereinsetzung der Habsburger.

Wiederholt unternahm das Königspaar gemeinsame Staatsbesuche, etwa in der Schweiz oder in Paris, wo besonders das elegante Auftreten der Königin in der Presse hervorgehoben wurde.

Der schwierige Kronprinz

Carol II. hat vier Mal auf den rumänischen Thron verzichtet. Seine Liebesaffären füllten nicht nur die Spalten der Boulevardpresse, sondern auch die seriöser Zeitungen. Nach dem Sturz der großen europäischen Monarchien war man immer öfter bereit, die Sensationslust der Leser zu befriedigen. Denn Kronprinz Carol war beileibe kein Kind von Traurigkeit.

Schon vor dem Ersten Weltkrieg war von verschiedenen Liebesaffären die Rede, sogar von einem Kind, das im Auftrag der Königsfamilie in aller Diskretion einem Waisenhaus übergeben wurde. Es war zudem üblich, das betroffene Mädchen mit einem nicht eben kleinen Geldbetrag zum Schweigen zu verpflichten. Wichtig war vor allem, dass nicht zu viel von solchen Eskapaden an die Öffentlichkeit drang.

Hellhörig wurde man erst, als bekannt wurde, dass der junge Mann sich im Herbst 1918 öfters heimlich von seiner Truppe an der Front entfernte, um seiner Geliebten Zizi Lambrino einen Besuch abzustatten. Zizi war die Tochter eines rumänischen Generalstabsoffiziers. Die Berichterstattung spricht auch von einer »Ballerina«. Aber damit nicht genug. In einem Brief, den er am 2. September 1918 sowohl seinen Eltern als auch den Vorsitzenden der rumänischen Parteien schrieb, teilte der Kronprinz seine Absicht mit, auf den Thron zu verzichten, um die Geliebte zu heiraten. Tatsächlich desertierte er von der Front und reiste mit Zizi nach Odessa, wo er sich in der orthodoxen Pokrowskaja-Kirche heimlich mit ihr trauen ließ.

Die Königsfamilie war entsetzt. Sie gab den Auftrag, den unbotmäßigen Sohn unverzüglich nach Rumänien zu bringen, notfalls mit Gewalt. Carol wurde zuerst auf das königliche Gut Manastirea und schließlich nach Siebenbürgen zu einer Gebirgsjägertruppe geschickt. Zwar wurde die rumänische Presse zum Schweigen verpflichtet, die ausländischen Zeitungen aber hatten ihre Sensation.

An weiblichem Anschluss fehlte es auch in Siebenbürgen nicht. Obwohl Carol auf Drängen seiner Familie eingewilligt hatte, seine Ehe aufzulösen, versprach er dennoch Zizi weiterhin ewige Treue und erkannte das Kind an, das sie erwartete. Am 1. August 1919 verkündete er ein zweites Mal seinen Verzicht auf den Thron, um sie erneut zu heiraten. Bald darauf brachte Zizi einen Jungen zur Welt, der den Namen Mircea erhielt.

Um Carol zur Vernunft zu bringen, wurde für ihn eine Weltreise organisiert. Er widersetzte sich, drohte mit Selbstmord und bekräftigte dies durch einen Schuss in die Wade. Schließlich fügte er sich, ging auf Reisen und fand sich mit der Scheidung ab. »Du sollst nicht glauben, dass meine Zuneigung zu Dir abgenommen hat«, schrieb er Zizi am 16. November 1920. »Die Vaterlandsliebe und der Wille, etwas zu vollbringen, haben mich zu dieser Geste gezwungen …, aber Du musst Dich nicht um die Zukunft unseres Sohnes sorgen.«[210]

Zizi kassierte zwar ein Schweigegeld in Höhe von 100 000 Francs, veröffentlichte aber dennoch die schriftlichen Beweise von Carols Vaterschaft, zu deren Ablieferung sie sich verpflichtet hatte. Schließlich wurde sie mit einer jährlichen Rente von ebenfalls 100 000 Francs aus Rumänien abgeschoben, das sie nie mehr betreten durfte.

Heirat des Kronprinzen

Abgesehen von der Bereinigung der Affäre Zizi Lambrino war Königin Maria nicht untätig gewesen, um ihrem Sohn möglichst rasch eine adäquate Braut zu präsentieren. Ihre Wahl fiel auf Elena, die Tochter des griechischen Königs Konstantin I. und seiner Gattin Sophie von Preußen. Wegen seiner Neutralität im Ersten Weltkrieg war Konstantin 1917 zur Abdankung gezwungen worden und lebte einige Jahre im Exil, bis er aufgrund einer Volksabstimmung 1920 wieder auf den Thron zurückgerufen wurde. Allerdings nur für zwei Jahre, dann musste er wegen der Niederlage Griechenlands gegen die Türkei erneut zugunsten seines Sohnes abdanken. Abdankung und Exil sollten auch in der Folge das Los der griechischen Herrscher sein.

»Zufällige« Begegnungen der künftigen Eheleute wurden arrangiert. Schließlich wurde am 10. März 1921 in Athen Hochzeit gefeiert. Bereits am 25. Oktober desselben Jahres wurde dem Paar ein Sohn geboren, der den Namen Michael (Mihai) erhielt. Carol hatte keine Zeit verloren.

Beizeiten hatte die Königin dafür gesorgt, ihre Töchter ebenfalls standesgemäß zu verheiraten. Die ältere, Elisabeth, heiratete knapp vor ihrem Bruder, am 27. Februar 1921, in Bukarest den griechischen Kronprinzen Georg. Maria (Mignon) ehelichte ein Jahr später, am 6. Juni, Alexander I., Herrscher des neu erstandenen »Königreichs der Serben, Kroaten und Slowenen«, seit 1929 Königreich Jugoslawien genannt. Das Paar hatte drei Söhne. Nachdem König Alexander I. am 9. Oktober 1934 einem Attentat kroatischer und makedonischer Nationalisten zum Opfer gefallen war, übernahm sein Cousin Paul als Prinzregent die Regierung für den minderjährigen Peter II. 1941 zwangen die politischen Verhältnisse die Königsfamilie ins Exil. Maria starb am 22. Juni 1961 in London.

Die Ehe von Kronprinz Carol und Elena war ebenfalls nicht vom Glück begünstigt. Unheilvoll mochte sich dabei auswirken, dass Elena wegen des erneuten Exils und des bald darauf folgenden Todes ihres Vaters monatelang von Rumänien abwesend war. Das gab Carol eine gute Gelegenheit zu neuen Eskapaden. Das Interesse an Elena hatte er bald verloren. Und schließlich sollte die Frau in sein Leben treten, die ihm zum Schicksal wurde: Madame Lupescu.

Dritter Thronverzicht des Kronprinzen

»Es bleibt ein Geheimnis, was den Thronfolger und späteren König Carol II., der so viele Frauen gekannt hat, an Madame Lupescu gefesselt hat. Sie hat ihn bis an sein Lebensende wie ein Schatten begleitet, und sie war für ihn, wie ein Zeitgenosse vermerkt, gleichzeitig eine Messalina und ein Rasputin«, urteilt Michael Kroner in seinem Buch über die Könige Rumäniens.[211]

Carol II. hat ihre Bekanntschaft angeblich auf einem Ball im

Bukarester Militärkasino im Jahr 1925 gemacht. Es gibt auch andere Versionen ihrer Begegnung; Tatsache aber ist, dass sie ihn schon beim ersten Anblick faszinierte.

Sie wurde als Elena (manchmal heißt es auch: Magda) Lupescu am 2. September 1899 in Jassy geboren. Ihr Vater, der ursprünglich den Namen Wolf trug, konvertierte vom jüdischen zum orthodoxen Glauben, um die rumänische Staatsbürgerschaft zu erlangen, und rumänisierte seinen Namen in Lupescu. Die Mutter, ebenfalls Jüdin, stammte aus Wien und war römisch-katholisch geworden. Die Familie konnte es sich leisten, ihre Tochter zu den renommierten Englischen Fräulein in Bukarest zu geben, wo sie eine erstklassige Erziehung erhielt. Elena Lupescu heiratete später den Oberleutnant Tempeanu, wurde aber schon 1920 von ihm geschieden.

Über ihren lockeren Lebenswandel kursierten viele Gerüchte. Das gilt auch für die Gründe, die zu der Entfremdung Carols II. von seiner Frau führten. Von einer nach der Geburt des gemeinsamen Sohnes eingetretenen Frigidität ist die Rede, die der sexsüchtige Carol II. nicht ertrug. Offensichtlich hat ihm Elena Lupescu bereitwillig all das gegeben, was ihm in seiner Ehe verwehrt blieb.

Die königliche Familie überging zunächst die neue Affäre ihres Sohnes. Man hoffte, dass sie sich dank Carols flatterhaftem Wesen bald von selbst erledigen würde. Als das jedoch nicht eintrat, versuchte Königin Maria es erneut mit einer Reise. Gelegenheit dazu bot Anfang Dezember 1925 der Tod Königin Alexandras von Großbritannien. Carol sollte das Königshaus bei den anstehenden Trauerfeierlichkeiten vertreten. Der Thronfolger fuhr zwar folgsam nach London, doch er kehrte einfach nicht zurück. Ohne sich von der englischen Königsfamilie zu verabschieden, reiste er nach Paris, um sich dort mit seiner Geliebten zu treffen.

Am 12. Dezember 1925 schrieb er seinem Vater: »Sire, bitte nehmen Sie durch diese Erklärung zur Kenntnis, dass ich auf alle meine Rechte als Thronfolger Rumäniens verzichte. Entsprechend dem Statut der königlichen Familie bitte ich Eure Majestät, meinem unwiderruflichen Entschluss die Bestätigung zu gewähren.« Anschließend bat er, ihn aus der Liste der Familienmitglieder zu streichen und ihm einen anderen Namen zuzuteilen, um seinen bürgerlichen Stand zu begründen. Erst nach Ablauf von zehn Jahren wolle er nach Rumänien zurückkehren.[212]

Die Gründe für diese Entscheidung sind strittig. Manche behaupten, dass Madame Lupescu aus eigenem Entschluss nach Paris reiste, weil sie fürchtete, Carol würde sich seiner Familie fügen und sie verlassen. Nach Ansicht des deutschen Gesandten in Bukarest sollte hingegen sein Thronverzicht mit seinem zerrütteten Verhältnis zur national-liberalen Partei Rumäniens zusammenhängen. Er sei es leid, »wie diese Partei das Königshaus bevormunde und wie die Königin ganz im Fahrwasser ihres Liebhabers Barbu Stirbey agiere. Er soll sie einmal in flagranti überrascht und Stirbey geohrfeigt haben.«[213]

Das Verhältnis des Sohnes zur Mutter dürfte also nicht besonders gut gewesen sein. Offensichtlich warf Carol ihr vor, dass sie ihn zwar wegen seines Lebenswandels kritisierte, aber ihr eigener ebenfalls zu wünschen übrig ließ.

Eine Verwicklung des Kronprinzen in den Ankauf von Flugzeugen für die rumänische Luftwaffe scheint auf Wahrheit zu beruhen. Bestechung sei im Spiel gewesen. Es hieß, dass ein Strafverfahren, das Ministerpräsident Bratianu nach der Abreise Carols nach England eingeleitet habe, auch diesen belastet habe. Die volle Wahrheit blieb jedoch im Dunkeln.

Nachdem alle Versuche, Carol zur Rückkehr zu bewegen, gescheitert waren, berief König Ferdinand I. am 31. Dezember 1925 in Sinaia den Kronrat ein, worauf am 4. Januar 1926 beide Kammern des Parlaments Carols II. Sohn, den dreijährigen Michael, zum künftigen Thronfolger erklärten.

Carol II. blieb unter dem Namen Carol Caraiman in Frankreich, wo er sich mit seiner Geliebten vor allem in Paris und Neuilly aufhielt. Er ist dort sogar von seinen Eltern besucht worden, die sich anscheinend mit seinem Lebenswandel abgefunden hatten.

Krankheit und Tod Ferdinands I.

Im November 1924 hatte sich König Ferdinand I. auf einer Jagd einen Leistenbruch zugezogen. Es war der Beginn eines langen Krankenlagers. Nach einer erfolgreich verlaufenen Operation im Januar 1925 stellte sich jedoch eine langwierige Venenentzündung ein, die ihn monatelang ans Bett fesselte. Er erholte sich aber so weit, dass er im Oktober wieder an einer Jagd teilnehmen konnte. Er erlegte sogar einen kapitalen Zwölfender. Doch bald verschlechterte sich sein Gesundheitszustand erneut. In Wirklichkeit litt Ferdinand I. an einer Krebserkrankung, die jedoch von den Ärzten nicht erkannt wurde. Sie empfahlen nur »Zerstreuung und eine Badekur«.[214] Dennoch brachten weder eine Reise nach Paris, wo er den abtrünnigen Carol wiedersah, noch Aufenthalte auf dem Hohenzollerngut Weinberg und im jugoslawischen Veldes bei Tochter und Schwiegersohn eine Linderung seines Leidens. Auch bei einer neuerlichen Operation fand man die wahre Ursache seiner Krankheit nicht heraus. Ein belgischer Spezialist, der endlich berufen wurde, verordnete eine siebenwöchige Radiumbehandlung, die täglich bis zu drei Stunden dauerte. Aber der König verfiel zusehends. Als er im November 1926 das Parlament eröffnete, war er bereits deutlich vom Tod gezeichnet. Doch das Kommuniqué, das regelmäßig herausgegeben wurde, berichtete nur von einer Erkältung, deren Komplikation schon behoben worden sei.

Im Frühjahr 1927 wurde der Schwerkranke nach Sinaia gebracht. Um ihm den Aufenthalt im Freien zu ermöglichen, wurde neben dem Schloss Pelesch ein Zelt aufgestellt, in dem der König tagsüber liegen konnte. Wie Kroner schreibt, ließ es sich die Königin trotzdem »nicht nehmen, mit ihrer Tochter Ileana eine skandalträchtige Reise nach Amerika zu unternehmen, die sie aber abbrechen musste, als sie vom Zustand ihres Gatten erfuhr«.[215]

»In banger Sorge wacht die Königin mit ihren Kindern«, beschreibt dagegen Eugen Wolbe die letzten Stunden des Königs. dessen »schmale Finger eine weiche, warme Frauenhand suchen, die Hand der Besten und Teuersten, die noch im letzten Augenblick ein Wunder erhofft«.[216] »Die Uhr der nahen Klosterkirche schlägt zwei. Der Zeiger rückt auf 2 Uhr 15 Minuten vor. Der König hat sich im Bett aufgerichtet – die geliebte Frau fängt ihn in ihren Armen auf – seine Lebenspilgerfahrt ist vollendet. Die Trikolore sinkt auf Halbmast.«[217]

Königin Maria bekannte einmal: »Wie schade, dass so viele Jugendjahre verschwendet werden müssen, um zu lernen, wie man zusammenleben soll! Die Gluten der Liebe sind nun erloschen, Enttäuschungen, Eifersüchteleien und Missverständnisse sind ausgeglichen worden. Wir sind glücklicher als jemals in unseren jungen Ehejahren. Manchmal denke ich, dass es etwas Besseres gibt als diese feurige Sache, die von den Leuten ‚Liebe' genannt wird: dies ist die Zärtlichkeit und die Freundschaft.«[218]

Die Beisetzungsfeierlichkeiten fanden am 24. Juli in Bukarest statt. Vom Schloss Cotroceni, wo sein Leichnam aufgebahrt worden war, wurden die sterblichen Überreste Ferdinands I. zwischen einer unübersehbaren Volksmenge zum Nordbahnhof gebracht. Auf dem mit der rumänischen Flagge bedeckten Sarg lag ein Strauß weißer Lilien, ein letzter Gruß seines Sohnes Carol II. Ferdinand I. wurde wie sein Vorgänger in der Klosterkirche Curtea de Arges beigesetzt. König wurde der erst fünfjährige Michael, Carols II. Sohn. Eine Regentschaft übernahm für ihn die Regierungsgeschäfte.

Zweifellos war König Ferdinand I. keine starke Persönlichkeit. Aber er hatte im Ersten Weltkrieg, wenn auch unter großem innerem Widerstand, das Land auf die Seite der Siegermächte geführt. Damit gilt er als Schöpfer von Großrumänien. Selbst wenn er mit seinen Reformen nicht alle Wünsche der Bevölkerung erfüllt hatte, so war doch so manches Gute geschaffen worden. Die Trauer der Menge über seinen Tod war vermutlich echt.

Am 31. Juli 1927 erschienen in der französischen Zeitung *Le Matin* folgende Zeilen aus der Feder von Prinz Carol II.: »Trotz meines sehnlichen Wunsches, den Beisetzungsfeierlichkeiten meines Vaters beizuwohnen, wurde mir klipp und klar mitgeteilt, meine Anwesenheit sei nicht erwünscht … Ich werde mich niemals weigern, dem Wunsche meines Volkes zu gehorchen und seinem Ruf, wenn er an mich ergeht, Folge zu leisten.« Offensichtlich hätte Carol II. seinen Thronverzicht gern rückgängig gemacht.

Widersprüchlich ist Carols II. Haltung gegenüber seiner Frau. Nach seiner Flucht nach Paris hatte er die Scheidung eingereicht, den Antrag aber dann wieder zurückgezogen. Zu seiner Überraschung beantragte Elena, die »Prinzessin-Mutter« genannt wurde, dann ihrerseits im Jahr 1928 die Scheidung. Der Appellationsgerichtshof sprach sie gegen den Willen Carols II. am 22. Juli 1928 aus.

Am 24. November 1927 starb überraschend Ministerpräsident Ion Bratianu. Obwohl sein Bruder sein Erbe antrat, läutete Ion Bratianus Tod dennoch das Ende der liberalen Herrschaft in Rumänien ein.

Es begann ein Tauziehen um Carols II. Rückkehr. Jetzt wurde sie sogar von seiner Mutter befürwortet.

Die Rückkehr Carols II.

Am 5. Juni 1930 verließ Carol II. mit einem gefälschten Pass Paris und reiste nach München. In einem in Paris gecharterten Flugzeug, das von einem französischen Piloten gesteuert wurde, flog Carol II. in Begleitung eines Offiziers nach Rumänien und landete nach etlichen Hindernissen reichlich verspätet auf dem Militärflughafen von Bukarest. Die Wiedereinsetzung in seine Rechte erfolgte ohne größere Schwierigkeiten. Offenbar zog man einen Mann Mitte dreißig einem Kind als König vor.

Am 8. Juni 1930 stimmten beide Kammern der Nichtigkeitserklärung des Thronfolgergesetzes vom 4. Januar 1926 zu und nahmen ein Gesetz an, das den minderjährigen Michael absetzte und seinen Vater als Carol II. zum König von Rumänien erklärte.

Kroner bezweifelt, dass es eine gute Entscheidung war: »Er nahm auf niemanden Rücksicht, weder auf sein persönliches Ansehen noch auf seine Familie, geschweige denn auf Land und Volk. Als ein Egoist höchster Potenz wird er in die Geschichte eingehen.« Der Historiker Armin Heinen urteilt: »Aus heutiger Sicht fällt es schwer, eine positive Eigenschaft des Königs zu entdecken. Seine sprichwörtliche Charakterlosigkeit beeindruckte sogar seine engere Umgebung, die ihm hierin im übrigen wenig nachstand.«[219]

Am Bukarester Hof war eine einflussreiche Gruppe von Personen aus Politik, Wirtschaft und Militär maßgebend, die sich durch völlige Ergebenheit dem König gegenüber Vorteile verschaffte. Ein wichtiges Mitglied war Elena Lupescu, genannt »Duduie« (Fräulein, Dame, Frau). Carol II. vermochte es nicht, sich von ihr zu trennen. Ein rumänischer Politker meinte sogar: »Die Anwesenheit der Frau Lupescu hat den Bilanzen unserer Politik mehr geschadet als sieben Dürrejahre ... Die

Anwesenheit der ›Duduie‹ war ein Unglück für den König, nicht nur durch ihren direkten Einfluss, sondern auch dadurch, dass er durch ihre Anwesenheit von ehrlichen Elementen … isoliert wurde und in die Hände von Schurken und Gaunern geriet.«[220]

Die »Duduie« begleitete den König inoffiziell auf Reisen. Dabei richtete er es so ein, dass einige private schöne Tage abfielen. Korruption und Skandale waren an der Tagesordnung, während das Volk, verschärft durch die Weltwirtschaftskrise, in immer größere Not geriet. Eine Folge dieser Misswirtschaft war, dass die Menschen das Vertrauen in den Staat immer mehr verloren und dadurch das Aufkommen von kommunistischen und faschistischen Gruppierungen begünstigt wurde.

Die königliche Privatschatulle soll aus Bestechungen nicht wenig Profit gezogen haben. Jedenfalls war König Carol II. nach seinem letzten, durch die politischen Verhältnisse erzwungenen Rücktritt ein reicher Mann, der durchaus luxuriös seinen Lebensabend verbringen konnte.

Die »Duduie« wohnte in einer von einer hohen Mauer geschützten und pompös eingerichteten Villa. Sie war allgemein verhasst, die gute Gesellschaft mied sie. Dort empfand man die Liaison des Königs mit der »Rothaarigen« als Skandal. Es wurden auch mehrere Anschläge auf sie verübt.

Königin Maria hatte sich zwar bemüht, die Ehe Carols II. mit seiner Gattin Elena wieder zu kitten, notfalls als Scheinehe, aber die Rückkehr der »Duduie« verhinderte eine auch nur scheinbare Versöhnung. Nachdem der gemeinsame Sohn Elena so gut wie entzogen wurde und sie auch sonst allerlei Schikanen ausgesetzt war, verlegte sie schließlich ihren Wohnsitz in die Nähe ihrer Mutter nach Florenz. Dort durfte Michael sie zwei Mal im Jahr besuchen. Öffentliche Auftritte waren ihr auch dort untersagt. Erst nach Wiedereinsetzung der Monarchie in Griechenland durfte Elena ihr Geburtsland wiedersehen.

Kronprinz Michael wurde in einer speziell am Hof eingerichteten Privatschule mit Schülern aus verschiedenen Schichten des Volkes unterrichtet. Dort legte er 1940 das Abitur ab. Was seine Beziehungen zur Mätresse seines Vaters anbelangt, dürfte er eher gute Miene zum bösen Spiel gemacht haben. Wirkliche Zuneigung empfand er außer für seine Mutter wohl nur für seine Großmutter.

Königin Maria hatte ihren früheren Einfluss auf die Politik des Landes verloren und vereinsamte zusehends. Ihr langjähriger Freund und Liebhaber Barbu Stirbey lebte nun in Frankreich, die Beziehung zu ihrem Sohn hatte sich sehr abgekühlt: »Er wird zusehends unausstehlicher. Sodass wir uns allen Ernstes fragen, ob er alle seine Sinne beisammen hat … Welcher Fluch lastet auf dem Kopf dieses bedauernswürdigen Jungen, warum ist es ihm bestimmt, Unglück in seine Umgebung zu bringen? … Ich verfolge hilflos diesen Terror und werde selbst schlecht behandelt, verachtet, täglich mehr beleidigt, ohne die Möglichkeit zu haben, zu seinem Herzen vorzudringen«, notierte sie nach seiner Rückkehr.[221]

Prinz Nicolae

Nicht besser als Carol II. hatte sich Nicolae entwickelt. Seine nicht standesgemäße Ehe mit einer gewissen Ioana Lucia Doletti wurde bei Hof nur mit Empörung und Entsetzen aufgenommen. Seltsamerweise auch von Carol II., von dem man eigentlich Verständnis erwartet hätte. Nach dem Hausgesetz war jeder Familienangehörige verpflichtet, vor einer Eheschließung die Erlaubnis des Königs einzuholen. Da Nicolae dies versäumt hatte, wurde seine Ehe kurzerhand für ungültig erklärt. Nun drohte Nicolae mit Selbstmord und wurde genauso wie damals Carol für ein halbes Jahr auf Reisen geschickt.

Nicolae tat zwar wie ihm befohlen, ließ aber seine Frau nachkommen, wobei er sie überall als »Prinzessin von Rumänien« vorstellte. Da er auch später einer Auflösung seiner Ehe nicht zustimmte, wurden ihm nach einer Sitzung des Kronrats am 9. April 1937 seine Geburtsrechte aberkannt; er wurde aus der königlichen Familie ausgeschlossen.

Nicolae verließ Rumänien und lebte von da an mit seiner Frau unter dem bürgerlichen Namen Bran im Ausland. Dennoch wundert man sich über die Härte, die Carol II., der seine Frau verstoßen hatte und sich seit Jahren eine Mätresse hielt, seinem Bruder gegenüber aufbrachte, der doch auch nur auf seiner Liebe bestand. Der Politiker Argetoianu schrieb darüber in seinen Memoiren: »Erstaunt verfolgte ich die Ironie des Schicksals, die Karl jenes Instrument in die Hand gibt, das im Januar 1926 Bratianu gegen ihn eingesetzt hatte. Und während Seine Majestät sich mit Verachtung über das Abenteuer seines Bruders auslässt, erinnere ich mich an einen anderen, der seit Jahren das Prestige der Dynastie so stark erschüttert hat und ihre Zukunft zu kompromittieren drohte.«[222]

Nicht anders als pharisäerhaft kann man darum folgende Tagebuchaufzeichnung Carols II. über seinen Bruder bezeichnen: »Schade um ihn, vor allem da er einer ehrgeizigen, von Interessen getriebenen Frau ohne Verstand anheimgefallen ist. Ich denke dabei, welches Glück ich mit der ›Duduie‹ habe. Trotz all ihrer Leiden hätte sie mich nie zu etwas gezwungen, wozu Ioana ihn gezwungen hat … Ich bin in meiner Seele tief vergrämt. Ich hätte es nicht gewollt, derjenige zu sein, der diese Maßnahme gegen meinen Bruder ergreift.«[223]

Das Glück mit seiner »Duduie« hat ihm offenbar doch nicht genügt. Denn König Carol II. soll sich so manche Nacht heimlich aus dem Palast geschlichen haben, um sich vom Straßenstrich Prostituierte zu holen. Sie bekamen dafür 500 bis 1000 Lei. Beim Verlassen des Königspalasts wurden sie von der Polizei gefasst und erhielten für ihr Stillschweigen sogar nochmals 5000 Lei.[224]

Begreiflicherweise schadete das Verhältnis des Königs mit Elena Lupescu sehr dem Prestige des Hofs. Es gab nur wenige Feste, da der König sich offiziell mit seiner Geliebten kaum zeigen konnte. Es soll sogar zu Absagen geladener Gäste gekommen sein, wenn es bekannt wurde, dass die »Duduie« zugegen sein würde.

Königin Marias Töchter und Enkel

Wie bereits erwähnt, lebte Elisabeth nach ihrer Scheidung meist in Florenz, Maria (Mignon) in England. Deren Sohn Peter emigrierte später in die USA. Obwohl er 1945 abgesetzt wurde, verzichtete er nie auf seine Rechte.

Ileana, Carols II. jüngste Schwester, heiratete 1931 Anton Erzherzog von Habsburg-Toskana – eine standesgemäße Heirat also, für die König Carol II. ihr in Sinaia eine prachtvolle Hochzeitsfeier ausrichtete. Aus politischen Gründen durfte das Ehepaar sich jedoch nicht in Rumänien aufhalten. Ileana besuchte ihre Heimat nur einmal im Jahr. Sie lebte in Österreich, vor allem auf Schloss Sonnberg in Niederösterreich, das bis 1945 Eigentum ihres Mannes war. Während der russischen Besatzung wurde es schwer verwüstet.

Anfang des Jahres 2007 gingen Berichte durch die Presse, wonach die in den Südkarpaten gelegene Burg Bran vom Staat Rumänien an Königin Marias Enkel, Dominic von Habsburg, zurückgegeben wurde und jetzt zum Verkauf steht. Burg Bran gilt als Wohnsitz des Romanhelden Dracula, dem der grausame, im 15. Jahrhundert lebende Fürst Vlad Tepes, genannt »der Pfähler«, als Vorbild diente – obwohl es nicht verbürgt ist, dass Vlad Tepes je auf Bran wohnte.

Die 1377 erstmalig erwähnte Burg wurde von den Bürgern der Stadt Kronstadt (jetzt Brasov) als Bollwerk gegen die Türken errichtet. Königin Maria erhielt sie als Geschenk zum Dank für ihren Einsatz für die Verwundeten des Ersten Weltkriegs. Ileana erbte sie von ihrer Mutter und lebte dort ab 1944. Ihre älteren Kinder besuchten die deutsche Schule in Kronstadt, bis die Familie am 12. Januar 1948 Rumänien verlassen musste. Ein Sonderzug brachte sie in die Schweiz. Sie lebte später in Argentinien und in den USA. Mit demselben Zug verließ auch ihre Schwester Elisabeth die Heimat.

1954 wurde Ileanas Ehe mit Anton Erzherzog von Habsburg-Toskana geschieden. Sie heiratete später den rumänischen Arzt Stefan Issarescu. Als auch diese Ehe scheiterte, fasste sie den Entschluss, ins Kloster zu gehen. In Ellwood City im US-Bundesstaat Pennsylvania gründete sie ein orthodoxes Kloster, in dem sie als »Maica Alexandra« lebte. 1990 besuchte sie noch einmal Rumänien und starb ein Jahr später in Ellwood City.

Ileanas Sohn Dominic, jetzt schon beinahe siebzigjährig und Erbe der Burg Bran, verbrachte dort einige Jahre seiner Jugend. Wie der Presse zu entnehmen war, traf er bei einem Besuch auch seinen alten Schullehrer. Doch trotz dessen Bitten, in Zukunft an die Einwohner von Bran und an ihre Existenzgrundlage zu denken, scheint der Erbe nicht dort leben zu wollen. Berichten zufolge bot er die Burg kürzlich dem Kreisrat von Brasov zum Kauf an. Dominics Tätigkeit als Industriedesigner dürfte nicht so lukrativ gewesen sein, um das Kapital zu erübrigen, das in die Instandsetzung der Burg hätte investiert werden müssen.

Über den Betrag, den der Erbe sich erhoffte, kursierten unterschiedliche Angaben. Während in der *Süddeutschen Zeitung* vom 16./17. Dezember 2006 noch von »mehr als 25 Millionen US-Dollar« die Rede war,[225] wird nun bereits die stolze Summe von 60 Millionen Euro genannt. Nach einem kürzlich erschienenen Artikel im *Stern* soll Burg Bran für einen dreistelligen Millionenbetrag an »eine Firma in Übersee« verkauft worden sein. Doch allem Anschein nach kam der Kauf nicht zustande. Denn das Objekt soll jetzt erneut feilgeboten werden.

Für die Einwohner von Bran ist die Burg in erster Linie eine Touristenattraktion. Bis jetzt haben sie nämlich ganz gut von dem mittelalterlichen Bauwerk gelebt, das seit 1957 Museum ist, aber vor allem von der Legende um Dracula profitiert. Im Hof der Burg gibt es jede Menge Stände, an denen Andenken verkauft werden: Neben Ansichtskarten auch Reißzähne aus Plastik, Dracula-T-Shirts, Trachtenpuppen oder selbst gestrickte Pullover und Socken, und in den Cafés wird ein »Vampir-Cocktail« angeboten, der hauptsächlich aus Kirschsaft besteht. Zudem gibt es ein Hotel sowie verschiedene Pensionen und Kneipen. Dem Erfindungsreichtum der Bewohner sind keine Grenzen gesetzt. Filme, vor allem Polanskis *Tanz der Vampire*, haben der alten Legende neuen Auftrieb gegeben. Nun fürchten die Angestellten des Museums, die Marktfrauen und die Vermieter, ihre Einnahmequelle zu verlieren.

Nebenbei bemerkt hat der irische Schriftsteller Bram (eigentlich Abraham) Stoker, der 1897 den Roman *Dracula* schrieb, die Burg Bran nie besucht, sie war lediglich ein Produkt seiner Phantasie. Und weil die alte Burg auf dem steilen Felsen seinem Phantasieschloss ähnelt, wurde sie in den Siebzigerjahren des vorigen Jahrhunderts kurzerhand zur »Original Dracula-Burg« erklärt. Der Diktator Ceaușescu brauchte dringend Devisen.

Der Tod von Königin Maria

Königin Maria starb am 18. Juli 1938 und fand an der Seite ihres Gatten in der Klosterkirche von Curtea de Arges ihre letzte Ruhestätte. Laut testamentarischer Verfügung wurde ihr Herz zunächst in der Schlosskapelle von Balcic am Schwarzen Meer beigesetzt, die Kassette jedoch nach Abtretung des Gebietes an Bulgarien in die Kapelle der Burg Bran gebracht. Maria hatte dort oft den Sommer verbracht. Seit 1968 befindet sich die Kassette im Nationalen Geschichtsmuseum in Bukarest.

Nach Pressemeldungen vom November 2003 wurde in Genf ein Saphir für 1,49 Millionen Dollar von einem unbekannten Interessenten bei einer Auktion erworben. König Ferdinand I. soll den 478 Karat großen blauen Stein seiner Gemahlin Maria anlässlich der Krönung in Alba Julia geschenkt haben.

Auch die Krone der Königin, die von der russischen Familie ihrer Mutter stammte, schmückte ein großer Saphir von immerhin 125 Karat. Die Krone befand sich später im Besitz von Prinzessin Ileana, die sie in den USA verkaufte, da sie dringend Geld für ihren Lebensunterhalt und die Berufsausbildung ihrer Kinder brauchte.

Das vierte Exil Carols II.

Es sollte sein letztes Exil werden. Bedingt durch den Zusammenbruch der Demokratie und das Aufkommen von Faschismus beziehungsweise Nationalsozialismus, gewann in Rumänien die rechtsextreme Legionärsbewegung in den Dreißigerjahren des 20. Jahrhunderts an Macht und Einfluss. Sie vertrat nationalistische und antisemitische Ziele und wurde als »Eiserne Garde« Marschall Antonescus bekannt.

Nach dem Sieg Deutschlands über Frankreich, der Einigung Hitlers und Stalins über die Einflussgebiete in Ost- und Südosteuropa waren Rumänien die Hände gebunden. Es musste wichtige Gebiete wie Bessarabien und die Nordbukowina an die UdSSR, das nördliche Siebenbürgen an Ungarn und die südliche Dobrudscha an Bulgarien abtreten. Das Großrumänien König Ferdinands I. gab es nicht mehr.

Nun eskalierte die Lage. Der Zorn der empörten Bevölkerung richtete sich gegen den König, den sie dafür verantwortlich machte. In seiner Bedrängnis setzte Carol II. Marschall

Antonescu als Ministerpräsidenten ein. Die Verfassung wurde außer Kraft gesetzt. Am 5. September 1940 erklärte Antonescu jedoch dem König, dass nur durch seine Abdankung die Ruhe wiederhergestellt werden könne. Vor allem die »Eiserne Garde« bestand darauf. Als Carol II. sich nicht entscheiden konnte, stellte ihn Antonescu vor die Alternative, entweder sofort abzudanken – oder man könne sich für seine Sicherheit nicht mehr verbürgen. Da gab der König nach. Am 6. September 1940 leistete sein neunzehnjähriger Sohn Michael den Treueid und bestätigte Antonescu als Regierungschef (und Diktator).

Carol II. wurde zum Prügelknaben einer Entwicklung, gegen die er machtlos war. Die Gebietsabtretungen waren über seinen Kopf hinweg von Hitler und Stalin vereinbart worden. In aller Eile wurde nun alles Wertvolle eingepackt. Für die Flucht stand ein Sonderzug bereit. Etwa dreißig Personen, allen voran Elena Lupescu, als Köchin verkleidet, begleiteten den König. Auf abenteuerliche Weise – die Legionäre eröffneten an der Grenze das Feuer – erreichte der Zug die jugoslawische Grenze, dann über Lugano in der Schweiz endlich Sevilla.

Doch auch Spanien bot dem König kein Exil, da die neue rumänische Regierung verlangte, Elena Lupescu auszuliefern. Carol II. und seine Geliebte retteten sich nach Portugal. Europa war ihnen jedoch nicht mehr geheuer. Über Kuba und Mexiko erreichten sie schließlich Brasilien, wo sie sich im Palace Hotel an der Copacabana standesgemäß niederließen. Finanzielle Sorgen hatten sie nicht, denn sie besaßen nicht nur jede Menge Wertgegenstände und Wertpapiere, sondern hatten auch rechtzeitig Konten in der Schweiz eröffnet.

Am 3. Juni 1947 heiratete Carol II. seine langjährige Geliebte, die sich fortan »Prinzessin von Rumänien« nannte. Aber auch Brasilien sollte nicht ihr Endziel sein. Noch im selben Jahr wählten die Neuvermählten Estoril in Portugal als ihren Wohnsitz und erwarben dort die Villa »Mary Sol«. Während Carol II. allerlei Hobbys nachging, bemühte sich die geschäfts-tüchtige Elena, ihr Vermögen durch so manche Geschäftsbe-teiligung zu erhalten. Immer nach der letzten Pariser Mode gekleidet, überraschte sie durch ihr elegantes und gewandtes Auftreten.

König Caroll II. starb am 4. April 1953 in Estoril. 1950 hatte er Elena noch kirchlich geheiratet. Sie überlebte ihn um vier-undzwanzig Jahre und starb am 30. Juni 1977 im Alter von ein-undachtzig Jahren in ihrer Villa in Estoril. Sie war eine schil-lernde Persönlichkeit, die sich ohne Rücksicht all das holte, was sie wollte und was für sie von Vorteil war.

Einem Wunsch, mit dessen Erfüllung die »Prinzessin von Ru-mänien« wohl nie gerechnet hatte, wurde am 14. Februar 2003 entsprochen: Die sterblichen Überreste Carols II. und seiner Gattin wurden auf dem Bukarester Flughafen mit militärischen Ehren empfangen und anschließend in der Klosterkirche von Curtea de Arges beigesetzt. Wie Premierminister Nastase er-klärte, sei es ein Zeichen der Wiederversöhnung »mit uns selbst und unserer Geschichte« gewesen. Carols II. Sohn Michael nahm an keiner der beiden Beisetzungen seines Vaters teil.

Exkönig Michael

Antonescu wurde Conducător al statului zum Staats-Führer ausgerufen. Er war der starke Mann Rumäniens, der nun ein enges Bündnis mit Deutschland schloss. Der junge König Mi-chael war nichts weiter als eine Schachfigur und hatte nichts zu sagen. An der Seite Deutschlands wurden Bessarabien und die nördliche Bukowina zurückerobert. Die Niederlage der rumä-nischen Armee in der Ukraine und besonders bei Stalingrad erschütterte aber das Bündnis mit Deutschland. Als die Sowjets bei ihrem Vormarsch das rumänische Staatsgebiet erreichten, kam es Ende August 1944 unter Mitwirkung des Königs zum

Umsturz. Michael ließ Antonescu verhaften und setzte eine Koalitionsregierung ein, die jedoch nur von kurzer Dauer war. Rumänien verlor die jüngst gewonnenen Gebiete wieder an die UdSSR, musste eine hohe Kriegsentschädigung zahlen und sich nun auf russischer Seite am Krieg beteiligen.

Michaels Appelle an die Westmächte blieben erfolglos. Auf der in Moskau vom 9. bis 20. Oktober 1944 stattfindenden Konferenz hatten Churchill und Stalin bereits die weitere Aufteilung Europas festgelegt. Griechenland wurde der britischen, Rumänien und Bulgarien der russischen Einflusssphäre zugeteilt. Eine Änderung im Sinne Rumäniens hätte Krieg mit der Sowjetunion bedeutet, und den wünschte niemand.

Der König wurde gezwungen, eine Regierung einzusetzen, die der Kommunistischen Partei immer mehr Einfluss überließ. Am 30. Dezember 1947 wurde die »Volksdemokratie« ausgerufen und König Michael I. zur Abdankung genötigt. Diese schloss einen Thronverzicht auch im Namen seiner Nachkommen ein. Dafür wurde ihm eine Leibrente in Aussicht gestellt und ihm die Mitnahme wertvoller Teile seines Privatvermögens gestattet. Entgegen dieser Zusage wurde es ihm allerdings dann lediglich erlaubt, Gegenstände des persönlichen Gebrauchs mitzunehmen. Ein Zug für die Ausreise in die Schweiz wurde ihm zur Verfügung gestellt, die rumänische Staatsbürgerschaft aberkannt und der gesamte Besitz enteignet. Es soll sich – allerdings nach einem Bericht des kommunistischen Zentralorgans – um 150 000 Hektar Land und 169 Schlösser und Villen sowie Wertpapiere im Wert vieler Millionen gehandelt haben. Dafür habe ihm die Regierung 500 0000 Franken überwiesen. Michaels weiterer Lebensweg lässt vermuten, dass diese Meldung, wenn nicht überhaupt gelogen, zumindest extrem übertrieben ist. Wie der entthronte König später in London der Presse berichtete, habe man ihm unter Androhung einer blutigen Revolution die Verzichterklärung abgepresst.

Eine Agrarreform enteignete den Großgrundbesitz, die

Wirtschaft wurde verstaatlicht und die Industrialisierung des Landes vorangetrieben. Wenig später begann die Zwangskollektivierung der Bauern. Schloss Pelesch wurde zunächst Museum, aber bald für Besucher wieder gesperrt. Ausstellungsstücke, die sich inzwischen woanders befanden, wurden zurückgebracht, das Gebäude restauriert. Staatschef Ceauşescu, der im nahe gelegenen Schlösschen Foisor residierte, empfing auf Schloss Pelesch gelegentlich Gäste.

Kein komfortables Exil

Michael heiratete Prinzessin Anna von Bourbon-Parma und lebte anschließend entweder bei seiner Mutter in Florenz oder bei Annas Mutter in Kopenhagen. In Ermangelung eines Vermögens nahm das Paar 1951 das Angebot des britischen Lords Brocket an, auf dessen Gut für die Gartenpflege zu sorgen und eine Hühnerzucht zu betreiben, um sich über Wasser zu halten. Es war der Beginn eines wechselvollen, von Erfolgen sowie Niederlagen durchsetzten Lebens unter dem Namen »Michael von Rumänien«. Es war ihm nicht vergönnt, im Exil im Luxus zu leben, wie sein Vater es vormals getan hatte.

1956 fand Michael bei der amerikanischen Fluggesellschaft Lear Jets eine Beschäftigung, die ihm mehr lag. Er hatte schon immer eine Vorliebe fürs Autofahren und Fliegen gehabt. Die Bezahlung muss dort auch etwas »königlicher« gewesen sein, denn die Familie übersiedelte nach Versoix am Genfersee, wo sie heute noch in der Villa Serena lebt. Die Tätigkeit bei Lear Jets war allerdings von kurzer Dauer. König Michael gründete daher mit einigen fachkundigen Partnern die Firma »Metravel«, die sich die Beratung und Zulieferung von Elektronik an Industrieunternehmen zum Ziel gesetzt hatte. Doch die Firma ging bankrott. Schließlich nahmen sich griechische Geschäftsleute wie beispielsweise Onassis des entthronten Monarchen an und engagierten ihn als Agenten für die New Yorker Börse.

Aus Michaels Ehe mit Anna von Bourbon-Parma entstammen fünf Töchter, die den Nachnamen Hohenzollern tragen. Sie leben in verschiedenen Ländern und haben selbst schon Kinder. Heute, da Rumänien wieder ein demokratischer Staat und seit 1. Januar 2007 auch Mitglied der EU ist, besitzt der ehemalige König wieder die rumänische Staatsbürgerschaft. Er stattet seinem Geburtsland regelmäßig Besuche ab und freut sich über den Jubel, mit dem ihn die Bevölkerung, besonders Kinder und ältere Menschen, begrüßt. Er hofft sogar, dass ihm persönliches Eigentum, wie beispielsweise Schloss Pelesch, zurückgegeben wird.

Seine Töchter, alle zwischen 1949 und 1964 im Exil geboren, fühlen sich immer noch in gewissem Sinn an Rumänien gebunden, wo sie mehrere Stiftungen betreuen. 1997 ernannte der Exkönig seine älteste Tochter, Margareta, zur Thronerbin; er überlässt es aber dem rumänischen Volk, je davon Gebrauch zu machen. Margareta ist mit einem Rumänen verheiratet, der den Titel Radu von Hohenzollern-Veringen trägt.

Wie aus einem Artikel der *New York Times*[226] hervorgeht, hat der inzwischen siebenundachtzigjährige Exkönig Michael lange Zeit gehofft, eine Restauration des Königtums in Rumänien zu erleben. Vor allem bedauert er, dass die Diktatur zwar inzwischen Geschichte ist, sich jedoch an der Mentalität der herrschenden Klasse nur sehr wenig geändert hat. Leider seien »byzantinische Sitten«, also Korruption, immer noch gang und gäbe.

Exkönig Michael verbringt zwar jedes Jahr einige Zeit in Rumänien, lebt aber nach wie vor in der Schweiz.

Epilog

Dieses Buch hat den Leserinnen und Lesern die Möglichkeit geboten, Leben und Schicksal einiger Frauengestalten aus dem Hause Sachsen-Coburg und Gotha kennenzulernen und zugleich den Aufstieg ihrer Familie durch eine erfolgreiche Heiratspolitik zu verfolgen – von der Herrschaft über einen Kleinstaat bis zu den Königsthronen Europas.

Der Bogen ihres Lebens und Wirkens spannt sich vom Hof der Zarin Katharina der Großen Ende des 18. Jahrhunderts bis in die Mitte des 20. Jahrhunderts. Großfürstin Anna Feodorowna, als Juliane von Sachsen-Coburg-Saalfeld geboren, hat mit ihrer Heirat nicht nur das verschuldete Herzogtum ihres Stammhauses saniert, sondern auch die Reputation ihres Hauses beträchtlich erhöht – eine Verwandtschaft mit den Romanows war ein nicht zu unterschätzendes Gütezeichen. Dass ihre Verbindung mit dem Enkel Katharinas der Großen eine menschliche Tragödie war und nach einigen Jahren zur Trennung führte und dass Anna Feodorowna dadurch moralisch abglitt, war dabei ohne Bedeutung.

Maria Antonia Gabriele, Prinzessin von Kohary, war nur durch ihre Ehe eine Coburgerin geworden, sorgte aber durch ihr unermesslich reiches Erbe für die Verbindung der Linie Sachsen-Coburg-Kohary mit dem berühmten französischen Haus Orléans. Die Kronen von Bulgarien und Portugal waren letztendlich der Lohn.

Echte Coburger waren die Nachkommen König Leopolds von Belgien, seine Tochter Charlotte ebenso wie die Enkelinnen Louise und Stephanie. Man konnte sowohl Charlottes Schicksal und maßlosen Ehrgeiz, der für sie und ihren Gemahl so tragisch endete, als auch die Verschwendungssucht Louises verfolgen, die sie nach einer strafbaren, an Kriminalität grenzenden Handlung in eine Irrenanstalt und schließlich in völlige Armut führte.

Alle Frauen, die hier vorgestellt wurden, hatten eines gemeinsam: Sie wurden beinahe noch im Kindesalter verheiratet. Sie hatten ihren künftigen Partner vorher nie gesehen, und man gab ihnen auch keine Gelegenheit, ihn kennenzulernen. Manchmal schickte man sie in ein weit entferntes und überdies reichlich unterentwickeltes Land.

Maßgebend für ihre Eltern war allein der Rang des künftigen Gatten. Widerspruch der Mädchen war weder vorgesehen, noch wäre er akzeptiert worden. Da man sie vollkommen unaufgeklärt ließ, endeten ihre romantischen Träume meist in einer erschreckenden Wirklichkeit. Wen wundert es da, dass die meisten Verbindungen wenig harmonisch verliefen!

Wahrscheinlich wäre so manche Ehe gar nicht geschlossen worden, wenn sich die jungen Leute besser gekannt hätten. Manche rächten sich später, indem sie ihr Glück in außerehelichen Verhältnissen suchten. Die meisten jedoch nahmen ihre Ehe schicksalsbedingt hin.

Frauen, die sich emanzipierten und ihr Leben in die eigene Hand nahmen – wie Kronprinzessin Stephanie nach der Tragödie von Mayerling –, forderten die Ungnade ihrer Familie heraus, ganz zu schweigen von Louise von Sachsen-Coburg und Gotha, deren jahrelanges Liebesverhältnis mit einem kroatischen Offizier die Klatschspalten der Presse füllte und beide Partner letztlich ins Unglück stürzte.

Wenn dieses zum Teil unbekannte Stück Geschichte das Interesse der Leserinnen und Leser zu fesseln vermochte, dann hat das Buch seinen Zweck erfüllt.

Anmerkungen

1 Niemann, Der Coburger Adel – Prinz Friedrich Josias von Sachsen-Coburg-Saalfeld, http://www.coburg-magazin.de/startframe_damals.htm

2 Fedorowski, *Die Zarinnen*, 120

3 Alville, *Die Schweizer Jahre der Großfürstin Anna Feodorowna von Russland*, 15

4 Ebd., 16

5 Ebd., 19f.

6 Ebd., 21

7 Ebd., 26

8 Ebd., 16

9 Ebd., 39

10 Ebd., 49

11 Ebd., 60

12 Ebd., 62

13 Ebd., 62

14 Ebd., 72f.

15 Ebd., 89f.

16 Ebd., 93

17 Ebd., 94

18 Ebd., 94

19 Ebd., 142

20 Ebd., 143

21 Ebd., 145

22 Ebd., 173

23 Fremdenverkehrsamt Coburg, *Ein Herzogtum macht Weltgeschichte*, 9

24 Adalbert, Prinz von Bayern, *Die Herzen der Leuchtenberg*, 107

25 Haslip, *Maximilian Kaiser von Mexiko*, 81

26 Ypersele, *Une Impératrice dans la nuit*, 21

27 Elwenspoek, *Charlotte von Mexiko*, 60

28 Haslip, *Maximilian Kaiser von Mexiko*, 120

29 Ebd., 166

30 Corti, *Maximilian von Mexiko*, TB, 67

31 Ebd., 75

32 Ebd., 81

33 Ebd. 80

34 Elwenspoek, *Charlotte von Mexiko*, 166

35 Ebd. 168

36 Corti, *Maximilian und Charlotte*, Bd. 2, 194

37 Elwenspoek, *Charlotte von Mexiko*, 193

38 Haslip, *Maximilian Kaiser von Mexiko*, 377

39 Ebd., 225

40 Ebd., 506

41 Fouvez, Charles, *Le mystère Weygand*, 134

42 Ebd., 178

43 Ebd., 181

44 Elwenspoek, *Charlotte von Mexiko*, 294

45 Ebd., 295

46 Kerckvoorde, *La Passion et la Fatalité*, 238

47 Schiel, *Stephanie*, 63

48 Ebd., 63

49 Ebd., 67

50 Andics, *Die Frauen der Habsburger*, 274

51 Holler, *Louise von Sachsen-Coburg*, 34

52 Ebd., 35

53 Wallersee, *Meine Vergangenheit*, 91

54 Hamann, *Rudolf*, 109

55 Mattachich, *Aus den letzten Jahren*, 12; Holler, *Die Lösung des Rät-sels*, 36

56 Holler, *Louise von Sachsen-Coburg*, 36, nach Maria Stöger

57 Ebd., 24, nach Mattachich, *Aus den letzten Jahren*, 21

58 Holler, *Louise von Sachsen-Coburg*, 52

59 Ebd., 52f.

60 Ebd. 80

61 Hamann, *Briefe an Frau Schratt*, 380

62 Mattachich, *Aus den letzten Jahren*, 27

63 Holler, *Louise von Sachsen-Coburg*, 120f.

64 Obersthofmarschallamt, Bd.II, Karton 427, 20. 4. 1899

65 Holler, *Louise von Sachsen-Coburg*, 133

66 Obersthofmarschallamt, Bd.II, K.427, 20. 4. 1899

67 Ebd., Befundbericht vom 22. 4. 1899

68 Krafft-Ebing, *Psychopathia sexualis*, Holler, 148f.

69 Obersthofmarschallamt, B. 762, K. 427, 22. 5. 99

70 Mattachich, *Aus den letzten Jahren*, 73

71 Ebd., 123

72 Ebd., 78f.

73 Matray-Krüger, *Die Liaison*, 311, RKM, 22. 4. 190

74 Ebd., 325

75 Seit 1892 ist »Krone« die offizielle Währung in Österreich, 2 Kr = 1 Gulden

76 Kgl. Sächs. Amtsgericht Meißen, 11. 3. 1904

77 Mattachich, *Aus den letzten Jahren*, 170

78 Ebd., 175

79 Obersthofmarschallamt.B. II. K. 762/427

80 Holler, *Louise von Sachsen-Coburg*, 256

81 Ebd., 256

82 Matray-Krüger, *Die Liaison*, 346f.

83 *Neues Wiener Tagblatt*, 3. 9. 1904

84 Holler, *Louise von Sachsen-Coburg*, 269

85 Deutsche Gesandtschaft in Belgien, Petit Bleu

86 Obersthofmarschallamt, 1. 9. 1904

87 Holler, *Louise von Sachsen-Coburg*, 277; Louise, 269

88 Holler, *ebd.*, 276; *Berliner Lokalanzeiger*, 3. 9. 1904

89 *Neue Freie Presse*, 24. 9. 1904

90 Holler, *Louise von Sachsen-Coburg*, 291

91 Ebd., 292

92 Schiel, *Stephanie*, 292

93 Amtsblatt der *Wiener Zeitung*, 20. 7. 1905

94 Obersthofmarschallamt, 22. 7. 1905

95 Holler, *Louise von Sachsen-Coburg*, 311

96 Obersthofmarschallamt 2. 6. 1905

97 Sächsisches Landgericht Gotha, 15. 1. 1906

98 Holler, *Louise von Sachsen-Coburg*, 265

99 Ebd., 325

100 Obersthofmarschallamt, 29. 1. 1917

101 Holler, *Louise von Sachsen-Coburg*, 338

102 Amtsgericht Coburg, 2. 6. 1923

103 Holler, *Louise von Sachsen-Coburg*, 354

104 Schiel, *Stephanie*, 85

105 Ebd., 98

106 Ebd., 103

107 Ebd., 106

108 Hamann, *Rudolf*, 157

109 Ebd., 158

110 Hamann, *Elisabeth*, 364

111 Sokop, *Jene Gräfin Larisch*, 127

112 Schiel, *Stephanie*, 176f.

113 Ebd. 178

114 Hamann, *Rudolf*, 165

115 Ebd., 193

116 Ebd., 165; Schiel, *Stephanie*, 222

117 Kronprinzessin Stephanie, *Ich sollte Kaiserin werden*, 64

118 Ebd., 206

119 Ebd., 237

120 Ebd., 242

121 Ebd., 543, Denkschrift Graf Hoyos

122 Schiel, *Stephanie*, 245

123 Ebd., 244, Brief Rudolfs, 31. 3. 1888

124 Hamann, *Rudolf*, 523

125 Ebd., 433

126 Holler, *Die Lösung des Rätsels*, 96

127 Hamann, *Rudolf*, 435

128 Ebd., 437

129 Ebd., 438

130 Ebd., 451

131 Ebd., 458

132 Ebd., 468

133 Ebd., 468

134 Ebd., 485

135 Ebd., 487
136 Kronprinzessin Stephanie, *Ich sollte Kaiserin werden*, 203
137 Ebd., 206
138 Ebd., 206
139 Schiel, *Stephanie*, 304
140 Ebd., 305
141 Ebd., 309
142 Ebd., 310
143 Ebd., 334
144 Ebd., 320
145 Ebd., 320
146 Ebd., 321
147 Ebd., 323
148 Hamann, *Briefe an Frau Schratt*, 416
149 Ebd., 430
150 Stockhausen, *Im Schatten der Hofburg*, 34
151 Hamann, *Briefe an Frau Schratt*, 474
152 Schiel, *Stephanie*, 441; Stockhausen, *Im Schatten der Hofburg*, 34
153 Ebd., 439
154 Ebd., 443
155 Ebd., 444
156 Ebd., 447
157 Ebd., 447
158 Ebd., 449, 459
159 Maria von Rumänien, *Traum und Leben einer Königin*, 51f.
160 Ebd., 55
161 Ebd. 65, 68, 70
162 Fedowowski, *Die Zarinnen*, 163
163 Ebd. 163
164 Maria von Rumänien, *Traum und Leben einer Königin*, 118
165 Ebd., 120, 122
166 Ebd. 140f.
167 Ebd., 140
168 Kroner, *Die Hohenzollern als Könige von Rumänien*, 22f.
169 Bestenreiner, *Sisi und ihre Geschwister*, 247
170 Wolbe, *Ferdinand I.*, 50

171 Ebd., 52f.
172 Maria von Rumänien, *Traum und Leben einer Königin*, 151
173 Ebd., 154
174 Ebd., 155
175 Ebd., 163f.
176 Ebd., 179f.
177 Ebd., 185
178 Ebd., 197
179 Ebd., 205
180 Ebd., 224
181 Ebd., 228, 230
182 Ebd., 236
183 Ebd., 247
184 Ebd., 269f.
185 Kroner, *Die Hohenzollern als Könige von Rumänien*, 59
186 Ebd., 6of.
187 Ebd., 61
188 Maria von Rumänien, *Traum und Leben einer Königin*, 277
189 Kroner, *Die Hohenzollern als Könige von Rumänien*, 81
190 Ebd., 61
191 Ebd., 62
192 Maria von Rumänien, *Traum und Leben einer Königin*, 342
193 Bestenreiner, *Franz Ferdinand und Sophie von Hohenberg*, 182
194 Ebd., 183
195 Maria von Rumänien, *Traum und Leben einer Königin*, 329f.
196 Ebd., 361f.
197 Ebd., 378
198 Wolbe, *Ferdinand I., König von Großrumänien*, 108
199 Maria von Rumänien, *Traum und Leben einer Königin*, 384
200 Ebd., 385f.
201 Wolbe, *Ferdinand I., König von Großrumänien*, 110
202 Maria von Rumänien, *Traum und Leben einer Königin*, 390f.;
    Wolbe, *Ferdinand I., König von Großrumänien*, 114 und 125
203 Ebd.,129
204 Ebd.
205 Friedrich der Große an Herzogin Luise Dorothea von Gotha,
    8. 5. 1760

206 Ludwig XIV. in seinen Memoiren
207 Wolbe, *Ferdinand I., König von Großrumänien*, 191f.
208 Ebd., 193
209 Kroner, *Die Hohenzollern als Könige von Rumänien*, 92
210 Ebd., 96
211 Ebd., 99
212 Ebd., 100
213 Ebd., 102
214 Ebd., 104
215 Ebd., 104
216 Wolbe, *Ferdinand I., König von Großrumänien*, 294
217 Ebd., 294f.
218 Ebd., 212
219 Kroner, *Die Hohenzollern als Könige von Rumänien*, 111
220 Ebd., 113f.
221 Ebd., 119
222 Ebd., 121
223 Ebd., 121
224 Ebd., 120
225 Wochenendbeilage der *Süddeutschen Zeitung* vom 16./17. Dezember 2006
226 *The New York Times* vom 1. März 1997

Literatur

Adalbert, Prinz von Bayern, *Die Herzen der Leuchtenberg*, München 1992

Alville [Alix de Watteville], *Die Schweizer Jahre der Großfürstin Anna Feodorowna*, Bern 1947

Andics, Hellmut, *Die Frauen der Habsburger*, Wien 1985

Bestenreiner, Erika, *Sisi und ihre Geschwister*, München 2002

—, *Franz Ferdinand und Sophie von Hohenberg*, München 2004

—, *Charlotte von Mexiko*, München 2007

Castelot, A., *Maximilien et Charlotte*, Paris 1977

Coburg, Louise von, *Throne, die ich stürzen sah*, Wien 1927

Corti, Egon Caesar, *Maximilian*, Wien 1924

—, *Maximilian und Charlotte*, TB, München 1978

Eitler, Wolf (Hg.) *Die Coburger*, Waldkirch 2004

Elwenspoek, Curt, *Charlotte von Mexiko*, Stuttgart 1927

Fedorowski, Wladimir, *Die Zarinnen*, München 2001

Fouvez, Charles, *Le Mystère Weygand*, Paris 1981

Fremdenverkehrsamt Coburg (Hg.), *Ein Herzogtum macht Weltgeschichte*, Coburg 1989

Fryd, Norbert, *Die Kaiserin*, Stuttgart 1976

Hamann, Brigitte, *Rudolf*, 1978

— (Hg.), *Briefe an Frau Schratt*, Wien 1972

—, *Elisabeth*, Wien 1982

Haslip, Joan, *Maximilian Kaiser von Mexiko*, München 1972

Holler, Gerd, *Die Lösung des Rätsels*, Wien 1980

—, *Louise von Sachsen-Coburg*, Wien 1991

Kerckvoorde, Mia, *La Passion et la Fatalité*, Paris 1981

Kroner, Michael, *Die Hohenzollern als Könige von Rumänien*, Heilbronn 2004

Matray, Maria / Krüger, Answald, *Die Liaison*, Bern/München 1973

LITERATUR

Maria von Rumänien, *Traum und Leben einer Königin*, Leipzig 1935

Mattachich, Geza von, *Die letzten Jahre, Memoiren*, Leipzig 1904

Nicklas, Thomas, *Das Haus Sachsen-Coburg*, Stuttgart 2003

Niemann, Norbert, »Der Coburger Adel – Prinz Friedrich Josias von Sachsen-Coburg-Saalfeld«, http://www.coburg-magazin.de/start frame_ damals.htm

Pellender, Heinz, *Chronik der Stadt und Veste Coburg*, Coburg 1987

Ratz Konrad (Hg.), *Der private Briefwechsel zwischen Maximilian und Charlotte*, Wien 2000

Reinach-Foussemagne, Comtesse de, *Charlotte de Belgique*, Brüssel 1925

Schiel, Irmgard, *Stephanie*, TB, München 1978

Sokop, Brigitte, *Jene Gräfin Larisch*, Wien 1985

Stephanie, Prinzessin, *Ich sollte Kaiserin werden*, Leipzig 1935

Stockhausen, Juliane von, *Im Schatten der Hofburg*, Heidelberg 1952

Wolbe, Eugen, *Ferdinand I. König von Großrumänien*, Locarno 1938

Ypersele, Laurence van (Hg.), *Correspondance inédite de Charlotte de Belgique*, Ottignies 1995

Zeittafel

1519	Eroberung Mexikos durch Hernando Cortez.
1729	*2. Mai:* Katharina die Große von Russland in Stettin geboren.
1737	Prinz Josias von Sachsen-Coburg-Saalfeld wird geboren.
1744	Sophie Auguste Friederike von Anhalt-Zerbst kommt auf Wunsch von Zarin Elisabeth nach Russland.
1745	Heirat mit Thronfolger Peter von Holstein-Gottorp.
1762	*5. Januar:* Regierungsantritt Peters III.
1763	*17. Juli:* Peters Ermordung und Ausrufung Katharinas zur Zarin.
1782	Juliane von Sachsen-Coburg-Saalfeld wird geboren.
1785	Geburt von Ferdinand von Sachsen-Coburg-Saalfeld.
1790	*16. Dezember:* Leopold von Sachsen-Coburg-Saalfeld (1. König der Belgier).
1796	*15. Februar:* Juliane von Sachsen-Coburg heiratet Großfürst Konstantin.
	17. Dezember: Tod Katharinas der Großen, es regiert Zar Paul I.
1801	Ermordung von Paul I., Regierung von Alexander I.; Ehe Julianes (Großfürstin Anna Feodorowna) wird getrennt.
1813	Mexikos Unabhängigkeit von Spanien.
1814	Anna Feodorowna kauft Gut Elfenau bei Basel.
1816	*2. Januar:* Ferdinand von Sachsen-Coburg heiratet Prinzessin Maria von Kohary (1797–1862) und begründet damit die Linie Sachsen-Coburg-Kohary.
	2. Mai: Leopold von Sachsen-Coburg heiratet Charlotte, Thronerbin von Großbritannien; sie stirbt 1817 bei Geburt eines Sohnes.
1818	Viktoria von Sachsen-Coburg heiratet Herzog Eduard von Kent.

1819 Geburt von Victoria (spätere Königin Victoria von Großbritannien und Irland).

1820 Scheidung Anna Feodorownas von Großfürst Konstantin.

1825 Tod von Zar Alexander I. in Taganrog.

1826 Das Herzogtum Sachsen-Coburg-Saalfeld wird zum Herzogtum Sachsen-Coburg und Gotha.

1832 Leopold I. von Sachsen-Coburg König der Belgier.
9. August: Ehe mit Marie Louise von Orléans, Tochter Louis Philippes von Frankreich.

1835 *9. April:* Geburt Leopolds II. von Belgien (1865–1909).

1837 Geburt seines Bruders Philipp.

1839 *20. April:* Geburt von Prinz Karl von Hohenzollern-Sigmaringen, dem späteren König von Rumänien.
Königin Victoria heiratet Prinz Albert von Sachsen-Coburg (1819–1861).

1840 *7. Juni:* Geburt Prinzessin Charlotte von Belgien.

1850 Tod von Königin Marie Louise von Belgien.

1853 Heirat Leopolds II. mit Marie Henriette Erzherzogin von Österreich (1836–1902).

1857 *26. Juni:* Heirat Charlottes mit Erzherzog Ferdinand von Österreich (1832–1867).
6. September: Einzug Maximilians als Gouverneur von Lombardo-Venetien.

1858 *18. Februar:* Geburt von Louise, Prinzessin von Belgien.
21. August: Geburt von Kronprinz Rudolf von Österreich.
Benito Juárez Präsident von Mexiko.

1859 *15. April:* Abberufung Maximilians als Gouverneur.
24. Juni: Schlacht bei Solferino; Niederlage Österreichs.
12. Juli: Gesetz zur Trennung von Staat und Kirche in Mexiko, Verstaatlichung der Kirchengüter.

1860 *18. August:* Tod Anna Feodorownas in Elfenau.

1863 *12. Juni:* Nationalversammlung von Mexiko bietet Erzherzog Ferdinand Maximilian die Krone von Mexiko an.

1864 *4. April:* Kaiser Franz Joseph in Miramare; Verzicht Maximilians auf die österreichischen Thronrechte.
10. April: Maximilian I., Kaiser von Mexiko.
14. April: Abreise über Rom nach Mexiko.

21. Mai: Geburt von Prinzessin Stephanie von Belgien.

28. Mai: Ankunft des Kaiserpaars in Veracruz.

13. Juni: Einzug in Mexiko-Stadt, Regierungsbeginn.

1865 Ende des US-amerikanischen Sezessionskriegs.

24. August: Geburt Prinz Ferdinands von Hohenzollern-Sigma-ringen.

10. Dezember: Tod König Leopolds I. von Belgien.

1866 *11. März:* Beginn des Abzugs der französischen Truppen aus Mexiko.

18. Juni: Ultimatum Kaiser Napoleons III. an Maximilian.

9. Juli: Charlotte reist nach Europa.

10. August: Charlotte scheitert in Paris.

22. August: Charlotte reist nach Miramare, anschließend zum Papst; Ausbruch des Wahnsinns.

Karl I. (rumänisch Carol I.), Fürst von Rumänien.

1867 *13. Februar:* Maximilian zieht mit seinen Truppen nach Queré-taro.

15. Mai: Fall Querétaros, Gefangennahme Maximilians.

19. Juni: Maximilian wird standrechtlich erschossen.

Juli: Charlottes Rückkehr nach Belgien.

1868 *16. Januar:* Beisetzung Maximilians in der Kapuzinergruft in Wien.

Heirat Carols von Rumänien mit Prinzessin Elisabeth zu Wied (Dichtername Carmen Sylva).

1873 *7. Oktober:* Geburt von Prinz Otto Windisch-Graetz.

1874 Heirat von Prinzessin Louise von Belgien mit Prinz Philipp von Coburg.

1875 *29. Oktober:* Geburt von Prinzessin Maria von Edinburg (Missy) in Eastwell, Kent.

1879 *7. Oktober:* Defensivbündnis zwischen dem Deutschen Reich und Österreich-Ungarn (Zweibund).

Ferdinand von Hohenzollern-Sigmaringen wird Thronfolger in Rumänien.

1881 *10. Mai:* Stephanie von Belgien heiratet Kronprinz Rudolf von Österreich-Ungarn.

1882 *20. Mai:* Dreibund Deutsches Reich, Österreich-Ungarn und Italien.

1883 2. *September:* Geburt von Rudolfs und Stephanies Tochter Elisabeth (Erzsi).

1889 *30. Januar:* Selbstmord Rudolfs und Mary Vetseras in Mayerling.

1890 *26. März:* Tod von Stephanies heimlicher Liebe, Graf Arthur Potocki.

1893 *10. Januar:* Hochzeit von Prinzessin Maria von Edinburg und Sachsen-Coburg mit Kronprinz Ferdinand von Rumänien.

  15. Oktober: Geburt des späteren Carol II. (Karl II.) von Rumänien.

1894 *11. Oktober:* Geburt von Tochter Elisabeth (später verheiratet mit Alexander I. von Jugoslawien).

  1. November: Tod von Zar Alexander III.; Thronfolger ist Nikolaus II., Hochzeit mit Prinzessin Alice von Hessen-Darmstadt.

1895 *28. Mai:* erste Begegnung Louises von Sachsen-Coburg und Gotha mit Graf Geza von Mattachich.

  Herbst: Louise fällt bei Hof in Ungnade.

1896 *28. September:* Staatsbesuch Kaiser Franz Josephs in Rumänien.

1898 *13. Februar:* Philipp von Sachsen-Coburg und Gotha fordert Mattachich zum Duell.

  22. März: Philipp von Sachsen-Coburg und Gotha stellt Zahlungen an Louise ein.

  9. Mai: Mattachich wird wegen Wechselfälschung verhaftet, Louise in Sanatorium für Geisteskranke.

  10. September: Kaiserin Elisabeth von Österreich-Ungarn wird in Genf ermordet.

  22. Dezember: Mattachich wird wegen Wechselfälschung zu sechs Jahren schweren Kerkers verurteilt, Haftanstalt Möllersdorf bei Gumpoldskirchen.

1899 *18. Juni:* offizielle Kuratelverhängung über Louise von Coburg wegen Schwachsinns; Louise wird nach Coswig bei Dresden in das Sanatorium von Dr. Pierson überstellt.

  2. September: Geburt Elena Lupescus, der späteren langjährigen Geliebten von Carol II.

1900 *9. Januar:* Geburt der rumänischen Prinzessin Maria (Mignon).

  22. März: Kronprinzessin-Witwe Stephanie heiratet in Miramare Graf Elemér Lónyay.

1901   *19. Oktober:* Revision des Urteils über Mattachich wird endgültig abgelehnt.

1902   *23. Januar:* Erzherzogin Elisabeth (Erzsi) heiratet Prinz Otto zu Windisch-Graetz (nun Fürst Windisch-Graetz).

     27. August: Mattachich aus Strafanstalt vorzeitig entlassen, aber nie rehabilitiert.

     19. September: Tod Königin Henriettes von Belgien; Leopold verbietet seinen älteren Töchtern die Teilnahme an der Bestattung.

1903   *17. August:* Geburt von Prinz Nicolae von Rumänien.

1904   Mattachich schmiedet Pläne zur Befreiung Louises.

     28. Juli: Louises Begegnung mit Mattachich bei einer Ausstellung in Dresden.

     August: Louise zur Kur in Bad Elster.

     31. August: Flucht aus Bad Elster, über Berlin nach Paris.

1905   *26. Juli:* Aufhebung von Louises Kuratel.

1906   *23. Januar:* Graf und Gräfin Lónyay kaufen Schloss Orosvàr bei Pressburg (heute Bratislava), damals Ungarn, heute Slowakei.

1907   *20. November:* König Leopold II. ordnet Nachlass für seine Töchter.

1908   *20. August:* Leopold II. schenkt seinen Privatbesitz Kongo dem belgischen Staat.

1909   *4. Januar:* Geburt von Prinzessin Ileana von Rumänien.

     Juli: Staatsbesuch von Erzherzog-Thronfolger Franz Ferdinand und seiner Gemahlin Sophie Fürstin Hohenberg in Rumänien.

     17. Dezember: Tod Leopolds II.; seine Töchter werden praktisch enterbt, Niederlage bei den diesbezüglichen Prozessen.

1912–13   Balkankriege.

     Geburt von Prinz Mircea von Rumänien.

     Geheimbund Rumäniens mit dem Deutschen Reich und mit Österreich.

1914   *28. Juni:* Attentat von Sarajevo.

     28. Juli–1. August: Beginn des Ersten Weltkriegs, rumänischer Kronrat entscheidet sich für Neutralität des Landes.

     10. Oktober: Tod König Carols (Karls) I., von Rumänien.

     11. Oktober: Treueid König Ferdinands I. als König von Rumänien.

1916 2. *März:* Tod von Königin Elisabeth von Rumänien.

25. *August:* Mattachich wird in Budapest interniert.

27. *August:* Rumänien tritt auf Seiten der Entente in den Krieg ein.

6. *September:* vernichtende Niederlage Rumäniens in der Dobrudscha.

21. *November:* Tod Kaiser Franz Josephs von Österreich-Ungarn.

6. *Dezember:* Einnahme Bukarests; Prinz Mircea stirbt an Typhus.

1918 7. *Mai:* Friede von Bukarest zwischen dem besiegten Rumänien und den Mittelmächten (nie ratifiziert; durch deren spätere Niederlage bedeutungslos).

2. *September:* erster Thronverzicht des Kronprinzen Carol, Trauung mit Zizi Lambrino in Odessa, erzwungene Scheidung.

November: Ende des Ersten Weltkriegs. Ende der Monarchien in Österreich und dem Deutschen Reich.

1919 22. *März:* Kommunistische Regierung in Ungarn, Louise wird dort verhaftet und wegen Spionage zum Tod verurteilt, aber begnadigt (angeblich von Béla Kun).

1919 Coburg kommt durch Volksentscheid an Bayern.

1919 1. *August:* zweiter Thronverzicht von Kronprinz Carol, um Zizi Lambrino erneut zu heiraten, Geburt des Sohnes Mircea, dann wird Carol zu Weltreise und Scheidung genötigt.

1919/20 Pariser Friedensverträge, Bildung von Großrumänien.

1921 Tod Philipps von Sachsen-Coburg und Gotha, aber kein Erbe für Louise.

27. *Februar:* Heirat Elisabeths von Rumänien mit König Alexander I. von Jugoslawien.

10. *März:* Heirat von Kronprinz Carol mit Prinzessin Elena von Griechenland.

25. *Oktober:* Geburt des Sohnes Michael.

1922 15. *Oktober:* Krönung des rumänischen Königspaars.

1923 1. *Oktober:* Tod von Geza von Mattachich in Paris.

1924 1. *März:* Tod Louises von Coburg in Wiesbaden; Scheidung Erzsis von Otto zu Windisch-Graetz.

1925 12. *Dezember:* dritter Thronverzicht von Kronprinz Carol wegen Elena Lupescu.

1926   *4. Januar:* Der rumänische Kronrat erklärt den dreijährigen Michael zum Thronfolger.

1927   *20. Juli:* Tod König Ferdinands I. von Rumänien in Sinaia.

1928   *22. Juli:* Scheidung Carols von seiner Gattin Elena.

1930   *8. Juni:* Rückkehr Carols nach Rumänien, Absetzung Michaels und Einsetzung Carols als König Carol II.

Heirat von Prinzessin Ileana mit Anton von Habsburg-Toskana.

1937   *9. April:* Aberkennung der Geburtsrechte von Prinz Nicolae und Streichung aus der königlichen Familie, er lebt unter dem Namen Bran mit Gattin Lucia Doletti.

1938   *18. Juli:* Tod der Königin Maria von Rumänien.

1940   *5. September:* Erzwungene Abdankung Carols II.

6. September: Treueid König Michaels I.

1945   *23. August:* Tod Stephanies, Fürstin Lónyay.

1946   Tod von Elemér, Fürst Lónyay.

1947   *3. Juni:* Heirat von Carol II. und Elena Lupescu, Wohnsitz Estoril in Portugal.

30. Dezember: Rumänien wird Volksdemokratie.

Michael heiratet Prinzessin Anna von Bourbon-Parma.

1948   Erzsi heiratet den sozialdemokratischen Abgeordneten Leopold Petznek.

1953   *4. April:* Tod Carols II. in Estoril.

1963   Tod Erzsis in Wien.

1977   *30. Juni:* Tod von Elena Lupescu in Estoril.

2003   *14. Februar:* Beisetzung der sterblichen Überreste Carols II. und Elenas in Curtea de Arges, Grabkirche der Königsfamilie.

Bildnachweis

akg-images: Tafeln 1, 3 bis 9, 10 unten, 11 bis 16
corbis: Tafel 10 oben
ullstein bild: Tafel 2

Danksagung

Bei den Damen und Herren des Piper Verlags, in dem nun das vierte Buch von mir erscheint, bedanke ich mich sehr herzlich, vor allem bei Herrn Wank, Frau Rotter und Frau Leupold. Mein besonderer Dank gilt auch Dr. Annalisa Viviani für ihr einfühlsames und sorgfältiges Lektorat.

Gedankt sei auch den Damen von der Grünwalder Bibliothek für die stets prompte Erfüllung meiner Wünsche nach Beschaffung der nötigen Literatur.

Personenregister